체육학개론

김광회·김병준·김우성·박동호·박수정
오수학·정태욱·조미혜·한기훈

체육학개론

인 쇄 / 2011년 09월 02일 인쇄
발 행 / 2011년 09월 09일 발행

저 자 / 김광회 · 김병준 · 김우성 · 박동호 · 박수정
          오수학 · 정태욱 · 조미혜 · 한기훈
발행처 / 도서출판 레인보우북스
주 소 / 서울 관악구 대학동 237-26 레인보우 B/D
전 화 / 02) 872-8151~2
          02) 871-0935(팩스)
E-mail / min6301@yahoo.co.kr

ISBN : 978-89-6206-176-5 93690
정 가 : 18,000원

머리말

체육학은 인문학에서부터 자연과학까지 광범위한 영역을 망라하는 응용·종합학문입니다. 이러한 이유로 입문생이 체육학을 쉽고, 빠르게 이해하는 것이 현실적으로 매우 어렵다고 봅니다. 본서의 집필 목적은 이와 같이 체육학의 첫 걸음을 내 딛는 초년생에게 체육학에 대한 개괄적 이해를 돕고자 함입니다.

본서는 모두 3부 9장으로 이루어져 있습니다. 제1부는 체육학을 개괄적으로 소개하는 부분입니다. 체육학의 관련 용어와 하위전공영역, 체육학에서 다루는 지식과 내용, 역사적, 철학적 관점의 중요성과 연구방법, 신체활동의 내용과 가치 등을 다루고 있습니다. 제2부는 체육학의 연구영역에 대하여 하위전공과목 중심으로 설명하고 있습니다. 각 하위전공에서 다루는 학문내용과 연구방법, 미래의 전망 등이 주로 다루어지고 있습니다. 제3부는 체육학 관련 진로에 대하여 다루고 있습니다. 체육학 전문직은 어떠한 종류가 있으며 전문직을 준비하기 위하여 어떠한 설계를 해야 하는지를 구체적으로 설명하고 있습니다.

본서는 인하대학교 스포츠과학연구소에서 기획하고 소속 연구위원들이 각 장을 맡아 집필하였습니다. 현재 인하대학교 스포츠과학연구소는 체육의 여러 분야에서 선도적인 연구 활동을 수행하고 있습니다. 본서가 체육학의 초보입문생을 정확하고 바른 방향으로 인도하는데 기여하기를 바랍니다.

2011년 8월 31일
저자

목 차

제1부 체육학 개관

Chapter 01 체육학의 소개 | 김광회 ········· 3
1. 체육관련 용어 ········· 5
2. 체육학의 하위 학문영역 ········· 13

Chapter 02 체육학의 발전 | 김병준 ········· 21
1. 체육학 지식의 원천 ········· 23
2. 체육학의 탐구 대상 ········· 28
3. 국내 체육학의 발전 ········· 31
4. 국제적 발전 추세 ········· 33

Chapter 03 체육학의 역사·철학적 관점 | 오수학 ····· 35
1. 체육학의 역사적 관점 ········· 37
2. 체육학의 철학적 관점 ········· 44

Chapter 04 체육과 삶의 질 | 박동호 ·········· 53

1. 신체활동의 가치 ·········· 55
2. 운동 가이드라인 ·········· 60
3. 생활체육의 소개 ·········· 77
4. 생활체육의 영역 ·········· 82

제2부 체육학의 연구 영역

Chapter 05 체육학의 자연과학 영역 | 한기훈 ·········· 95

1. 운동생리학 ·········· 97
2. 운동역학 ·········· 102
3. 트레이닝 ·········· 109
4. 스포츠의학 ·········· 118
5. 체육측정평가 ·········· 125

Chapter 06 체육학의 사회과학 영역 | 김우성 ·········· 131

1. 스포츠심리학 ·········· 133
2. 스포츠사회학 ·········· 141
3. 스포츠경영학 ·········· 152
4. 여가학 ·········· 161

Chapter 07 체육학의 교육 영역 | 조미혜 ········· 173

1. 스포츠교육학 ········· 175
2. 체육 교수·학습 ········· 186
3. 운동학습 ········· 195
4. 특수체육 ········· 204
5. 무용교육 ········· 212
6. 학교보건 ········· 228

제3부 체육학 분야 진로

Chapter 08 체육분야 전문진로 | 정태욱 ········· 245

1. 체육환경의 변화 ········· 247
2. 산업으로서의 스포츠 ········· 249
3. 체육분야별 진로 ········· 253

Chapter 09 체육분야 진로설계 | 박수정 ········· 267

1. 공통준비사항 ········· 269
2. 학년별 준비사항 ········· 287

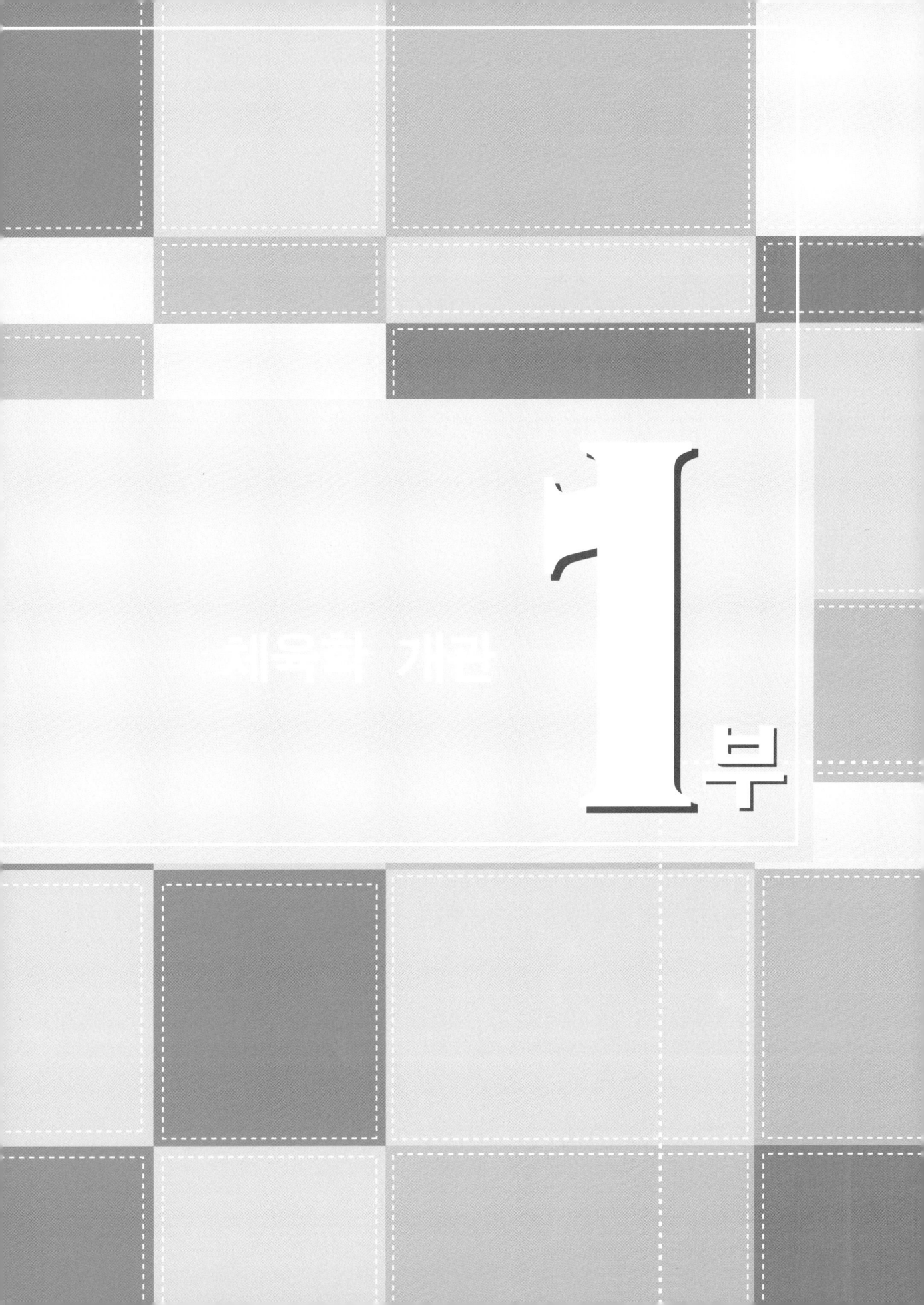

Chapter 01 체육학의 소개

김 광 회

1. 체육관련 용어

2. 체육학의 하위 학문 영역

1. 체육관련 용어

1 체육의 어원

　체육학이 무엇이냐? 라고 말하기에 앞서 근원적으로 체육이라는 용어의 개념과 더불어 체육과 관련된 용어들을 설명하고 오늘날 체육학이 갖는 그 의미를 살펴보는 것이 체육이라는 학문을 이해하는데 도움이 될 것이다.

　체육(體育)이라는 말은 근원적으로 근대 서구의 신체교육(physical education)이라는 용어의 번역어이다. 일본이 메이지 유신 이후(1868년) 근대국가로 변모하기 위하여 교육제도를 확립하는 과정에서 신체교육(身體敎育)을 대변하는 용어로 신교(身敎), 체교(體敎), 육체(育體) 등의 용어가 사용하였으나 1878년 이후 체육이라는 용어로 수렴되고 정착되기 시작하였다(佐藤臣彦 著, 권오륜 역, 2005). 초기 체육이라는 개념은 학교라는 제도 안에서 지육(知育), 덕육(德育), 체육(體育)이라는 삼육(三育)의 일환으로 정신교육에 대응하는 신체의 교육으로 이해되고 있었다. 하지만 어떤 말이 원래 가지고 있던 의미에서 벗어나 다른 의미로 해석되는 일은 흔히 있는 일로서 오늘 날 체육이라는 용어도 신체교육이라는 의미를 벗어나 여러 가지 뜻으로 해석되어 사용되고 있다. 이를테면 '전국체육대회', '대한체육회' 등에서 쓰이는 체육이라는 말에서 어느 누구도 신체교육이라는 의미가 있다고 생각하지는 않을 것이다. 여기서 쓰이는 체육은 교육개념이 아닌 운동경기 개념으로 의미가 확대되어 쓰이고 있는 것이다.

　초창기 신체교육의 의미를 체육이라 해석하고 있을 때에도 신체교육을 위해서 설정된 운동이 체육이라고 서술하고 있다. 즉 협의의 체육은 학교 등에서 미리 설정된 무엇인가 의도에 따라서 실시되는 운동을 뜻하는 것으로 '체육=운동'이라고 해석하고 있다.

　지금까지도 체육에 대한 개념정의를 학자들마다 다르게 하고 있는데 이는 신체라는 한정사에 관련하여 신체활동(physical activity), 신체운동(physical exercise), 신체수련(physical training), 신체교육(physical education) 등 기본적 개념이 정립되어 있지 않기 때문이다. 뿐만 아니라 스포츠문화, 건강 등 다른 기본 개념들이 있을 수 있으며 어디까지 체육의 기본 개념으로 볼 것인지 견해에 차이가 있기 때문이다.

가장 기본적인 개념은 '체육=교육', '체육=운동', '체육=교육+운동', 세 가지 입장일 것이다. 하지만 오늘날 체육의 학문적 가치를 추구하려는 과정에서 교육의 한 영역으로서 체육이라는 개념과 구분되는 개념으로 스포츠과학, 운동과학이 대두되고 이러한 모든 개념을 포괄하는 체육학이라는 개념의 설정이 필요하게 되었다. 또한 과학의 발달은 학문의 발달과 더불어 학문이 세분화되고 체육학도 세분화되면서 체육에 대한 개념은 건강증진, 질병에 대한 예방, 여가선용 등 이외에도 전혀 체육이 아니라고 생각했던 분야까지도 체육의 한 분야로 간주되고 있어 체육에 대한 개념을 새롭게 포괄적으로 할 필요가 있다.

최근 들어 스포츠라는 개념이 체육이라는 개념을 대신하거나 혼용하는 경향이 있어 체육을 스포츠교육(sport pedagogy)이라고 부르고 있는 것도 생각해 볼 문제이다. 일반적으로 체육은 신체활동 그 자체와 계획적인 신체활동을 통해서 인간의 행위를 올바른 방향으로 변화시키는 과정이라고 정의할 수 있다. 이러한 정의는 체육의 목적과 목표를 통해 분명해질 수 있다.

2 체육학의 개념

초기 체육학은 전인적 인간의 완성을 위한 신체의 교육(education of the physical), 또는 신체를 통한 교육(education through the physical)으로 교육적 측면이 강조되었다. 하지만 교육의 한 영역으로서의 체육(體育)과 구분되는 개념으로 운동과학, 스포츠과학이 대두되고 체육의 학문적 가치를 새롭게 추구하려는 노력이 시작되면서 체육관련 모든 분야가 포괄적으로 포함되는 체육학의 변화가 이루어졌고 지금도 변화는 진행되고 있다.

체육학이 신체활동의 과학적인 규명이라는 학문성과 교육현장에서의 운동원리 등을 이용한 전문성 모두를 포함한 영역이라 할 때 두 영역의 비중을 어디에 둘 것인가도 논란거리지만 무엇보다 체육학의 정체성을 정립하는 것이 중요할 것이다. 다시 말하면 체육학의 학문 대상이 무엇이냐 인 것이다. 체육학을 신체활동 또는 인간움직임에 대한 근원과 과정을 과학적 방법을 통해 연구하는 학문이라고 정의한다면 신체활동을 철학, 사회학 등 인문과학적 측면과 생리학, 역학 등 자연과학적 측면에서도 규명할 수 있기 때문에 체육학은 학문적 체계를 갖춘 종합과학이라고 할 수 있다.

3 운동학의 개념

체육이라는 용어가 갖는 근본적인 문제, 즉 신체교육이라는 한계성 때문에 체육학이라는 용어 자체에 문제를 제기하면서 인간의 움직임(human movement) 자체를 연구하는 학문으로서 운동(運動)을 대표적 용어로 채택하자는 의견이 운동학이다.

이를 주장하는 학자들의 견해는 전통적으로 체육(physical education)이 신체활동(physical activity)을 통한 교육이라고 정의할 때 신체활동이라는 표현이 정신과 신체라는 이원론적인 맥락에서 나온 것이어서 체육이라는 학문이 체계적으로 정립되지 못하였다고 여기기 때문이다.

수학이라는 학문이 있고 수학교육이 있듯이 현재 현장 체육의 내용이 되고 있는 운동(신체활동)이 있으면 운동교육이 있을 수 있다고 볼 수 있다. 따라서 체육(=체육교육)을 운동교육으로 대체 가능하다고 보는 것이다. 이와 같은 견해에서 의학전문가를 의사라 하고, 영양전문가를 영양사라 하고, 간호 전문가를 간호사라 하듯이 운동전문가를 운동사(運動師)라 호칭하여 체육학이 갖고 있는 어원적 문제점을 운동학이라는 용어로 대체하고자 하는 것이다(대한운동사회, 2010).

운동은 과거 체육에서 말하던 대근활동으로서의 신체활동 뿐만 아니라 인간의 생존과 건강 그리고 행복추구에 필요한 모든 인간의 총제적인 움직임을 포함한다. 건강증진을 위한 각종 체조나 신체활력을 북돋우기 위한 소근활동, 정신적 안정을 추구하는 심신수련활동, 보건·안전이 전제된 직업적 신체활동, 각종 질병과 부상·신체장애의 예방·치료·재활을 위한 능동적, 수동적 신체활동이 모두 운동학의 연구내용이 될 수 있다.

일반적으로 학문의 명칭은 학문의 대상이다. 그런 의미에서 운동학은 오늘날 일반적으로 쓰고 있는 체육학을 운동학으로 대체하자는 것이 운동학을 주장하는 학자들의 견해이다. 하지만 용어라는 것은 개념을 어떻게 정하는 것도 중요하지만 오랫동안 사용해온 결과 관습적으로 인식되는 측면도 간과할 수는 없는 것이다.

4 스포츠

스포츠라는 말의 어원(語源)은 라틴어의 deportare에서 유래되었으며 프랑스어의 deporter로 변화되었다고 한다. 이 말의 뜻은 운반하기, 옮기기 등의 어원에서 기분전환이나 즐거움, 오락이라는 의미로 사용되어 오다 deporter가 desport로 변화하였다. desport는 다시 동사 disporte로 변화하여 16-17세기 명사화로서 disport 또는 sport로 사용되었다. 지금도 스페인은 deporte, 이태리는 desporte로 사용하고 있다(김문준, 1997).

스포츠라는 어원인 deporte(-을 가지고 가다)가 암시하고 있듯이 스포츠는 일상적인 것에서 사람들을 옮기는 비일상적인 차원인 어떤 것에 몰두시키는 것을 의미한다. 이는 놀이든가. 오락, 기분전환을 하는 춤, 장기, 바둑, 트럼프(화투) 같은 즐거움이 수반하는 것이었다. 이러한 스포츠가 주로 경쟁적인 운동, 유희 의미로 쓰이게 된 것은 19세기 이후이다. 프랑스의 질렛(Gillet)은 스포츠의 개념을 구성하는 요인 3가지를 제시하였다. 첫째, 놀이, 둘째, 경쟁, 셋째, 심한 신체활동이다(김문준, 1977). 여기서 중요한 것은 신체활동이다. 그것도 심한 신체활동이라고 제시한 것은 스포츠가 일상적으로 광의의 개념에서의 단순한 놀이가 아닌 격렬한 신체활동을 통한 경쟁적인 놀이라는 것이다. 질렛의 이와 같은 스포츠의 개념은 암묵적으로 인정되어왔다. 하지만 스포츠가 다양한 형태로 변화하고 사회적으로 문화적으로 비중이 높아지고 스포츠과학으로써의 스포츠의 일반적인 개념 규정이 필요하게 되었다.

스포츠의 개념을 정의함에 있어 자연과학적인 입장과 인문사회과학적인 입장에 차이가 있을 것이다. 학문적 연구대상으로서 스포츠의 상위개념은 무엇인가? 자연과학적인 입장에서 스포츠의 상위개념은 신체운동(physical exercise), 또는 경우에 따라서는 스포츠와 운동(sport & exercise)이고 인문사회과학적인 입장에서 스포츠의 상위개념은 신체운동 나아가서는 신체문화(physical culture)이다. 이같이 오늘날 스포츠는 제도화되고, 경쟁적이고, 대근활동이라는 좁은 개념에서 벗어나 인간의 운동과 운동하는 인간으로 확대 해석되고 있으며 이에 따라 스포츠가 갖는 개념은 제한적으로 또는 광의의 개념으로 폭 넓게 사용되고 있다. 최근에는 당구, 바둑이 스포츠 종목으로 대한체육회에 정식경기단체로 등록되기도 하고 유럽에서는 체육학의 명칭으로서 '스포츠' 가 포함되기도 한다.

5 체육과학과 스포츠과학

체육과학은 교육학의 하위 개념으로서 시작되었고 스포츠 과학은 사회과학의 하위 개념으로 시작되었다. 신체운동의 교육학적 연구 분야로서 체육학이라는 명칭이 사용되었으나 교육학이 낡은 독일 관념론의 이론체계에서 탈피하면서 교육학이 확대되듯이 체육학도 체육과학적으로 확대되었다. 그렇지만 초기 체육학의 태동이 교육학인 만큼 교육학 영역의 일부였으며 체육학(신체교육학)에서 스포츠학이나 스포츠과학이라는 명칭은 쉽지 않았다. 하지만 2차 대전 이후 스포츠가 단순한 자연과학적 학문의 대상이 아니라 사회과학적인 학문의 대상으로 취급되면서 스포츠 과학은 교육목적이 전제된 체육학의 하위 영역이 아닌 체육학보다 넓은 학문영역으로 자리매김을 하였다. 스포츠가 신체교육(체육)의 하위 개념이었지만 스포츠의 하위 개념인 신체문화가 신체교육의 상위개념으로 발전하면서 오늘날 체육과학과 스포츠과학은 서로 광의 개념으로 접근하면서 학문명칭으로 혼용되고 있다. 경우에 따라서는 각각의 명칭에 의미가 다르지만 또 같은 의미로 해석되어 사용되기도 한다.

6 체력

체력이 무엇이냐를 정의하는 데는 학자 간에도 다소 의견 차이가 있다. 일반적으로 건강과 관련하여서는 '가장 적절한 효율로 신체를 이용할 수 있는 능력'이라고 정의할 수 있다. 이러한 체력은 신체활동을 수행하는 능력과 관련하여 1) 심폐지구력 2) 근력 3) 근지구력 4) 유연성 5) 신체조성이라는 5가지의 구성요소로 분류한다. 그러나 운동기술능력(motor skill performance)과 관련하여서는 순발력 (power), 민첩성(agility), 협응성(coordination) 등이 체력요소에 포함될 수 있다. 이러한 요소들이 갖는 의미를 좀 더 살펴보면 다음과 같다.

1) 심폐 지구력

이는 심장과 혈관, 폐의 효율적인 능력을 포함하는 의미로서 신체가 장시간 신체활동을 하기위해서는 필요한 조직(근육)에 충분한 산소와 영양분이 공급되어야 하는데 특히 산소의 공급능력을 말한다. 따라서 보통 유산소 운동능력이라고 하며 최대산소섭취량(VO_{2max})으로 표현하기도 한다. 심폐지구력을 평가하는 아주 간단한 방법으로는 오래달리기 테스트가 있다. 이 체력요소는 다른 어떤 체력요소보다 건강에 중요한 역할을 한다. 규칙적으로 장시간 오래달리기와 같은 유산소 운동은 심폐지구력 능력을 개선하며 이를 통해 심장병의 위험률을 줄일 수 있다.

2) 근력

근력(strength)은 근육의 최대 수축 능력을 말하는 것으로 저항에 대하여 근육이 한 번에 발휘할 수 있는 능력으로 평가된다. 예를 들면 벤치프레스(bench press)를 하는 경우 한번 들 수 있는 무게로 평가 할 수 있다. 근력은 모든 스포츠에서 중요한 체력요소로서 스포츠 종목에 따라서는 높은 수준의 근력을 요구하기도 하지만 운동선수가 아닌 일반인들에게는 어느 정도의 근력으로도 일상생활에는 별 지장은 없다.

3) 근지구력

근지구력은 저항에 대하여 지속적으로 반복적으로 힘을 발휘할 수 근육 능력을 말한다. 근력과 근지구력은 서로 높은 상관이 있지만 반드시 근력이 좋다고 근지구력이 좋다고는 할 수 없다. 근력이 한 번 수축에 최대로 발휘되는 힘을 말한다면, 근지구력은 낮은 강도로(가벼운 무게) 여러 차례 반복해서 들 수 있는 능력을 말한다. 대부분의 스포츠에서 근지구력이 요구되며 일상생활에서도 근지구력을 요구하는 활동들이 많다.

4) 유연성

유연성은 관절의 가동범위를 나타내는 지표로서 자유롭게 관절을 움직일 수 있는 능력을 말한다. 이는 근육의 신전성, 관절을 싸고 있는 인대와 근막의 조건에 따라 결정된다. 체조 등 일부 종목의 스포츠에서는 아주 높은 수준의 유연성이 필요로 하지만 일반인에게 요구되는 유연성 수준은 선수처럼 높지는 않다. 대부분 일반인들이 유연성에 대해서 간과하는 경우가 많은데 유연성은 신체가 부드럽고 효율적으로 움직이는데 중요한 요소이며 신체활동 중 인대나 관절의 부상을 예방하는데 도움이 되며 요통을 감소시키는데 도움이 되는 체력요소이므로 유연성에 관해 특별한 관심을 가질 필요가 있다.

스트레칭은 언제 어디서나 쉽게 할 수 있는 운동으로서 유연성을 높이는데 가장 좋은 방법이다. 유연성을 측정하는 대표적인 방법으로 '윗몸 앞으로 굽히기'가 있다.

5) 신체조성

신체조성은 인체의 지방과 제지방(지방을 제외한 것; 뼈, 근육, 기관 등)의 비율을 말한다. 즉, 체중에서 지방이 차지하는 비율을 의미한다. 신체조성은 다른 체력요소와 달리 인체의 능력을 나타내는 지표는 아니지만 높은 비율의 체지방은 높은 심장질환 위험률, 높은 당뇨병의 발병율과 관련이 있다.

신체조성을 측정하는 방법은 수중체중법(hydrostatic weighing), 피부두겹집기법(skin fold), 바이오 일렉트릭 임피던스(bio electrical impedance) 방법 등이 있으며 아주 간단한 방법으로는 신장에 대한 체중 비율로 측정할 수도 있지만 개인 특성에 따라서는 정확한 측정이 어려운 경우도 있다.

6) 순발력

순발력은 단위 시간당 수행한 일의 양으로서 순간적으로 발휘할 수 있는 최대의 힘을 의미한다. 순발력은 건강관련보다는 운동수행력과 관련이 높은 체력요소이다. 다른 표현으로는 근파워(muscle power), 또는 무산소 파워(anaerobic power)라고 한다. 순발력은 힘과 속도의 두 가지 요소가 있는데 동적임 힘과 움직임의 속도가 결합된 것이다. 근력과 순발력을 비교하면 보다 쉽게 이해할 수 있을 것이다. 근력은 정적인 상태에서 발휘되는 힘이라고 한다면 순발력은 동적인 상태에서 발휘되는 힘이라고 할 수 있다. 여기서 말하는 힘은 근력이며 속도는 근 수축 속도를 의미하며 근 수축 속도가 빠르면 빠를수록 근력은 약해진다. 하지만 단위 시간당 발휘되는 파워는 근력이 약해지지만 속도가 빠르기 때문에 커진다. 그러나 적정의 근 수축 속도 내에서만 가능하다. 순발력을 측정하는 대표적인 방법은 서전트 점프(Sargent jump)이다. 제자리에서 얼마만큼 높이 뛸 수 있는 능력을 측정하는 방법이다.

7 신체활동

앞에서 얘기했듯이 체육학의 학문적 연구대상이 신체활동이라고 한다면 신체활동이 무엇인지에 대한 분명한 정의가 필요하며 이 정의에 의해서 체육학의 학문적 성격도 분명해질 것이다. 신체활동은 '에너지 소비량이 증가하는 골격근에 의한 신체의 움직임'이라고 정의할 수 있다. 신체활동과 유사한 개념으로 운동(Exercise)을 들 수 있는데 운동은 신체활동과 다소 차이가 있다. 운동은 '하나 이상의 체력요인을 향상·유지하기 위한 체계적이고, 구조적이며 반복적인 신체활동'을 말한다. 따라서 좀 더 엄밀한 의미에서 체육학의 학문적 대상은 단순한 신체활동이 아니고 체계적이고 구조적인 신체활동을 말하며, 스포츠를 포함한 다양한 신체활동을 연구하고 새로운 신체활동을 개발 연구하는 것이 체육학이라고 할 수 있다.

2. 체육학의 하위 학문영역

신체활동을 탐구의 주제로 하는 체육학과 관련된 학과, 학부, 전공, 단과대학을 갖고 있는 전문대학 또는 4년제 대학은 전국에 200개가 넘는다. 한 대학에 관련 학과가 2개 이상이 있기도 하므로 학과의 숫자는 그보다 훨씬 많다고 할 수 있다. 특히 4년제 대학의 거의 대부분은 체육학 관련 학과를 갖고 있고, 주요 대학은 체육대학에 다수의 체육학 관련 학과가 포함되어 있다.

1 모학문과 하위전공

체육학이 다루는 신체활동은 그 범위가 아주 넓다. 인간의 신체활동은 신체적으로 표현되는 측면과 함께 정신적, 정서적, 사회적, 환경적 측면을 반영하고 있어 그 현상이 복잡하다. 그래서 체육학에서 축적한 지식을 하나의 틀로 구조화시키는 것은 쉽지 않다.

대신 체육학 학자들은 체육학 지식을 다수의 하위전공으로 구분하는 방식을 받아들였다. 체육학의 하위전공은 모(母)학문을 갖고 있는데, 스포츠심리학은 심리학이 모학문이 되고, 체육철학은 철학이 모학문이 되는 식이다. 체육학이 모학문을 토대로 발전했다는 사실은 체육학 전공자는 모학문의 지식도 상당한 수준으로 갖추고 있어야 한다는 것을 의미한다.

국내에서 체육학이 하위전공으로 나눠지게 된 결정적인 계기는 1986년 서울아시아경기대회와 1988년 서울올림픽이라 할 수 있다. 연이은 두 국제대회는 국가 간 스포츠 경기력을 겨루는 장이기도 하지만 국제적 규모의 체육학 학술대회가 개최되는 시기이기도 하다. 당시에 체육학 국제 학술대회가 국내에 개최되면서 체육학의 하위전공을 중심으로 학술활동이 이루어지는 체육학 선진국의 영향을 받게 되었다.

국제적인 저명 학자의 논문 발표와 함께 하위전공('분과'라고도 함)이 중심이 되어 논문발표가 이루어지면서 국내 체육학 전문가들도 자신의 하위전공을 정하기 시작했다. 체육학의 하위전공은 앞서 언급한 것처럼 모학문을 토대로 하고 있으며 자연과학을 모학문으로 하는 것부터 사회과학을 모학문으로 하는 것까지 다양하게 구성되어 있다.

〈표 1-1〉은 체육학의 하위전공이 어떤 모학문과 연관되어 있는지를 보여주는 예시이다. 국내에서 1980년대 말부터 나타난 체육학의 하위전공의 구분을 체육학 전공의 세분화라고 부른다. 하위전공이 지나치게 세분화되고 전문화를 추구하면서 하위전공 사이에 응집력이 떨어지는 현상이 발생하게 되었다. 체육학의 세분화와 전문화 현상은 체육학의 정체성이 무엇인가라는 논쟁을 불러 일으켰으며 그 논쟁은 아직도 계속되고 있다.

표 1-1. 체육학 하위전공과 모학문의 관계 예시

모학문	체육학 하위전공	관련 분야
생리학 해부학 화학 생물학	운동생리학	운동역학 스포츠의학 스포츠심리학
수학 물리학	운동역학	운동생리학 운동제어 운동학습
역사 철학 사회학	체육사	체육철학 스포츠사회학

2 하위전공 소개

체육학이 다루는 신체활동은 범위가 넓고 복잡하다는 특성으로 인하여 하위전공도 다양하게 발전해 왔다. 이들 하위전공을 시대에 따라 상대적으로 중요성이 달라지기도 했다.

체육학의 하위전공은 서로 유사한 것도 있지만 체육철학과 운동역학처럼 학문적 성격이 크게 다른 것도 있다. 이처럼 하위전공이 다양하고 학문적 특성에서 차이가 나기 때문에 스포츠경영학, 스포츠사회학, 스포츠심리학 등을 체육학의 사회과학으로 분류하고, 운동역학, 운동생리학, 스포츠의학 등을 자연과학 분야로 크게 묶는 방법이 사용되기도 한다.

1) 인문사회과학 분야

(1) 체육철학

철학은 어떤 세계나 인간에 관한 사실을 주장하는 것이 아니라 그러한 주장이 의미 있는 이유를 따지게 됩니다. 그래서 철학을 흔히 '의미의 의미(meaning of meaning)'를 탐구하는 활동이라고 합니다. 따라서 체육철학은 체육에 관한 모든 주장이 의미를 가질 수 있는 근거를 탐구하는 활동이다.

(2) 체육사

인간이 경험한 과거 전체 또는 그러한 인간의 제반행위를 탐구하는 학문이 역사학이라면 체육사는 인간의 신체활동이 기록된 과거에서부터 지금까지 어떠한 체육적 사실이 있었는지를 알아보고 그 내용과 방법, 형태가 그 시대사상과 어떠한 관계가 있으며 전후 세대와 어떠한 관련이 있는지를 탐구하는 학문분야이다. 또한 그러한 역사적 사실들이 미래 사회를 위해 당시의 정치, 경제, 문화, 교육, 등과 어떠한 관련이 있는지를 탐구하는 학문 분야이다.

(3) 스포츠심리학

스포츠심리학은 스포츠와 운동 상황에서의 인간과 인간 행동을 과학적으로 탐구하고 그 지식의 현장 보급에 초점을 둔 운동과학(체육학)의 한 분야이다. 이 분야의 연구는 크게 두 분야로 나눌 수 있는데 첫째는 다양한 심리적 변인이 개인의 운동참가와 운동수행에 미치는 영향을 연구하는 분야로서 스포츠심리학 지식과 정보를 스포츠 현장에 보급하는데 목적을 둔 응용스포츠 심리학 분야이고 둘째는 운동선수뿐만 아니라 건강증진에 목적을 둔 운동참여의 심리·생리적 효과, 운동지속참여와 관련된 동기 및 운동을 통한 우울증 치료 등의 주제를 탐구하는 분야이다. 따라서 스포츠심리학은 경쟁적인 스포츠뿐만 아니라 건강증진을 위한 운동의 측면도 연구 대상으로 하는 운동과학의 한 분야이다.

(4) 스포츠교육학

스포츠교육학은 체육교육(실제)에 대한 과학(이론)이다. 즉, 스포츠교육학은 현장에 유용한 정보를 제공하고, 현장을 개선하는 목적으로 다양한 맥락 안에서 이루어지는 교수와 코칭을 다양한 관점으로 탐구하는 학문(Pieron, Cheffers & Barrette, 1990)이라고 할 수 있다. 스포츠교육학은 모든 연령층의 개인 또는 집단을 대상으로 신체활동을 유도하고 개선하는 기능을 하기도 한다. 따라서 스포츠교육학은 학교체육의 울타리를 넘어서 지역 사회의 클럽 스포츠 등과 같이 공식적, 비공식적인 신체활동 내지는 스포츠 활동의 실제를 다룬다.

(5) 스포츠사회학

스포츠사회학은 스포츠 현상을 사회현상으로 규명하여 이를 사회학적 이론과 연구방법으로 설명하려는 스포츠과학의 한 분야이다. 즉, 스포츠와 사회관계를 다루는 학문분야로서 스포츠 현장에서 일어나는 행동유형 및 사회화 과정, 스포츠의 사회적 기능, 스포츠와 관련된 사회 구조, 사회집단 및 사회계층의 특성, 문화나 제도 등을 연구하는 분야이다. 이러한 연구를 통해 스포츠를 변화시키고 스포츠와 관련된 문제들과 결부시켜 스포츠와 사회관계의 이점을 극대화 할 수 있다.

(6) 스포츠 산업·경영학

스포츠 산업·경영학은 스포츠 산업의 경영활동을 연구하는 분야이다. 이 분야는 최근 경제성장과 여가생활에 대한 사람들의 관심이 높아지면서 스포츠 피트니스센터, 스포츠레저클럽, 관람스포츠의 수요가 급증함에 따라 스포츠 산업이 정치, 경제, 사회적으로 큰 비중을 차지하는 산업으로 발전하면서 최근 태생된 학문분야이다.

(7) 여가 및 레크리에이션 :

여가학 및 레크리에이션은 개인·사회적 행복과 삶의 질적 향상을 위한 적극적이고 긍정적인 여가활용에 대해 연구하는 실용학문이다. 즉, 개인의 일, 생활, 여가를 균형 있게 영위할 수 있도록 하기 위한 여가사회심리, 여가교육, 여가상담치료, 여가철학, 여가산업, 여가경영, 여가행정, 여가정책, 여가복지, 여가프로그래밍, 여가관광 등 인간 삶의 전반과 관련한 여가행동에 대해 연구하는 종합학문이라고 할 수 있다.

2) 자연과학 분야

(1) 운동생리학

운동생리학은 운동을 할 때 인체에 나타나는 기능의 변화 즉, 운동이라는 자극(stress)에 반응(response)하여 일어나는 기능적인 변화와 더불어 반복적인 운동(stress)을 통해 나타나는 인체의 적응현상(adaptation)을 연구하는 학문분야이다. 이 분야의 주된 연구는 운동에 참가하는 선수들의 수행능력을 극대화 할 수 있는 방법과 이론을 정립하고, 성장기 아동들의 발육발달의 제 문제, 건강증진을 목적으로 하는 사람들의 체계적이고 효율적인 운동방법, 신체의 활동의 효과 등 신체활동과 관련된 생리학적 모든 변인들이다.

(2) 운동역학

운동역학은 한 마디로 움직임을 연구하는 학문으로 스포츠 활동뿐만 아니라 인체의 움직임이 있는 모든 분야에서 생물체나 무생물체에 작용하는 힘, 즉 중력, 근력, 마찰력, 유체저항 등과 관련된 내용을 다룬다. 스포츠 현장에서는 운동수행능력 향상을 위해 동작을 분석하고 관련된 인체분절의 움직임이나 작용하는 힘에 대해 연구하며, 운동역학적 분석을 통하여 자신이 참여하는 스포츠를 더 잘 이해할 수 있게 해 준다. 운동역학에서의 연구 대상은 걷기, 달리기, 그리고 던지기 등 모든 신체활동을 포함한다. 또한 운동역학은 스포츠영역뿐만 아니라 인체공학적인 측면에서 산업과 밀접한 관련을 갖는 학문으로 자동차, 비행기, 의학 및 재활의학 분야에서도 널리 응용되고 있다.

(3) 스포츠의학

스포츠의학은 생리학적, 해부학적, 정신과학적, 생화학적인 운동의 효과를 평가 분석하여 이를 토대로 훈련방법의 개선점을 추구하고 스포츠 외상의 예방과 치료지침을 마련하여 선수들의 영양관리는 물론 환경변화에 대처하는 방안을 마련하는 인체와 스포츠에 전반에 관한 폭 넓은 학문 분야이다.

기후 환경(기압, 기온 습도), 스포츠 용구, 복장 등의 환경조건과 인간 개인(연령, 성별, 체질 등)의 상태, 그리고 스포츠 종목에 따른 특성(운동 강도, 시간 등) 3대 요소가 복합적으로 이루어지는 무한가능 속에서 최선의 효과를 얻을 수 있는 법칙을 찾아내는 것이 스포츠의학이 추구하는 목표이다.

(4) 운동영양학

운동영양학은 신체활동에 필요한 음식물의 섭취, 소화, 흡수, 전 과정을 다루는 분야로서 특히 운동선수들의 경기력을 향상시키기 위해 훈련시 및 경기 출전시 선수들의 체력 관리 등 스포츠에 영양학적 원리를 적용하는 학문으로 영양소의 필요량, 섭취음식물의 질, 실생활의 활용, 인간잠재력의 개발 및 발전 등의 문제를 연구하는 학문 분야이다.

(5) 체육측정평가

체육측정평가는 체육교육과 운동, 스포츠 활동의 결과로 나타나는 제반 현상을 재고(측정하고), 그 결과에 대하여 의미를 부여(평가)하는 체육학의 하위학문영역이다. 체육측정평가는 학생들이 체육교육의 결과로 나타나는 성과를 측정하고 평가하는 학교교육 상황과 경기력 향상을 위한 엘리트 스포츠 상황으로 구분하여 적용할 수 있다. 전자의 경우는 학생들의 지식, 태도, 실기 능력을 과학적으로 측정하고 의미를 부여(예를 들면, 성적부여와 같은)하는 영역을 의미한다. 후자의 경우의 스포츠의 기록을 더욱 정확하고 측정하는 방법이나 측정도구를 개발하는

데 많은 관심을 두고 있다.

〈표 1-2〉에는 체육학의 하위전공에서 다루는 연구 주제가 나열되어 있다. 어느 전공에서 다루는 것이 가장 적합할 것인지 표시해 보자.

표 1-2. 체육학의 연구 주제와 하위전공

연구 주제	하위전공
1. 근력을 향상시키는 방법은 무엇인가?	
2. 개항이 학교체육에 미친 영향은 어떠한가?	
3. 배트 스윙을 할때 가장 큰 공헌을 하는 근육은?	
4. 운동 프로그램을 중도 포기하는 이유를 설명하기에 적합한 귀인 요인은 무엇인가?	
5. 테니스 서브를 연습하는 가장 좋은 방법은 무엇인가?	
6. 축구에서 속임수를 쓰는 것은 나쁜 것인가?	
7. 개인의 운동시설 이용에 영향을 주는 경제적 요인은 무엇인가?	

1. 체육, 스포츠, 운동, 체육학, 스포츠과학, 운동학, 스포츠 교육학, 신체활동, 체력 등의 용어개념에 대해 설명해보자.

2. 체육학 세부학문 영역은 무엇이며 각 학문영역의 특성을 설명해보자.

3. 체육학 분야의 학술단체들을 조사하고 그 역할을 알아보자.

권오륜 譯 (2005). 佐藤臣彦 著, 身體敎育을 哲學한다. 도서출판 무지개사.

김문준 (1977)., 스포츠과학의 원리. 서울: 도서출판 태근.

Pieron, M., Cheffers, J., & Barrette, G. (1990). An Introduction to the terminology of sport pedagogy. Liege, Belguim: International Committee of Sport Pedagogy and Association(International des Ecoles Superieures d'Education Physique).

Chapter 02

체육학의 발전

김병준

1. 체육학 지식의 원천
2. 체육학의 탐구 대상
3. 국내 체육학의 발전
4. 국제적 발전 추세

… chapter 02 체육학의 발전

1. 체육학 지식의 원천

올림픽과 같은 국제적인 스포츠 대회에서 스포츠과학자의 활약이 언론에 보도되면서 체육학에 대한 사회의 인식도 크게 변했다. 전통적으로 체육은 인지적인 측면을 낮춰보고 신체적 측면만을 부각시킨 이미지로 일반인에게 알려졌다. 하지만 프로스포츠, 스포츠산업, 피트니스, 스포츠미디어, 스포츠과학 등 과거에 접하기 힘들었던 스포츠 관련 분야가 크게 성장하면서 체육학은 다른 학문 분야와 어깨를 나란히 할 수 있는 단계로 성장하고 있다.

1 체육학의 탐구 주제

체육학의 학문적 발달은 체육학 전공자의 진로도 바꿔놓고 있다. 전통적으로 체육 분야에는 체육교사와 코치가 대표적인 진로였다. 하지만 최근에는 스포츠재활, 스포츠경영, 선수 트레이닝, 피트니스 트레이너, 피트니스 관리자, 재활운동사 등 과거에 존재하지 않았던 새로운 진로가 생겨나고 있다. 이들 진로에 진출하기 위해서는 체육학에 대한 폭넓으면서 전문적인 지식의 습득이 요구된다.

한편 체육학 분야의 전문가들은 신체적, 심리적, 정서적 건강을 증진하는데 신체활동이 특효약 수준으로 효과가 있다는 사실을 밝혀냈다. 엘리트 선수의 경기력을 향상시키는 것을 도와주기 위한 목적을 갖고 있는 스포츠과학 분야도 체육학의 학문적 성장에 기여했다. 최근에는 규칙적인 신체활동이 일반인의 건강증진과 질병예방에 도움이 된다는 사실을 널리 홍보하고 신체활동을 증진시키는데 초점을 맞춘 체육학 연구가 많아지고 있다.

어떤 주제나 포커스(theme or focus)를 중심으로 조직된 지식 체계를 학문이라고 말한다. 학문마다 다루는 주제에서 차이가 난다(표 2-1). 예를 들어 사회학은 인간의 사회적 상호작용을 다루고, 생물학은 생명을 주제로 다룬다. 심리학은 인간의 행동을 탐구의 주제로 삼는다. 체육학이 탐구하는 주제가 무엇인가에 대한 논쟁은 어느 정도 결론에 도달하고 있는데, 체육학은 신체활동(physical activity)을 탐구의 주제로 한다는 것이 일반적인 견해이다(Hoffman & Harris, 2005).

표 2-1. 주요 학문의 탐구 주제

학문 분야	탐구 주제
생물학	생명
사회학	인간의 사회적 상호작용
인류학	다양한 문화
심리학	인간 행동
체육학	신체활동

2 체육학 지식

 체육학은 다른 학문과 유사한 측면도 많지만 독특한 점도 있다. 아마도 체육학 전공자라면 다른 학문을 하는 사람에 비해 운동 실기에 대한 경험과 자신감이 높을 것이다. 우선 체육학 전공자는 실기를 통해 지식을 습득한다. 실기의 수행이 지식의 원천이 되는 학문으로 음악과 미술을 들 수 있다. 체조, 축구, 배드민턴, 웨이트트레이닝 등의 실기를 직접 하는 것은 체육학 지식을 얻는 중요한 방법의 하나라 할 수 있다. 체육학에서는 실기를 직접 하거나 함께 실기를 관찰함으로써 지식을 얻는다. 실기의 직접적인 수행과 실기의 관찰은 체육학의 지식을 얻는 독특한 방법이라 할 수 있다. 철학, 역사, 화학 등의 다른 학문에서는 찾아보기 어려운 지식 습득의 방법이다. 수행과 관찰은 다른 학문에 비해 체육학에서 중요하게 다룬다(표 2-2).

 체육학의 지식을 얻는 두 번째 방법은 학문적 연구를 통해서이다. 전공 서적의 읽기, 이론과 선행연구의 분석, 자료 수집, 자료 분석, 결과와 논의 작성 등과 같은 체계적인 연구를 통해서 신체활동에 관한 지식을 구할 수 있다. 이러한 방법은 체육학뿐만 아니라 물리학, 화학, 사회학 등 다른 여러 학문 분야에서도 널리 사용되는 지식을 얻는 방법이다.

 체육학을 학문적으로 연구하면 체육사, 체육철학, 운동학습, 스포츠심리학, 스포츠사회학, 운동생리학, 운동역학 등을 전공하게 되는데 이를 위해서는 읽기, 분석하기, 이론에 관한 토론 등이 중요한 지식 습득의 방법으로 활용된다. 체육학을 전공하는 학자는 자신의 전공분야에서 지식을 생산해서 연구 논문으로 발표하거나 저서를 내기도 한다.

체육학 지식의 세 번째 원천은 현장지원 또는 실천이다. 여기서 말하는 현장지원이란 현장에서 요구하는 문제를 해결하거나 현장의 상황을 개선하기 위한 목적으로 체육학 지식을 활용하는 것을 말한다. 체육학 분야에서 현장지원은 진로와 밀접한 관계가 있다. 즉 체육교사, 트레이너, 특수체육 전문가 등은 신체활동을 통해서 학생, 고객, 장애아가 요구하는 문제를 해결하는 역할을 한다. 현장에서 문제를 해결하기 위해서는 체육학에 관한 전문적인 지식이 요구된다. 현장의 문제를 해결하는데 주로 관심을 두는 응용연구 또는 현장연구도 현장지원을 통해 체육학 지식을 얻는 것에 포함될 수 있다.

정리하면 학문으로서 체육학은 신체활동을 탐구의 대상으로 한다. 체육학은 수행과 관찰, 학술적 연구, 현장지원이라는 3가지 방식을 통해 학문적 지식을 축적한다. 역사학이나 철학에서 지식은 읽기, 쓰기, 암기, 토론으로 충분히 축적할 수 있는 것에 비해 체육학은 수행, 관찰, 현장지원이라는 독특한 방식이 필요하다. 이와 같이 독특한 방식으로 축적된 체육학 지식은 체육학의 교육과정에 반영되어 전공자에게 교육된다.

표 2-2. 주요 학문의 지식을 얻는 방법

학문	지식을 얻는 방법
예술	읽기, 쓰기, 프로젝트 수행
역사, 철학, 문학	읽기, 쓰기, 암기, 토론
화학, 생물학, 물리학	읽기, 쓰기, 암기, 토론, 실험
체육학	읽기, 쓰기, 암기, 토론, 실험, 수행, 관찰, 현장지원

3 체육학 관련 명칭

체육학(kinesiology)은 인간의 신체활동을 탐구의 주제로 하는 학문이다. 체육학은 신체활동의 체험, 신체활동의 연구, 신체활동의 현장지원을 통해 형성된 지식으로 구성된다. 체육학은 대학의 교육과정이나 신체활동의 학술적 연구에 한정된 의미로 사용한다. 즉 체육학이란 용어는 신체활동에 관한 학문적 연구나 대학의 체육관련 학과의 교육과정을 나타내는 목적으로 사용된다.

신체활동의 학술적 연구의 범위를 벗어난 영역을 나타내는 용어로는 '체육', '스포츠', '운동', '생활체육', '피트니스', '여가활동' 등이 다양하게 사용되고 있다.

한편 학교에서 교과로 배우는 체육은 체육학의 개념과 구별할 필요가 있다. 교과로서 체육은 초·중등학교와 대학교에서 신체활동을 가르치고 배우는 것에 한정된 개념으로 사용된다. 교과로서 체육은 학교의 체육수업 상황에서 학생들에게 신체활동을 증진시키고 관련 지식을 전달하는데 중점을 둔다. 신체활동을 탐구의 주제로 삼고 지식을 축적하는데 관심을 갖는 체육학에 비해 교과로서 체육은 교육적 목적을 띠며 실천 성향이 높은 분야이다(유정애, 2010).

대학의 체육학 관련 학과의 명칭을 보면 체육학과 유사한 의미로 사용되는 용어를 알 수 있다. 현재 국내 대학에서는 체육학을 다루는 학과, 학부, 단과대학의 명칭으로 체육학 이외에 다수의 명칭이 사용되고 있다(표 2-3).

표 2-3. 체육학 관련 학과, 학부, 단과대학 명칭

구분	명칭
학과/전공	체육학 생활체육학 체육교육 사회체육학 생활체육 생활체육지도학 스포츠레저경영학 스포츠건강관리 스포츠과학 레저스포츠학
학부	체육학 스포츠과학 레저스포츠학 아동체육학 사회체육학 레포츠과학
단과대학	체육 체육과학

한편, 북미에서는 체육학을 대표하는 적절한 명칭이 무엇인가에 대한 논쟁이 정리되어 합의점에 도달한 분위기이다. 최근에 들어 대학마다 체육학과의 명칭을 Kinesiology로 바꾸는 추세가 확산되고 있다. 체육학 관련 학부나 대학원의 규모가 크고 연구를 강조하는 프로그램을 가진 대학일수록 체육학의 명칭으로 Kinesiology를 선호하고 있다. 특히 지금까지 자주 사용되어온 Physical Education(PE)이란 명칭은 '학교체육'에만 한정되어 사용된다. 체육(Physical Education)은 학교 체육 상황에 한정되므로 신체활동에 관한 광범위한 지식체계를 포함하지 못하는 것으로 여겨진다. 반면 Kinesiology는 광범위한 신체활동을 탐구하는 체육학의 학문적 성격을 적절하게 반영한 명칭으로 인정받고 있다.

표 2-4. Kinesiology 명칭 이전의 체육학 학과 명칭

Physical Education
Health, PE, Recreation, and Dance
Physical Education and Fitness
Exercise and Health Science
Sport Science and Physical Education
Exercise and Sport Science
Physical Education and Movement Science
Movement Science and Leisure Science
Food, Nutrition, and Exercise Science
Human Movement Studies
Sport Studies

2. 체육학의 탐구 대상

체육학이 탐구하는 신체활동은 다양한 형태로 이루어진다. Hoffman과 Harris(2005)는 체육학이 탐구하는 신체활동은 운동(exercise)과 숙련 움직임(skilled movement)라는 2개의 범주로 구분한다. 운동은 일정한 강도, 빈도에 따라 규칙적으로 꾸준하게 실천한다는 특성을 갖고 있다. 숙련 움직임은 반복적인 연습을 통해 특정 목적을 효율적으로 달성하는데 필요한 신체의 움직임이다.

먼저 운동을 하는 목적은 수행능력의 향상, 건강상태의 유지와 증진, 질병으로부터의 회복 등으로 구분할 수 있다. 첫째, 경기력을 향상하기 위한 목적이나 일상생활에서 신체적 능력을 향상시키기 위해 하는 운동을 트레이닝이라고 말한다. 체육학 전공자 중에는 트레이닝을 어떻게 시키는가를 전문적으로 공부해서 스포츠 팀에 취직하기도 한다.

둘째, 질병이 없고 건강한 상태로 일상생활의 과제를 수행할 수 있는 능력을 갖추는 목적으로 하는 운동은 건강운동이라고 말한다. 트레이닝이 수행력을 증진시키는데 목적을 두는 것에 비해 건강운동은 일반인의 건강과 체력 유지와 증진에 초점을 둔다. 퍼스널트레이너는 피트니스센터 회원을 대상으로 건강운동을 전문적으로 다룬다.

셋째, 부상이나 질병으로 인해 손상된 신체적 능력을 회복시킬 목적으로 하는 운동은 치료운동에 해당한다. 심장병 환자는 재활 과정에서 심폐지구력을 회복하기 위해 운동 프로그램을 처방받는다. 심장재활을 위한 운동을 담당하는 재활운동사, 부상 선수를 위한 회복 운동을 담당하는 선수트레이너는 운동을 치료요법으로 사용한다.

다음으로 숙련 움직임도 체육학에서 중요하게 다루는 탐구 주제이다. 숙련 움직임이란 정확성, 힘, 리듬감, 타이밍이 중요한 역할을 하는 신체활동을 말한다. 이런 유형의 숙련 움직임을 갖기 위해서는 체계적인 연습을 거쳐야 한다. 숙련 움직임 중에서 체육학이 특별하게 관심을 갖는 것은 스포츠(sport)와 발달기술(developmental skills)이다.

스포츠란 경쟁 상황에서 규칙의 범위 내에서 정해진 목표를 달성하기 위해 숙련 움직임이 요구되는 신체활동으로 정의할 수 있다. 이 정의에서 알 수 있지만 스포츠가 되기 위해서는 경쟁, 규칙, 숙련 움직임이라는 3가지 요소가 필요하다. 스포츠에서 요구되는 목적을 달성하기 위해서는 신체 움직임의 정확성, 힘, 리듬감이 필요하다.

발달기술이란 규칙과 경쟁이 필요하지 않은 비스포츠 상황에서 수행되는 신체활동을 말한다. 발달기술은 유아부터 노인까지 전 생애에 걸쳐 삶에서 필요한 기술을 의미한다. 초등학교 저학년에게 체육을 가르칠 때 던지기, 받기, 점프하기와 같은 기본 움직임을 강조하는데 이것들은 초등학교 학생에게 요구되는 발달기술에 해당한다. 발달기술은 인간이 살아가면서 필요한 기술이기 때문에 체육학에서 탐구의 대상으로 삼는다.

〈표 2-5〉에는 여러 상황에서 다양한 목적을 위해 수행되는 신체활동이 제시되어 있다. 이들 신체활동을 운동 또는 숙련 움직임의 하위 영역으로 구분해 보자.

표 2-5. 운동과 숙련 움직임의 구분

신체활동	운동			숙련 움직임	
	트레이닝	건강운동	치료운동	스포츠	발달기술
1. 왼쪽 다리 부상 후에 다리 근육을 강화시키기 위해 하는 웨이트 트레이닝					
2. 축구에서 동료 선수가 패스한 공을 잡기					
3. 직원이 건강유지와 체중 조절을 위해 라켓볼 치기					
4. 무용 공연을 위해 루틴을 연습하기					
5. 대회 출전을 위해 바디빌더가 무거운 중량 들기					
6. 매일 자신이 좋아서 30km를 달리는 것					
7. 심장마비로부터 회복하기 위해 시장 재활병원에서 가벼운 유산소 운동하기					
8. 어린이가 젓가락 사용방법을 배우는 것					
9. 사무직원이 건강증진을 위해 주당 3회 스포츠센터에서 운동하기					
10. 고교 졸업생이 운전을 배우는 것					

자료: Hoffman & Harris (2005).

3. 국내 체육학의 발전

국내 대학에서 체육학 관련 학과가 개설되기 시작한 것은 1940년대 후반의 일이다. 당시에는 체육교사를 길러내는 목적을 가진 사범대학의 체육교육과가 먼저 창설되었다. 신체활동의 다양한 영역을 탐구하는 체육학과가 설립되기 시작한 것은 체육교육과보다 나중에 일어난 일이다.

앞에서도 언급했듯이 체육학이 하위전공으로 세분화되면서 급성장을 한 것은 1980년대의 국내에서 개최된 국제 체육학 학술대회의 영향 때문이었다. 1980년대 말부터 체육학의 하위전공의 학자들이 모여 전문학회를 결성하고 전문 학술지를 발간하기 시작했다.

〈그림 2-1〉을 보면 체육학의 하위전공이 발전하기 시작하기 이전에는 한국체육학회지가 대표적인 학술지였다. 하지만 1980년대 후반부터 한국스포츠사회학회지, 한국스포츠심리학회지 등 체육학 하위전공을 대표하는 학술지가 창간되기 시작한다. 운동역학, 운동생리학을 대표하는 국내 학술지는 1990년대 초반에 창간되었으며, 스포츠산업경영학회지는 1990년대 후반에 출간되기 시작했다.

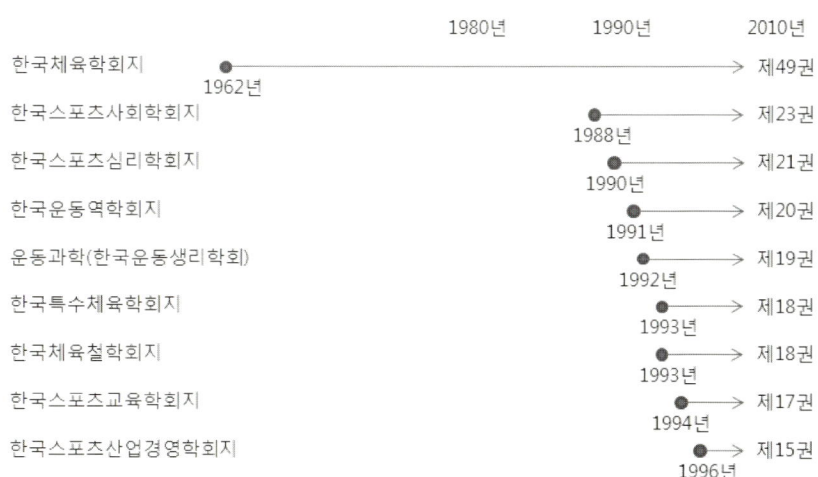

그림 2-1. 국내 체육학 학술지의 창간 연도

체육학개론

2000년대에 들어 체육학 연구활동이 크게 늘면서 다양한 학술지가 추가로 창간되었다. 최근까지 발간되고 있는 체육학 학술지는 최소 24종에 이른다. 이들 학술지는 체육학의 하위전공을 다루는 것이 주를 이루며, 관련된 다수의 하위전공을 다루거나 체육학 전반을 다루는 학술지도 일부 있다. 스포츠, 체육, 운동이라는 용어가 학술지 명칭에 신체활동을 대표하는 용어로 사용되고 있다.

체육학 국내 학술지

한국스포츠심리학회지	한국스포츠사회학회지
한국스포츠교육학회지	한국스포츠산업경영학회지
대한스포츠의학회지	한국스포츠무용철학회지
한국스포츠행정학회지	한국스포츠학회지
한국체육과학회지	한국체육사학회지
한국초등체육학회지	한국체육교육학회지
한국특수체육학회지	체육과학연구
한국체육학회지	한국여성체육학회지
한국사회체육학회지	움직임의철학: 한국체육철학회지
한국체육측정평가학회지	운동학학술지
한국운동재활학회지	운동영양학회지
한국운동역학회지	운동과학

국내 체육학은 하위전공을 중심으로 연구활동이 이루어진다. 한국체육학회는 이들 하위전공의 연합체 성격을 띠고 있다. 한국체육학회에는 15개 분과학회가 포함되어 있다. 체육학의 분과학회 명칭은 체육학의 하위전공 명칭이라고 볼 수 있는데, 특수체육, 여가레크리에이션, 운동영양학, 무용, 발달발육을 포함하고 있다.

표 2-6. 한국체육학회의 체육학 하위전공 분류

한국체육사학회 한국체육철학회 한국스포츠사회학회 한국스포츠심리학회 한국스포츠교육학회 한국운동생리학회 한국운동역학회 한국체육측정평가학회	한국스포츠산업경영학회 한국사회체육학회 한국여가레크리에이션학회 한국특수체육학회 한국운동영양학회 한국무용학회 한국발육발달학회

4. 국제적 발전 추세

체육학 분야의 학술지와 학술단체를 살펴보면 학문적인 추세를 가늠할 수 있다. 현재 세계적으로 체육학을 연구하는 학자의 숫자는 10,000명 정도로 추산되며, 연구를 위해 투자하는 비용은 1억 달러(약 1200억원)에 이른다(Hoffman & Harris). 국제적 규모의 체육학 학술단체의 수와 학술지의 수는 1960년대에 비해 2000년대에는 급격하게 많아졌다.

〈그림 2-2〉에서 알 수 있듯이 1960년대에는 5개 내외의 국제규모 학술지와 학술단체가 있었지만 2000년대에는 20개 이상의 학술단체 결성되어 있고, 40여개의 학술지가 발간되고 있다. 체육학의 학문적 성장은 1980년대 이후 급격하게 진행되고 있다.

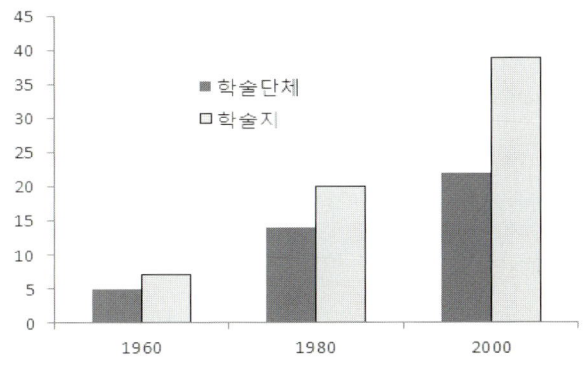

그림 2-2. 1960년대 이후 체육학 학술단체와 학술지의 증가

1. 체육학의 탐구 주제가 무엇이며, 타 학문의 탐구 주제와 비교할 때 어떤 특징이 있는지 조사해 보자.

2. 체육학 지식의 원천 3가지가 무엇인지 사례를 들어 설명해 보자.

3. 국내 체육학 관련 학과의 명칭을 조사해 보고 가장 적합한 명칭이 무엇인지 설명해 보자.

4. 체육학을 대표하는 학과 명칭으로 Kinesiology를 사용하는 외국 대학을 찾고, 교육과정을 조사해 보자.

5. 체육학 하위전공에는 무엇이 있으며 모학문과의 관련성을 설명해 보자.

6. 국내 체육학의 발전 과정을 설명해 보자.

7. 자신이 희망하는 진로에서 역할 모델을 찾아 진로 진출의 과정을 조사해 보자.

유정애(2010). 학문으로서의 체육, 교과로서의 체육. 한국체육학회지, 49(6), 311-322.

Hoffman, S.J., & Harris, J.C.. (2005). Introduction to kinesiology and physical activity. In S.J. Hoffman (Ed.), *Introduction to kinesiology: Studying physical activity* (pp. 1-32. Champaign, IL: Human Kinetics.

Lumpkin, A. (2002). *Introduction to physical education, exercise science, and sport studies* (5th ed.). New York, NY: McGraw-Hill.

Chapter 03

체육학의 **역사 · 철학적 관점**

오수학

1. 체육학의 역사적 관점

2. 체육학의 철학적 관점

chapter 03 체육학의 역사 · 철학적 관점

1. 체육학의 역사적 관점

과거 시대에서 행해졌던 체육 활동을 아는 것은 매우 중요한 가치를 제공한다. 체육은 당시의 사회와 문화를 잘 반영하는 활동이기 때문에 이를 통하여 우리는 중요한 정보를 얻게 된다. 그러므로 체육학의 역사적 관점이 왜 중요한 지를 이해하고 어떤 방법으로 체육학을 역사적으로 조명할 수 있는지 아는 것이 이 장의 목표이다.

1 체육사 연구의 중요성

2002년 FIFA 월드컵과 88서울올림픽을 관람한 사람들은 그 당시의 감동과 영광을 잊지 못할 것이다. 당시의 월드컵이나 올림픽의 개최 의의, 경기 성적, 경제적 가치, 국가 위상의 변화 등 여러 이슈들을 분석되고 발표되었다. 이것은 당시 그 장소에 직접 참여한 자들의 생생한 기억과 수집된 자료가 있었기 때문에 가능하였다. 그렇다면 몇 천 년 전 과거에 실시된 올림픽의 가치와 당시 경기 상황 등을 어떻게 연구할 수 있을까?

체육사를 연구하는 목적은 크게 두 가지로 볼 수 있다. 첫째는 특정 시기에 특정 사회나 문화에서 체육의 변화와 유지 패턴을 확인하고 기술하기 위해서다. 예를 들면, 조선시대 무사의 체육활동은 어떠했는지를 살펴보는 것이다. 둘째는 특정 시기에 특정 사회나 문화에서 체육의 변화와 유지 패턴을 분석하기 위함이다. 예를 들면, 우리나라 개화기 기독교와 체육활동의 관계를 분석하는 것이다. 우리나라 개화기의 기독교는 체육활동과 어떤 관련이 있으며, 어떤 영향을 미쳤는지 파악하고 이를 종합하여 이론을 정립하는 것이다.

2 체육사의 연구방법

체육사를 연구하는 방법은 구체적으로 과거에 일어난 사건, 관련된 인물, 장소, 이유 등을 어떻게 알아내는지를 아는 것이다. 여기에는 전통적으로 '증거자료 찾기', '자료 비평', '증거의 분석과 종합'의 세 가지 방법을 활용한다.

1) 증거자료 찾기

조사하고자 하는 사건이나 인물, 장소, 이유에 대한 증거자료를 찾는 것을 의미한다. 증거자료는 그 당시에 제작된 1차 자료와 후세에 다른 사람에 의하여 작성된 과거 평가 자료의 2차 자료가 있다. 1차 자료의 예는 조선왕조실록을 들 수 있다. 조선시대 당시에 당대 사람들에 의하여 작성된 조선왕조실록은 1차 자료에 해당된다. 2차 자료의 예는 2000년대에 작성된 개화기의 체육에 대한 논문을 들 수 있다. 우리나라 개화기에 체육에 관한 이야기를 현시대의 연구자가 평가하여 작성된 논문이기 때문에 이는 2차 자료에 해당된다. 이와 같이 체육사를 연구하려면 우선 1, 2차 증거자료를 찾는 것이 올바른 순서이다. 인하대학교 야구부의 역사와 88서울올림픽 당시의 텔레비전 중계 내용을 조사하고 싶다면 1차 자료와 2차 자료를 어디에서 무엇을 찾아야 할 것인지부터 찾아야 한다.

표 3-1. 역사연구를 위한 증거자료

종류	내용
1차 자료	당시, 당대의 사람에 의해 작성된 자료
2차 자료	후대의 타인에 의해 작성된 과거 평가 자료

2) 자료 비평

체육사를 연구하는 방법에서 자료 비평이란 수집한 자료의 원본 여부와 신뢰성을 평가하는 것을 의미한다. 앞에서 언급한 1차, 2차 증거자료를 활용하기 위하여 자료들이 진본인지를 평가하는 것이다. 그리고 자료를 비평할 때는 맥락규칙, 관점규칙, 누락규칙의 세 가지 규칙을 따른다. 맥락규칙(rule of context)이란 자료가 만들어진 당시의 사람들에게 어떤 의미인지를 파악하는 것을 말한다. 관점규칙(rule of perspective)이란 내용과 저자의 관계를 파악하는 것을 의미한다. 누락규칙(rule of omission)이란 수집된 자료가 조사하고자 하는 내용의 일부 밖에 없다는 사실을 인지하고 다른 필요한 자료를 확보해야 하는 것을 의미한다.

chapter 03 체육학의 역사 · 철학적 관점

3) 증거의 분석과 종합

체육의 역사를 알고자 할 때 초기 단계에서는 무엇이 궁금한지, 알고자 하는지를 명확히 해야 한다. 이것을 전문용어로 연구문제(research problem)라고 한다. 설정된 연구문제에 필요한 정보를 찾기 위해 수집한 증거를 분석하는 것을 증거의 분석과 종합이라고 한다. 이는 역사적 사건을 상세하게 기술하고(describe)하고 사건이 일어난 이유와 절차를 이해하기 위하여 분석을 수행(analyze)하는 것이다.

3 체육사 연구 사례

1) 독일 체조와 학교체육의 탄생 주역은?

독일과 유럽 근대에 발전된 체조는 서양 체육사에 매우 지대한 역할을 하였다. 우리가 학교에서 배우는 여러 가지 체조와 운동들이 이 당시에 만들어 졌다고 볼 수 있다. 누가 이것을 주도하였지에 문제는 체육사 연구에서 매우 중요한 질문이 될 수 있을 것이다. 체육사는 여러 관점에서 볼 수 있다(표 3-2). 시대별 구분을 통하여 또는 역사적 내용의 주제별 구분을 통하여 서양의 체육사를 전개할 수 있다. 본 장에서는 독일 체조의 역사를 살펴볼 것이다. 체조를 통하여 어떻게 근대 학교체육이 태동되었는지에 대한 단서를 찾을 수 있다. 독일 체조는 독특한 형태로 발전되었으며 맨손체조, 기계체조, 손으로 기구를 들고 행하는 수구체조 등을 총 망라한 것을 의미한다.

표 3-2. 체육사를 보는 관점

관점	내용
시대별 관점	시대 구분을 통한 체육사 정리 예) 그리스시대 체육, 로마시대 체육, 근대 체육 등
주제별 관점	체육사의 주제 구분을 통한 관점 예) 스포츠문화사, 체육의 발달사 등
종목, 사건, 인물 중심 관점	특정 종목이나 사건 등의 역사를 정리 예) 승마의 역사, 수영의 역사, 올림픽과 테러의 역사 등

(1) 구츠무츠

독일의 교육자인 구츠무츠는 1793년에 청년을 위한 체조를 만드는 등 근대 학교 체육의 계기를 마련한 인물이다. 또한 근대체조의 대부로 불리기도 한다. 뜀뛰기, 던지기, 턱걸이, 줄넘기, 줄다리기 등을 창안하였다. 구츠무츠를 조사함으로써 현재 학교체육에서 많이 강조되고 있는 체조가 어떻게 만들어지고, 어떻게 체육교육의 일부로 자리 잡게 되었는지를 알 수 있게 된다.

(2) 얀

얀은 체조학교를 설립하는 등 체조의 교육적 기틀을 마련하였다. 얀은 평행봉, 링, 평균대, 뜀틀, 철봉 등을 창안하였으며 이들 종목은 현대 학교체육에서 많이 행해지고 종목들이다. 얀의 개발한 체조는 국민체조로 발전하게 되었으며 국민체조를 통하여 국민교육에 힘썼다. 얀의 업적은 현재의 체조경기, 교육 등에 지대한 영향을 미쳤다.

(3) 링

링은 19세기 초 맨손체조, 의료체조와 같은 스웨덴 체조의 창시자이다. 또한 생리학과 해부학의 기초를 마련하였다.

그림 3-1. 구츠무츠, 얀, 링

2) 과거 한국에서는 어떤 신체활동이 행해졌는가?

한국체육사를 종목 중심의 관점에서 살펴보자. 과거 어떤 신체활동이 어떠한 목적으로 행해졌는지를 아는 것은 매우 흥미로운 일이다. 바로 우리의 조상들이 행했던 활동이기 때문이다.

(1) 수박희(수박)

수박희는 수박이라고도 부르는데 고구려 각저총 고분 벽화에 실제 그림이 등장하고 있다. 지금의 이종격투기와 유사한 것으로 보면 된다. 조선시대에는 무사 선발 시험 종목으로 사용될 정도로 널리 퍼져 있었는데 왕의 친위무사(갑사)의 승진 시험으로 입신양명의 무예로도 사용되었다. 태종실록에는 "수박희를 시험하여 3명 이상 이긴 자를 모두 취하고, 능하지 못한 자를 도태시켰다."고 전하고 있다. 수박희는 왕의 탄신일에 관람용 무예 행사로도 행해졌고, 일반 백성에게는 놀이문화와 무사 선발 기회를 제공하였다.

그림 3-2. 고구려 각저총에서 발견된 수박희 고분 벽화

(2) 격구

격구는 고려와 조선시대 무예 활동이다. 기마격구와 보행격구로 나누어지는데, 기마격구는 무신들의 무예활동을 위하여, 보행격구는 여가활동을 위하여 행해졌다. 현대의 골프, 필드하키와 유사점이 많으며 TV드라마 '태왕사신기'에서 재현되기도 하였다.

그림 3-3. 현대에서 재현된 기마격구

(3) 투호

투호는 고려, 조선시대에 행해졌으며 청동 항아리에 화살을 던져 넣는 놀이이다. 투호는 주로 궁중에서 왕족을 중심으로 행해졌다. 놀이 방법은 10보 떨어진 곳에서 동·서편 나눠서 시합을 하였다.

그림 3-4. 투호에 사용되는 청동항아리와 화살

(4) 축국

축국은 발과 다리로 공을 땅에 떨어지지 않게 차는 놀이를 말한다. 삼국사기에 언급될 정도로 오래된 우리나라의 놀이로서 그 역사는 신라시대까지 거슬러 올라간다. 축국은 가죽주머니에 동물의 털을 넣어 만든 공을 사용한다. 초기에 행해졌던 축국은 '제기차기'와 유사하였으나 점차 골포스트를 세우고 하는 놀이로 발전하게 되었다. 동국세시기에는 "축국놀이를 하는데 그 공은 커다란 대포알만 하고 위에 꿩털을 꽂았다. 2명이 마주서서 번갈아 차며 땅에 떨어뜨리지 않아야 잘 하는 것이었다."라고 언급하고 있다. 축국은 동양의 풋볼이라고 할 수 있다.

그림 3-5. 축국에서 사용된 공

2. 체육학의 철학적 관점

1 철학적 사고

철학적 사고(philosophical thinking)란 당연하다고 생각하는 문제에 대해 탐구심(호기심)을 가지는 것을 의미한다. 예를 들면, "스포츠(sport)와 운동(exercise)이 어떻게 다른가?" 또는 "스포츠에서 승부는 일상생활에 별 도움도 안 되는데 왜 그렇게 열광하는가?", "몸과 마음의 관계는 어떠한가?"와 같은 문제를 들 수 있다. 그렇다면 체육학을 연구할 때 철학적 사고가 왜 필요한가? 이는 신체활동에서 인간 움직임에 관한 일관성 있는 견해를 기르기 위해 체계적, 논리적으로 생각하는 능력이 필요하기 때문이다. 그러므로 신체활동의 철학은 바로 체육철학이라고 볼 수 있다. 다음은 우리가 이 문제를 어떻게 대응할 것인지 논리적(철학적) 사고가 필요한 시나리오들이다.

- 교육당국은 학교체육은 영어, 과학만큼 중요한 과목이라고 여기지 않기 때문에 체육 수업을 축소하는 계획을 세우고 있다.

- 17세 여학생이 스포츠센터에서 거의 날마다 아니면 하루에 2차례씩이나 운동을 한다. 지나치게 운동을 하는 바람에 무릎과 발이 아픈 친구에 대해서도 알고 있다. 하지만 이 여학생은 의사가 다 고쳐줄 것이라고 믿기에 다치는 것에 대해 걱정하지 않는다.

- 골프 연습 때 공을 치기 쉽게 하기 위해 공을 한 5cm 쯤 앞으로 옮기는 친구가 있다. 그 친구가 나보다 골프 실력은 뒤처지지만 나는 공이 놓인 자리에서 치기 때문에 점수 비교하는 것이 불공정하다고 본다.

- 사이클 대표선수는 경쟁 상대 몇 명이 경기력을 향상시킬 목적으로 금지약물을 복용해 왔다는 것을 알고 있다. 이 선수는 약물을 복용하지는 않지만 비밀리에 제작된 성능이 뛰어난 새 자전거를 타고 있다. 수행을 향상시키기 위해서 약물을 복용하는 것과 성능이 좋은 자전거를 쓰는 것 사이에 어떤 차이가 있는지 궁금해 한다.

chapter 03 체육학의 역사 · 철학적 관점

체육철학은 대개 대학의 교수가 강의, 연구, 봉사(professional service)활동을 통하여 수행한다. 이들은 체육철학, 스포츠윤리, 스포츠미학, 신체활동가치, 정치와 스포츠, 심신관계론 등에 대하여 강의를 한다. 또한 사고과정(thought process)으로 철학적 연구문제 해결(실험실 데이터 수집과 다름)에 대한 연구를 수행한다. 때론 봉사활동으로 학회토론, 선수권익보호선언문 작성, TV출연(올림픽 미적 측면 해설), 코치 윤리교육 워크숍 등을 행하기도 한다.

2 체육철학의 목적

체육철학은 목적은 첫째, 몸과 마음의 관계에 관한 생각을 명확히 하는 것뿐만 아니라 또한 스포츠(sport), 놀이(play), 게임(game), 운동(exercise), 무용(dance)와 같은 여러 형태의 신체활동에 생각을 명확히 하는 것이다. 둘째, 사람들에게 신체활동과 몸-마음에 관한 자신들의 통찰력을 사용하여 삶을 변화시킬 수 있도록 돕는 것이다. 이와 같은 목적과 관련하여 체육철학자의 주요 연구 주제 3가지는 다음과 같다.

- "What is" : 스포츠, 놀이, 게임, 운동, 댄스 등 신체활동의 본질, 그리고 인간의 몸 표현(embodiment)의 본질
  예) 스포츠의 본질은 무엇인가? 체스는 스포츠인가? 무용과 스포츠의 차이는 무엇인가? 몸과 마음은 분리해서 연구할 수 있는가?

- "How-do-we know" : 지식과 신체활동
  예) 스포츠에 대해 객관적인 관점을 가질 수 있는가? 아니면 개인마다 편견이 있는가? 남자와 여자는 인식, 생각에서 차이가 있는가? 운동도 지식의 한 형태인가? 운동을 통해서 지식을 얻을 수 있는가?

- "Should" : 신체활동 관련 가치
  예) 체육학에서 건강이 최고의 가치인가, 다른 것이 있는가? 경쟁은 좋은 것인가? 한쪽이 이기면 한쪽이 지는 제로섬(zero-sum)게임은 좋은 것인가? 익스트림 스포츠가 가지는 가치는 무엇인가? 위험하거나 고통스러운 것이 어떻게 가치로울 수 있는가?

체육철학의 발전

- 1970년대 이후 학회 활동과 학술지 발간이 활발해 짐
- 1972 Ellen Gerber 저서 Sport and the Body: A Philosophical Symposium 발간
  내용) 스포츠의 본질
  　　　스포츠와 형이상학(사물의 본질이나 존재의 근본 원리를 연구)
  　　　몸과 존재
  　　　의미 있는 체험으로서 스포츠
  　　　스포츠와 가치지향적 문제
  　　　스포츠와 미학
- 1974년 Journal of the Philosophy of Sport 창간
- 1995년 William Morgan과 Klaus Meier Philosophic Inquiry in Sport 발간
  내용) 놀이, 스포츠, 게임의 본질
  　　　몸표현(embodiment)과 스포츠
  　　　놀이, 스포츠, 그리고 형이상학
  　　　페어플레이, 스포츠맨십, 그리고 속임수
  　　　약물과 스포츠
  　　　성과 스포츠
  　　　사냥의 도덕성
  　　　스포츠, 미학, 그리고 예술

3 체육철학의 연구방법

체육철학의 연구방법은 4가지 추론 과정에 의하여 수행되어 진다.

1) 귀납적(inductive reasoning) 추론
구체적인 사례에서 출발해서 일반적인 원리에 도달하는 것을 의미한다.
예) 운동(exercise)이 갖는 일반적인 본질은 무엇인가를 결정할 때

2) 연역적(deductive reasoning) 추론

일반적인 전제에서 출발해서 구체적인 사실을 찾는 것을 의미한다.

예) 스포츠에서 문제 해결을 위해 신체적 기술이 필요하다는 것은 사실인가?

3) 묘사적(descriptive and speculative reasoning) 추론

어떤 한 사건을 보고 그것의 본질적 속성을 묘사하는 것을 의미한다. 참고로 묘사적 추론을 사용하는 연구방법, 주관적 체험을 기술하는 것을 현상학(phenomenology)이라 부른다.

예) 컴퓨터 농구게임도 여전히 농구라고 할 수 있나?

4) 비판적(critical and poetic reasoning) 추론

전통적인 철학적 사고를 비판. 모든 철학적 주장에는 오류의 가능성 있다고 비판하는 것을 의미한다.

예) 전통적 철학은 성, 사회계층, 인종적 편견을 고려했나?

4 체육철학 지식 소개

체육철학의 여러 주제 중에서 4가지만을 본 장에 소개하였다.

1) 인간의 몸과 마음의 관계

몸과 마음의 관계는 고대로부터 논란의 대상이 되어 왔다. 그 중 한 입장이 심신이원론(dualism)이다. 심신이원론자는 몸과 마음이 분리되었다는 입장을 취한다. 플라톤(Plato)이 심신이원론의 대표자로 볼 수 있는데 그는 마음이 몸보다 우월하다고 여겼다. 심신이원론의 예로 "나는 생각한다, 고로 존재한다(I think, therefore I am.)"를 들 수 있다. 또한 몸을 수단으로 여기는 관행과 같은 바디빌딩, 수행향상 등을 들 수 있다.

이에 반하여 심신일원론(holism)은 몸과 마음이 하나로 융합된다는 입장을 취한다. 사르트르(Jean-Paul Sartre), 메를로 퐁티(Merleau-Ponty)가 심신일원론을 지지하는 대표적인 학자이다. 그들은 몸과 마음의 분리가 아니라 하나로 융합된 것으로 본다. 심신일원론자들은 인간의 의식(consciousness)은 몸과 마음이 하나로 융합(embodied) 되었다고 간주한다. 대표적인 예가 현상학과 실존주의에서 강조하는 주관적 체험(subjective experience) 개념을 들 수 있다.

심신이원론과 심신일원론의 대조되는 두 입장 중에서 어떤 입장을 취하는가는 체육의 위상, 재정지원과 밀접한 관계가 있다. 그러므로 몸과 마음의 관계에 대한 자신의 생각을 명확히 하는 것은 체육철학에서 중요한 과제로 여긴다. 아래 표에서 가로로 배치된 문장 3개를 읽고 자신의 생각과 가장 가까운 것을 표시해 보자. 표에서 왼쪽에 체크 표시가 많으면 심신이원론을 갖고 있으며, 몸을 더 우월하게 생각한다고 볼 수 있다. 반대로 오른쪽에 체크 표시가 많으면 심신이원론을 갖고 있으며, 마음을 더 우월하게 생각하는 것으로 볼 수 있다. 중간에 체크 표시가 많으면 심신일원론을 갖고 있으며, 몸과 마음을 하나로 생각한다고 볼 수 있다.

___학교에서 주지교과보다 체육이 더 중요하다.	___학교에서 모든 과목은 동일하게 중요하다.	___학교에서 주지교과가 체육보다 더 중요하다.
___내 몸을 움직일 수 있다. 고로 내가 존재한다.	___나는 살아 있다. 고로 내가 존재한다.	___나는 생각한다. 고로 존재한다.
___바디빌딩 시합은 바디빌딩에 관한 연구논문보다 더 중요하다.	___바디빌딩 시합에 나가는 것이나 바디빌딩에 관한 연구논문을 쓰는 것은 동일하게 중요하다.	___바디빌딩에 관한 연구논문을 쓰는 것이 바디빌딩 시합에 나가는 것보다 중요하다.
___몸을 훈련시키지 않는 것은 나쁜 일이다.	___인간으로서 노력하지 않으면 나쁜 일이다.	___마음을 훈련시키지 않는 것은 나쁜 것이다.

2) 스포츠, 노동, 일의 관계

스포츠는 노동의 요소와 놀이의 요소를 모두 갖고 있다. 엘리트 스포츠, 프로스포츠, 올림픽은 노동 요소가 강하고 소비자의 스포츠 구매, 흥행 강조, 외적 보상(금전, 지위)에 집중되어 있다고 볼 수 있다. 스포츠의 놀이요소는 아마추어 스포츠, 일상생활에서 벗어난 활동, 자유시간, 자유 선택에 의한 활동 등에 쉽게 발견되어 진다. 이 입장에서는 외적보상보다는 내적 보상이 중요하며, 흥미와 도전을 중시 여기는 경향을 보인다.

3) 신체활동의 가치

신체활동 분야에서 내세우는 네 가지 가치는 Kretchmar(2005)가 주장하였다. 네 가지 가치는 (1) 건강관련 체력(fitness), (2) 인체, 신체활동, 건강에 관한 지식(knowledge), (3) 운동 기술(skill), (4) 즐거움 또는 재미(pleasure or fun)이다. Kretchmar의 관점은 지식, 기술이 체력, 재미보다 더 중요하다고 여긴다. 이 관점에 의하면 체육이 교양과목이 될 수 있는 근거가 될 수 있다. Kretchmar는 내적인 가치(만족, 행복)가 외적인 가치(보상, 이득)보다 더 중요하다고 본다. 내적인 가치도 단기적, 감각적 즐거움보다는 장기적 포괄적 만족이 더 중요하다고 본다.

스포츠맨십과 도덕추론 단계를 주장한 학자도 있다. 콜버그(Kohlberg)는 도덕발달 6단계를 주장하였는데, 단계가 낮을수록 도덕성이 떨어지고 높아질수록 도덕성이 좋다.

▶ 1단계: 처벌을 피하기 위해 행동하는 단계
▶ 2단계: 개인적인 이득을 취하기 위해 행동하는 단계
▶ 3단계: 부모, 동료, 지도자의 기분을 맞추기 위해 행동하는 단계
▶ 4단계: 사회의 질서에 따라 행동하는 단계
▶ 5단계: 계약(합의)과 개인의 권리에 따라 행동하는 단계
▶ 6단계: 보편적인 윤리적 원칙에 따라 모든 행동을 하는 단계

스포츠를 하면 스포츠맨십이 길러질 것이라는 믿음이 있다. 하지만 그런 기대가 잘못되었다는 연구 결과가 많다. 프로선수의 도덕성을 같은 조건의 일반인에 비교한 결과 프로선수의 도덕성이 일반인에 비해 낮다는 연구가 나왔다. 스포츠만을 권장하는 것이 오히려 인성 발달에 위험할 수도 있다는 뜻이다. 참고로 스포츠맨십 행동은 아래의 표와 같이 행동수칙을 지키는 것을 의미한다.

표 3-3. 스포츠맨십 행동

영역	행동수칙
최선다하기	▶ 모든 훈련은 100%수행하며 개인훈련도 매일 30분 이상 실천한다. ▶ 훈련과 시합에서는 결과에 관계없이 100% 실력을 발휘한다.
심판존중	▶ 심판의 판정은 오심이라 할지라도 목례 또는 손을 들어 인정한다.
규칙준수	▶ 규칙위반으로 이득을 취하지 않으며 반칙은 정직하게 인정한다.
상대존중	▶ 승패에 관계없이 상대 선수와 악수한다. ▶ 부상당한 상대선수에 관심 갖고 말하기, 손잡아 주기를 실천한다.
관습존중	▶ 경기전, 후에 상대선수, 심판과 악수한다. ▶ 경기전 국가(국기, 국가)에 대한 예의를 진지하게 표한다.

chapter 03 체육학의 역사 · 철학적 관점

1. 체육사의 연구방법을 과정별로 설명해 보자.

2. 개화기 기독교 학교의 체육활동과 갑사의 수박에 대하여 설명해 보자.

3. 축국과 현대의 축구를 비교해 보자.

4. 체육철학 연구에서 자주 사용하는 4가지 철학적 추론 과정을 설명해 보자.

5. 심신일원론이 무엇이며, 심신일원론이 운동선수에게 어떤 도움을 줄 것인지 알아보자.

6. 스포츠의 놀이적 요소에 대해서 예를 들어 설명해 보자.

7. 체육을 권장하는 근거로 제시되는 가치를 4가지로 분류해 보자.

유정애(2010). 학문으로서의 체육, 교과로서의 체육. 한국체육학회지, 49(6), 311-322.

이종원, 나영일 (2005). 최근 한국 체육사 연구의 경향 분석. 한국체육학회지, 44(6), 57-73.

Hoffman, S. J., & Harris, J. C. (2005). Introduction to kinesiology and physical activity. In S. J. Hoffman (Ed.), *Introduction to kinesiology: Studying physical activity* (pp. 1-32). Champaign, IL: Human Kinetics.

Kretchmar, R. S. (2005). Practical Philosophy of Sport and Physical Activity. 2nd ed. Champaign, IL: Human Kinetics.

Chapter 04 체육과 삶의 질

박 동 호

1. 신체활동의 가치

2. 운동 가이드라인

3. 생활체육의 소개

4. 생활체육의 영역

chapter 04 체육과 삶의 질

1. 신체활동의 가치

　모든 연령대에서 건강을 유지 또는 향상시키기 위하여 가장 중요한 요인으로 간주되는 것이 **신체활동**(physical activity)이다. 과거의 신체활동은 "골격근의 수축에 의해 유발되는 에너지 소비의 증가와 함께 이루어지는 신체의 움직임"으로 정의된다. 하지만 최근의 신체활동의 정의는 "건강의 증진"이라는 부분이 포함된다(U.S. Department of Health and Human Services, 2008). 즉, 단순한 골격근의 수축으로 유발되는 신체의 움직임 또는 안정시 수준보다 에너지 소비를 증가시키는 움직임이 아니라 **"건강을 향상시키는 형태의 신체의 움직임"**으로 간주된다.

　대부분의 사람들은 일상적인 신체활동을 조금 더 증가시킴으로써 개인의 삶의 질을 향상시킬 수 있다고 생각하고 있으며, 이러한 생각이 이제는 당연한 사실로 받아들여지고 있다. 하지만, 자신의 건강을 향상시킨다는 측면에서는 개개인의 체력, 연령, 성, 병력 등을 고려한 **최소한의 운동강도**(중강도 이상)와 **운동량**($\geq$ 150분/주 또는 $\geq$ 1,000kcal/주)이 전제되어야 한다(U.S. Department of Health and Human Service, 2008; ACSM, 2010).

　사실 2000년 전에 Hippocrates(460-337 B.C.)는 신체활동과 적절한 영양섭취는 건강에 필수적이라고 강력히 권고한 바 있다. 하지만 의사와 같은 의료 전문직에서 신체활동이 인체의 건강에 매우 중요하다는 것에 대하여 공식적으로 인정한 것은 1990년대 중후반이며, 비신체활동이 2000년대에 들어서면서 분자생물학자들에 의해 **"비활동 사망증후군**(sedentary death syndrome)"이라는 질병으로 명명되면서 이러한 인식의 변화는 아주 빠르게 바뀐게 사실이다.

1 신체활동과 삶의 질

　삶의 질(Quality of Life, QOL)은 "개인의 삶의 상태에 대한 개인의 인식"으로 정의될 수 있다. 이것은 개인의 인식에 의존하기 때문에 객관적이라기보다는 주관적이라 할 수 있다. 삶의 질은 다차원적인 것으로서 신체적, 심리적 그리고 사회적 건강 요인을 모두 포함하기 때문에 정량화하기 어렵다. 또한 삶의 질을 평

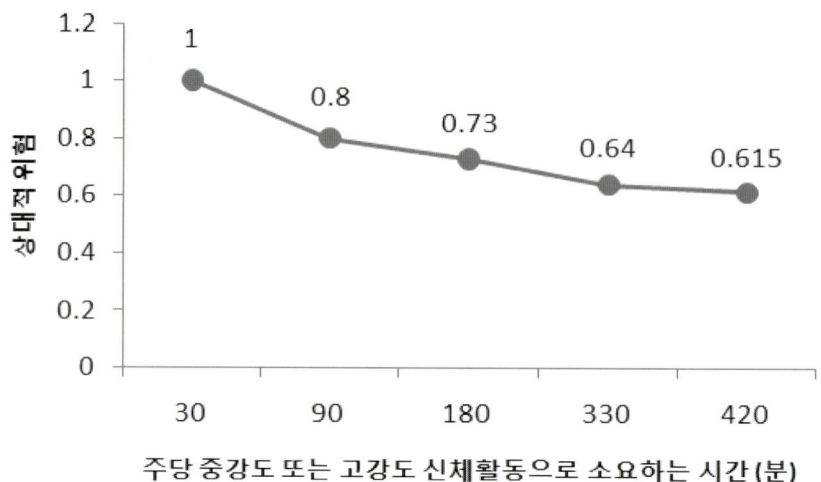

그림 4-1. 신체활동량의 증가에 따른 조기 사망률의 감소율.
주당 30분이하의 중강도 또는 고강도 신체활동의 상대적 위험이 1임.
출처: 미보건복지부(U.S. Department of Health and Human Services, 2008).

가하기 위해 무엇을 측정할 것인가에 대한 의견의 차이가 존재한다(Mackinnon et al., 2003). Trine(1999)은 삶의 질의 다양한 측면을 측정하기 위해서는 300개 이상의 척도가 존재한다고 제안한다. **건강과 관련된 삶의 질**은 개인의 건강과 관련된 삶의 질, 삶의 만족도 및 행복감에 대한 인식 등이 포함된다.

최근, 다양한 모집단을 대상으로 신체활동이 건강과 관련된 삶의 질에 미치는 영향을 살펴보기 위한 연구가 이루어지고 있다. 하지만, 건강한 성인들을 대상으로 실시한 연구에서는 아직 명확한 결론을 내리지 못하고 있다. 물론 많은 연구들에서 긍정적인 경향이 나타나기는 하지만 건강과 관련된 삶의 질과 신체활동 사이에 낮은 상관만이 나타났다(Oldridge, 1997). 종종 실험처치 연구에서 항상은 아니지만 긍정적인 관련성이 존재한다고는 하지만 처치기간이 다소 짧다(대부분 10-30주). 따라서 건강한 성인을 대상으로 건강과 관련된 삶의 질에 미치는 신체활동의 영향을 명확히 알아보기 위해서는 보다 장기간의 처치가 이루어진 연구들이 필요할 것이다.

하지만 여러 증거들은 건강한 사람보다는 신체능력에 영향을 미치는 다양한 질

chapter **04** 체육과 삶의 질

환 또는 상태를 지닌 모집단의 경우, 신체활동이 건강과 관련된 삶의 질에 긍정적인 영향을 미치며, 건강과 관련된 삶의 질에 더 강하게 영향을 미친다. 따라서 건강과 관련된 삶의 질의 개선 정도는 **초기 건강상태**와 밀접한 관계가 있으며, 신체활동이 건강과 관련된 삶의 질에 미치는 영향은 **건강의 개선정도**에 따라 달라질 수 있다. 결국, 건강과 관련된 삶의 질은 신체능력과 신체적 건강에 대한 개인의 인식에 의해 영향을 미치므로, 이러한 인식은 규칙적인 운동으로 유발되는 신체능력의 실질적인 개선에 의해 긍정적으로 영향을 받을 것 같다.

2 신체활동의 중요성

1992년 조사에 의하면, 미국 성인의 60% 이상이 규칙적인 신체활동으로 추천되는 양을 충족시키지 못하는 것으로 나타났다. 같은 해에 12-21세 청소년의 거의 50% 정도가 규칙적으로 격렬한 또는 높은 강도의 운동을 하지 않는 것으로 나타났다. 또한 미국 성인의 약 25%는 여가 및 신체활동에 참여하지 않는 것으로 나타났다. 더욱이, 18세 이하의 대부분의 학생의 경우, 교실에서 공부하는 시간보다 TV 시청으로 보내는 시간이 더 많다는 것이다(Lumpkin, 2002). 이러한 현상과 연령대별 신체활동 참여 또는 비참여 비율은 한국의 경우도 예외가 아니다.

1990년 미국연방정부에서 미국인들의 건강을 개선시키기 위하여 국가 계획을 담은 Health People 2000을 출판하였다. 이 보고서에서 언급하는 3개의 주요 목적 중 하나는 **건강한 삶의 수명 연장**이고, 이러한 목적을 달성하기 위한 구체적인 7가지 목표에서 언급하는 것이 **신체활동**과 **체력**이다. 하지만 이러한 목표들의 실행은 잘 이루어지지 않았고, 10년 후에 다시 새로운 목적이 설정되었다. 아래는 Health People 2010(2000)의 목표에 대하여 기술한 것이며, 이것은 체육교사, 운동과학자 및 스포츠지도자에게 중요한 지침을 제공할 것이다.

Healthy People 2010 (Objective 22; 신체활동 참여율은 1997년 자료임)

Objective 22에서는 신체활동과 체력에 대해서 다룸-일일 신체활동을 통한 건강, 체력 및 삶의 질 향상을 위하여,

- *성인들을 위한 신체활동*
  22-1. 신체활동에 참여하지 않는 성인의 비율 감소
    목표 : 20 %
    기초선 : 18세 이상 성인들의 40%가 신체활동에 참여하지 않음.
  22-2. 일일 30분 이상 규칙적으로 중강도의 신체활동에 참여하는 성인의 비율 증가
    목표 : 30 %
    기초선 : 18세 이상 성인들의 15%가 주당 5회 이상 최소 30분 동안 신체활동을 함.
  22-3. 주당 3일 이상 1회 최소 20분 이상 심폐기능을 강화하고 유지시키기 위하여 격렬한 또는 고강도의 신체활동에 참여하는 성인의 비율 증가
    목표 : 30 %
    기초선 : 18세 이상 성인들의 23%가 주당 3회 이상 1회기당 최소 20분 이상 고강도의 신체활동에 참여함.

- *근력/지구력 및 유연성*
  22-4. 근력/지구력을 강화, 유지하기 위한 신체활동을 실시하는 성인의 비율 증가
    목표 : 30 %
    기초선 : 18세 이상 성인들의 19%가 주당 2회 이상 근력과 지구력을 강화시키고 유지하기 위하여 신체활동에 참여함.
  22-5. 유연성을 강화하고 유지하기 위한 신체활동을 실시하는 성인의 비율의 증가
    목표 : 40 %
    기초선 : 18세 이상 성인들의 30%가 지난 2주 동안 유연성 운동을 실시함.

- *어린이와 청소년들의 신체활동*
  22-6. 주당 5일이상 최소 30분이상 중강도 신체활동에 참여하는 청소년의 비율증가
    목표 : 30 %
    기초선 : 9세-12세의 학생 19%가 주당 5회 이상 일회 최소 30분이상 중강도의 신체활동에 참여함

1996년 7월 **미보건복지부**(U.S. Department of Health and Human Services)에서 신체활동과 건강에 대한 **의무총감보고서**(Surgeon General's Report on Physical Activity and Health)를 출판하였고, 본 보고서에 의하면 규칙적인 신체활동이 국민들의 삶의 질과 건강을 개선하는데 매우 지대한 영향을 미친다고 강조하고 있

다. 그럼에도 불구하고, 여전히 신체활동의 참여율이나 경향은 크게 변화되지 않고 있다.

이 **의무총감보고서**에서는 규칙적인 신체활동은 남녀노소를 불문하고 모든 연령대의 사람에게 긍정적 건강 혜택을 부여한다고 결론지었다. 또한 규칙적인 신체활동은 조기 사망률, 심장질환으로부터의 사망뿐만 아니라 당뇨병, 고혈압, 대장암 등의 발생 위험을 감소시킴으로써 건강을 개선시킨다. 매일 실시하는 중강도의 신체활동은 고혈압 환자의 혈압을 감소시키며, 우울증과 불안감을 감소시키고, 체중 조절을 도우며, 고령자에게는 더 잘 움직일 수 있게 할 뿐만 아니라 낙상의 위험을 감소시키며, 심리적인 행복감을 증진시킨다.

더욱이, 신체활동은 심장순환계 및 근골격계 뿐만 아니라 신진대사, 내분비계 및 면역계 등 인체 전반에 걸쳐 매우 긍정적인 생리적 효과를 미치지만, 이러한 영향은 신체활동이 유지될 때만이 정상적인 근력, 관절의 구조 및 기능이 유지된다는 사실이다. 만약 신체활동이 급격하게 줄어든다면, 지구성 운동과 근력운동의 유익한 효과는 2주 이내에 감소하며, 만약 신체활동을 중단한다면, 2개월에서 8개월 이내에 그 효과는 사라지게 된다. 따라서 규칙적인 신체활동이 개인의 삶의 일부분으로 자리 잡을 때 비로소 건강 혜택도 누릴 수 있는 것이다.

특히, 어린이와 청소년기의 신체활동은 체력 및 건강증진, 정서함양 등에 효과가 있는 것으로 밝혀져 왔다. 하지만 비신체활동과 같은 잘못된 생활습관은 쉽게 성인기로 이행될 수 있으며, 이로 인해 발생 가능한 국민의 신체적, 정신적 건강 악화, 의료비용의 증가 등 사회적, 국가적 비용 손실은 매우 막대하다. 따라서 규칙적인 신체활동에 대한 관심은 개개인뿐만 아니라 국가적 차원에서 필요하다(박동호 등, 2005).

2. 운동 가이드라인

1 적합한 신체활동이란 무엇인가? 최적 또는 최소

사람들은 종종 "건강을 유지하기 위하여 필요한 최적의 신체활동량은 얼마나 됩니까?"라고 질문한다. 이것을 다른 측면에서 해석하면, "건강을 유지하기 위하여 필요한 최소한의 운동량은 어느 정도입니까?"라는 질문과 같다. 이러한 질문에 대해서 체육학을 전공하는 특히, 운동사 또는 건강지도자로서의 진로를 선택하는 학생의 경우, 명확한 답변을 해야 할 것이다.

하지만, 이러한 간단한 질문에 대한 답변은 그리 간단하지 않다. 그 이유는 개인이 원하는 결과나 목표(단순히 근력 또는 심폐지구력의 개선을 통한 건강 증진, 질환의 치료, 삶의 질 향상 등)가 서로 다르기 때문이다. 최근, 건강을 유지하기 위한 신체활동에 대한 가이드라인 또는 권고지침이 **미국스포츠의학회**(The American College of Sports Medicine; ACSM), **미보건복지부 공중보건국**(The U.S. Department of Health and Human Services' Office of the Surgeon General; USSG), **호주스포츠위원회**(The Australian Sports Commission in conjunction with various State and Federal agencies; Active Australia), **미보건복지부**(U.S. Department of Health and Human Services; USHHS)와 같은 다양한 조직으로부터 만들어져 제안되고 있다. 본 장에서는 이들 조직에서 만들어진 신체활동 가이드라인에 대한 내용을 소개하고자 한다.

Active Australia (호주인을 위한 국가 신체활동 가이드라인)

- 움직임을 불편한 것이 아닌 기회로 생각하라
- 매일, 가능하면 많이 움직여라
- 매일 중강도의 신체활동을 최소 30분 이상 실시하라
- 만약 가능하다면, 추가적인 건강 혜택 및 체력 향상을 위해서 규칙적이고 격렬한 운동을 즐겨라

출처: Active Australia(1999). National Physical activity guidelines for Australians. Accessed via Web site www.health.gov.au/pubhlth/publicat/document/physguide.pdf

ACSM (건강한 성인을 위한 운동 안내, 1998)

- *운동형태*
  대근육을 사용하여 율동적이며, 지속적으로 실시하는 유산소 형태의 운동
  예: 달리기/조깅, 수영, 사이클링, 걷기/하이킹, 에어로빅댄스/그룹운동, 크로스컨츄리 스키, 조정, 줄넘기, 계단오르기, 스케이팅, 다양한 지구성 게임 등

- *빈도*
  주당 3-5회

- *운동소요시간*
  1회 20-60분(일회 운동 시 최소 10분 이상 지속)

- *강도*
  40/50-85% VO_{2max} 또는 HRR(heart rate reserve), 55/60-90% HR_{max}

- *근력 및 지구력 운동*
  주당 2-3회, 대근육을 사용한 8-10가지 운동, 8-12회 반복횟수로 1-2세트 실시

- *유연성 운동*
  주요 근육근을 주당 최소 2-3회 실시

출처: American College of Sports Medicine Position Stand (1998). The recommended quantity and quality of exercise for developing and maintaining cardiorespiratory and muscular fitness, and flexibility in healthy adults. *Med Sci Sports Exerc.* 30(6), 975-91.

USSG (미국인을 위한 신체활동 가이드라인, 1996)

- 2세 이상의 모든 사람은 주당 매일 또는 주당 거의 매일 적어도 중강도의 지구성 형태의 신체활동을 최소 30분 이상 실시함
- 신체활동으로 인한 추가적인 건강 및 기능적 혜택은 중강도의 신체활동에 더 많은 시간을 할애하거나 더욱 격렬한 또는 고강도의 운동으로 대처함으로써 가능함
- 증후성 심혈관질환을 지닌 사람, 당뇨 또는 다른 만성질환을 지닌 사람이 신체활동을 증가시키기를 원한다면, 의사에 의해 평가를 받고 개인의 의학적 상태에 맞는 운동프로그램을 실시하는 것이 좋음
- 비활동적인 40세 이상의 남자와 50세 이상의 여자 및 고위험 심혈관질환을 지닌 사람은 익숙하지 않은 격렬한 신체활동 프로그램에 참여하기 이전에 의사와 상담을 하는 것이 좋음
- 근력운동은 최소 주당 2회 실시함. 다리, 몸통, 팔과 어깨와 같은 대근육을 사용하여 8-10가지 운동을 8-12회 반복횟수로 1-2세트 실시함

출처 : U.S. Department of Health and Human Services (1996). Physical activity and health: a Report of the Surgeon General, Atlanta, GA: Centers for Disease Control and Prevention.

> **National Heart Foundation of Australia (NHFA: 신체활동 정책 요약, 2000)**
>
> - 비신체활동은 심혈관 질환의 주요 위험요인이며, 두 번째가 흡연이다.
> - 신체활동은 심혈관질환 위험요인들을 개선시키며, 모든 사망률을 낮춘다. 또한 당뇨 위험을 낮추며, 낙상의 예방과 뼈 질량을 유지시켜 준다.
> - 모든 연령대의 남성과 여성은 신체적으로 활동적인 생활습관의 시작과 동시에 혜택을 얻을 수 있다.
> - 신체활동은 어린아이에서부터 시작되는 평생습관이 되어야 한다.
> - 신체활동은 심근경색증, 심장수술 후 실시되는 심장재활의 중요한 요소이다.
> - 신체활동의 전체 양이 가장 중요한 것으로 보인다. 최근의 추천은 매일 실시하는 것이 불가능하다면 가능하면 매일 걷기와 같은 형태의 운동을 적어도 중강도로 30분 이상 실시하는 것이다.
> - 중강도와 격렬한 운동은 추가적인 건강혜택을 줄 것이다.
> - 비록 식이요법이 필요할 수도 있지만, 신체활동은 체중조절을 돕는다.
> - 건강지도자는 신체활동에 대하여 환자들에게 효과적으로 조언할 수 있다.
>
> 출처: NHFA Physical Activity Policy(2000). (www.heartfoundation.com.au/prof/index-fr.html)

아래에서 제시한 내용은 2008년도에 새롭게 USSG에서 보고한 내용을 기초로 USHHS(2008)에서 작성한 것으로, 그 대상을 세분화하여 신체활동의 주요 가이드라인을 제시한 것이다. 즉, 어린이와 청소년, 성인, 노인, 장애를 지닌 성인 그리고 여성의 특수한 상황인 임신 및 산후 기간 시 신체활동에 대한 각각의 가이드라인을 제시하고 있다. 또한 이 가이드라인은 그 적용 대상이 일반 국민이기 때문에 모두가 쉽게 이해할 수 있는 내용으로 구성하여 설명하고 있다는 점에서 매우 유익하게 활용할 수 있다.

이들 보고서의 주요 목적은 일반인과 운동전문가에게 건강증진, 질병률 감소, 사망률 감소에 필요한 신체활동의 양과 강도를 명확히 알리는 데 있다. 하지만 이러한 다양한 기관에서의 신체활동 가이드라인의 제공에도 불구하고 규칙적인 신체활동에 참여하는 인구의 비율은 크게 개선되지 못하고 있는 실정이다.

USHHS (미국인을 위한 신체활동 가이드라인, 2008)

- 규칙적인 신체활동은 건강에 부정적인 영향을 미치는 위험요소를 감소시킴
- 신체활동은 신체활동을 하지 않는 것보다 좋음
- 대부분의 건강 이익이라는 측면에서, 보다 높은 강도, 많은 빈도, 긴 운동소요시간을 통한 신체활동량의 증가를 통해 추가적인 혜택을 얻을 수 있음
- 대부분의 건강 혜택은 주당 최소 150분(2시간 30분)의 중강도의 신체활동 예를 들어, 속보와 같은 신체활동을 통해서 얻을 수 있음. 추가적인 혜택은 더 많은 신체활동을 통해서 얻을 수 있음
- 유산소(지구력)와 근력(저항운동) 운동 모두 건강 혜택을 부여함
- 건강혜택은 남녀노소 및 인종을 불문하고 얻을 수 있음
- 신체활동의 건강 혜택은 장애인에게도 나타남
- 신체활동의 건강 혜택은 부정적 결과의 가능성보다 큼

어린이와 청소년을 위한 주요 가이드라인
- 어린이와 청소년은 매일 60분 또는 그 이상 신체활동을 해야 함
  - 유산소 : 매일 60분 또는 그 이상의 중강도 또는 격렬한 강도의 유산소 신체활동을 실시하고 격렬한 또는 고강도 신체활동을 최소 주당 3회 실시해야 함
  - 근력 : 일일 60분 또는 그 이상의 신체활동의 부분으로써, 어린이와 청소년들은 최소 주당 3일 근력 운동이 포함되어야 함
  - 뼈 강화(bone-strengthening) : 일일 60분 또는 그 이상의 신체활동의 부분으로써, 어린이와 청소년들은 최소 주당 3일 뼈를 강화시키는 운동이 포함되어야 함
- 어린 또는 젊은 사람들이 그들의 연령에 적합하고 즐거운 그리고 다양한 신체활동에 참여할 수 있도록 독려하는 것이 중요함

성인을 위한 주요 가이드라인
- 모든 성인은 비신체활동을 피해야함. 신체활동은 신체활동을 하지 않는 것보다 좋으며, 신체활동에 참여함으로써 건강혜택을 얻을 수 있음
- 주요한 건강혜택은, 성인의 경우 중강도의 운동을 주당 최소 150분 실시하거나 주당 75분의 격렬한 강도의 유산소 신체활동 또는 이와 상응하는 중강도와 격렬한 강도의 조합으로 실시함으로써 얻을 수 있음
- 추가적인 건강 혜택은, 성인의 경우 중강도의 운동을 주당 300분 실시하거나 주당 150분의 격렬한 또는 고강도 유산소 신체활동 또는 이와 상응하는 중강도와 고강도의 조합으로 실시함으로써 얻을 수 있음. 또한 이 양보다 더 많은 신체활동량의 증가를 통해 추가적인 건강 혜택을 얻을 수 있음.
- 성인은 또한 주당 2회 또는 그 이상 중강도 또는 고강도의 근력운동을 실시해야하며, 근력운동은 주요 근육군이 포함되어야 함. 이러한 신체활동은 추가적인 건강혜택을 부여함.

USHHS (미국인을 위한 신체활동 가이드라인, 2008) 계속

<u>노인을 위한 주요 가이드라인</u>
*성인을 위한 주요 가이드라인이 노인에게도 적용됨. 아래의 가이드라인은 노인에게만 추가되는 내용임
- 노인의 경우, 만성질환으로 인하여 중강도의 유산소 운동을 주당 150분 실시하지 못한다면, 건강상태가 허락하는 선에서 그리고 능력 범위내에서 활동적이어야 함
- 낙상의 위험이 있다면, 균형감각을 유지 또는 개선하기 위하여 운동을 실시해야 함
- 만성질환을 지닌 노인은 자신의 건강 상태가 규칙적인 신체활동을 안전하게 수행하기 위한 자신의 능력에 어떻게 영향을 미치는지에 대하여 이해해야 함

<u>임신 및 산후 기간 중 여성을 위한 주요 가이드라인</u>
- 고강도 또는 격렬한 강도의 활동에 익숙치 않은 여성인 임신과 산후 기간 중 주당 최소 150분 운동을 실시함. 이러한 신체활동은 주에 걸쳐 나누어 실시함(하루에 몰아서 실시하지 않음).
- 임신한 여성이 습관적으로 격렬한 강도의 유산소 활동에 참여하거나, 매우 활동적일 경우, 임신 및 산후 기간 중 신체활동을 지속할 수 있음. 이것은 건강을 유지하게 함. 하지만 언제, 어떻게 신체활동을 조정할지에 대해서는 전문가와 상담할 것

<u>장애를 지닌 성인을 위한 주요 가이드라인</u>
- 장애인의 경우, 할 수 있다면 중강도의 운동을 주당 최소 150분 실시하거나 주당 75분의 격렬한 강도의 유산소 신체활동 또는 이와 상응하는 중강도와 격렬한 강도의 조합으로 실시함. 유산소 운동은 최소 10분짜리로 구성하고, 이러한 신체활동은 가급적이면 주에 걸쳐 나누어 실시함
- 장애인의 경우, 할 수 있다면 주당 2회 또는 그 이상 중강도 또는 고강도의 근력운동을 실시해야하며, 근력 운동은 주요 근육군이 포함되어야 함. 이러한 신체활동은 추가적인 건강 혜택을 부여함
- 장애인의 경우, 본 가이드라인에 맞지 않을 때, 그들의 능력에 따라 규칙적인 신체활동에 참여하게 하고, 비활동을 피하게 함.
- 장애인은 전문가와 그들의 능력에 맞는 신체활동의 형태와 양에 대하여 상담해야 함

출처 : U.S. Department of Health and Human Services(HHS)(2008). 2008 Physical Activity Guidelines for Americans. www.health.gov/paguidelines

2 신체활동과 관련된 용어의 정의

실제로 일반인뿐만 아니라 체육학을 공부하는 학생 또는 운동전문가 역시도 "신체활동(physical activity)과 운동(exercise)의 차이점이 무엇이냐?" 라는 질문에 대한 명확한 답변을 하는 사람은 매우 드물다. 게다가 "저강도(low intensity), 중강도(moderate intensity), 고강도(vigorous 또는 high intensity)의 운동강도는 무엇을 기준으로 어떻게 구분할 수 있느냐?" 라는 질문에 대한 답변 또한 쉽지 않다.

이러한 질문에 대한 답변을 찾기 위해서는 앞서 언급한 다양한 기관과 조직에서 제공하는 가이드라인의 비교를 통해서 그 해답을 찾을 수 있을 것이다. 그러나 이것 역시 쉽지 않다. 왜냐하면, 각각의 기관에서 제공하는 신체활동, 운동, 운동강도(중강도, 고강도), 체력 등에 대한 용어 정의 역시 다소 차이가 있기 때문이다.

아래의 용어의 정의는 각 기관에서 정의하는 내용을 정리한 것이다. 예를 들면, NHFA(2000)와 ACSM(2000)에서 추천하는 중강도(moderate intensity) 운동에 대한 두 기관의 정의는 모두 "신체활동 중 편안한 수준의 강도"로 제시하고 있으나 NHFA(2000)에서는 "운동 중 대화가 가능한 수준의 강도"로 그리고 ACSM(2000)에서는 "45분 동안 지속할 수 있는 편안한 강도"로 제시하고 있다.

흥미로운 것은 최근 2008년도에 USSG에서 보고한 내용을 기초로 USHHS(2008)에서 "**신체활동**"에 대한 새로운 정의를 내렸다. 즉, 기존의 신체활동 개념인 "골격근의 수축에 의해 유발되는 에너지 소비의 증가와 함께 이루어지는 신체의 움직임"에 추가하여 "**신체활동은 건강을 강화시키는 신체의 움직임**"으로 정의하고 있다.

용어의 정의

신체활동 (Physical Activity)
- **NHFA** : 대골격근을 사용한 움직임(예: 걷기, 계단오르기, 정원가꾸기, 스포츠활동, 일과 관련된 활동)
- **USSG, ACSM** : 골격근의 수축에 의해 유발되는 에너지 소비의 증가와 함께 이루어지는 신체의 움직임
- **USHHS*** : ACSM과 USSG의 정의에 추가하여 "신체활동"은 건강을 강화시키는 신체의 움직임으로 정의됨.

  *USHHS의 자료는 2008년 Advisory Committee's report와 정부기관의 조언을 반영함.

운동 (Exercise)
- **NHFA** : 체력, 운동수행력, 건강 또는 사회적 관계를 개선하기 위한 구체적인 목표를 가지고 레크리에이션, 여가에 참여하는 계획된 신체활동
- **USSG** : 체력의 하나 또는 그 이상의 요소를 향상 또는 유지하기 위하여 수행되는 계획되고, 구조화된 반복적인 신체 움직임

중강도 활동 (Moderate Activity)
- **NHFA** : 운동 중 대화가 가능한 수준의 활동적인 강도
- **ACSM** : 대부분 건강한 성인을 위해 절대적인 중강도 운동은 3-6 METs의 범위임. 개인에 따라 차이가 있으므로, 개인의 능력범위 내에서 잘 유지될 수 있는 운동강도로, 비경쟁적으로 약 45분간 편안하게 유지될 수 있는 운동 강도임. 만약 운동능력을 안다면, 40-60% VO_{2max} 사이임.

격렬한/고강도 활동 (Vigorous Activity)
- **NHFA** : 체력수준에 의존적이지만 높은 강도의 활동으로 발한과 숨을 헐떡 또는 헉헉거리게 하는 정도의 운동강도.
- **ACSM** : 대부분의 건강한 사람의 경우, 6 METs(대사당량)를 초과하는 운동강도 또는 운동능력이 알려진 경우 60%VO_{2max}를 초과하는 운동강도.

체력 (Physical Fitness)
- **USSG, ACSM** : 신체활동을 수행하기 위한 능력과 관련된 것으로 사람들이 가지고 있거나 얻어야 하는 일련의 속성이나 특성

출처: NHFA Physical Activity Policy(2000), USSG(1996), HHS(2008), ACSM(2000). ACSM's guidelines for exercise testing and prescription, 6th ed.(Lippincott Williams & Williams)

chapter 04 체육과 삶의 질

　여기에 추가적으로 중요하게 언급할 것은 주당 유산소 신체활동량을 기준으로 4가지 범주의 신체활동 수준을 정의하면서(표 4-1), 새로운 신체활동의 개념을 포함시켰다는 점이다. 즉, 기존의 신체활동의 정의인 "골격근의 수축에 의해 유발되는 에너지 소비의 증가와 함께 이루어지는 신체의 움직임" 에 **건강증진**이라는 개념을 포함시켰다는 것이다. 그 예로, 과거의 신체활동개념에 의하면, 신체활동의 범주에 속하는 서있기, 천천히 걷기, 가벼운 물건을 들어올리기 등과 같은 일상생활에서의 가벼운 강도의 활동을 **기초선 활동**(baseline activity)으로 간주하고, 이러한 기초선 활동만을 수행할 때 과거의 정의와는 달리 **비활동**(inactive)으로 구분하였다는 점이다. 또한 그리 높지 않은 계단오르기와 같은 중강도 또는 격렬한 강도의 활동도 그 수행시간이 매우 짧을 경우, 〈표 4-1〉에서 제시한 가이드라인에 적용하기에는 너무 짧은 시간의 활동임으로 기초선 이하의 활동으로 간주하여 비활동으로 구분하였다. 따라서 현재의 신체활동의 개념은 "**건강을 개선시키는 최소한의 활동량(기초선 이상)과 운동강도(중강도 이상)가 전제**" 되었을 때 비로소 신체활동이라 할 수 있다.

표 4-1. 주당 유산소 신체활동량을 기준으로 나눈 4가지 신체활동 범주

신체활동 수준	주당 중강도 운동소요시간의 범위	건강 혜택	조언
비활동	기초선* 이하	없음	비활동은 건강하지 못함
낮음	중강도 : 기초선〈신체활동〉150분 고강도 : 기초선〈신체활동〉75분	약간	비활동적인 생활습관보다는 낮은 수준의 신체활동이 좋음
중간	중강도 : 주당 150분-300분 고강도 : 주당 75분-150분	상당한	150분에 비해 300분에 가까운 활동은 추가적이고 광범위한 건강 혜택을 부여함
높음	주당 300분 이상	추가적	현재까지 추가적인 건강혜택에 대한 신체활동의 최대한계는 알려져 있지 않음

*기초선 활동: 서있기, 천천히 걷기, 가벼운 물건을 들어올리기 등과 같이 일상생활에서의 가벼운 강도의 활동을 의미함. 이러한 기초선 활동만 하는 사람을 비활동자로 간주함. 또한 그리 높지 않은 계단오르기와 같은 중강도 또는 격렬한 강도의 활동을 매우 짧은 시간동안 수행한다 하더라도, 이러한 활동은 너무 짧은 시간의 활동임으로 기초선 이하로 간주함. 따라서 신체활동이라 함은 건강을 개선시키는 활동으로 간주함.
출처 : U.S. Department of Health and Human Services(HHS)(2008). 2008 Physical Activity Guidelines for Americans. www.health.gov/paguidelines

3 다양한 신체활동에 대한 가이드라인의 비교

여기에서는 USSG(1996), ACSM(2000), Active Australia(2000), NHFA(2000) 및 HHS(2008)에서 추천하는 신체활동 가이드라인에 대한 간단한 비교와 이들 기관들에서 제시하는 운동강도(저강도, 중강도, 고강도 등)에 대한 기준을 제시하고자 한다. 일반적으로 신체활동 또는 운동 프로그램을 발전 또는 적용시키기 위해서는 개인의 체력 수준, 용이성, 목적, 선호도 및 건강상태 등이 고려되어야 하며, 또한 신체활동 또는 운동과 관련된 운동형태, 운동강도, 운동소요시간(1회 또는 하루 총량), 주당 운동빈도 등과 같은 변인들이 반드시 고려되어야 한다.

표 4-2. 다양한 기관에서 제시하는 건강한 성인을 위한 신체활동 추천의 비교

활동 요소	추천	추천에 대한 주요 이유
운동 형태	USSG: 구체적이지 않음; 다양화 ACSM*: 대근육군; 다양한 활동(2010년에 보다 세분화되고 다양화됨) Active A[†], NHFA: 구체적이지 않음; 다양화; 생활습관으로의 접근 HHS: 대근육군; 다양한 활동	· 즐거움을 촉진 · 손상 유발을 최소 · 체력 향상과 에너지소비
운동 강도	USSG: 중강도; 격렬한 운동으로 추가적인 혜택 얻음 ACSM*: 40/50%-85%VO$_{2max}$ 또는 HRR Active A: 중강도; 격렬한 운동으로 추가적인 혜택 얻음 NHFA: 중강도 및 격렬한 강도 모두 건강 혜택을 부여 HHS: 중강도와 고강도; 격렬한 운동으로 추가적인 혜택 얻음	· 중강도: 즐거움, 지속성, 지방감소 및 혈압조절을 촉진; 또한 손상 유발이 적음. · 격렬한/고강도: 체력 향상을 통한 추가적인 건강혜택을 얻음
운동 소요 시간	USSG: 축적 ≥30분/일; 더 긴 운동소요시간을 통해 추가적인 혜택 얻음 ACSM*: 20-60min/회 Active A, NHFA: 축적 ≥30분/일; 운동시 지속 할 필요는 없음(간헐적 운동) HHS: 축적 ≥150분/주; 더 긴 운동소요시간을 통해 추가적인 혜택 얻음	· ≥30분/일은 사망과 사망률을 감소시킴; 최소 체지방 감소시킴 · 혜택은 운동량과 관련됨
운동 빈도 (주당)	USSG: 가능하면 매일 ACSM: 3-5일/주 Active A, NHFA: 가능하면 매일 HHS: 가능하면 매일	· 혜택은 운동량과 관련됨 · 일시적 효과(혈당 조절) · 생활습관이 되도록 유도

*2010년에 보다 세분화되고 다양화됨. 이에 대한 구체적인 내용은 〈표 4-5〉를 참고할 것.
[†]Active A : Active Australia, USSG: The U.S. Department of Health and Human Services' Office of the Surgeon General, ACSM : American College of Spors Medicine, NHFA: National Heart Foundation of Australia, HHS : U.S. Department of Health and Human Services.

표 4-2. 다양한 기관에서 제시하는 건강한 성인을 위한 신체활동 추천의 비교 (계속)

활동 요소	추천	추천에 대한 주요 이유
저항 운동	**USSG, ACSM***: 2일/주, 주요근육 군을 사용하는 8-10가지 운동구성, 8-12회 반복회수로 1-2세트 실시 **Active A, NHFA**: 구체적이지 않음 **HHS**: 2일 이상/주, 주요근육 군	· 가령과 함께 근질량과 골밀도의 손실을 최소화 · 노화시 근력, 조정력, 균형감각 및 심체체력 유지에 도움

*2010년에 보다 세분화되고 다양화됨. 이에 대한 구체적인 내용은 〈표 4-5〉를 참고할 것.
출처 : NHFA Physical Activity Policy(2000), USSG(1996), HHS(2008), ACSM(2000). ACSM's guidelines for exercise testing and prescription, 6th ed.(Lippincott Williams & Williams). ACSM(2010). ACSM's Guideliness For Exercise Testing And Prescription, 8th ed.(Lippincott Williams & Williams)

앞서 언급한 신체활동량 또는 운동량의 수준 설정에 대한 최근의 기준은 〈표 4-1〉의 자료를 참고하는 것이 좋을 것이다. 물론 건강 및 체력 개선을 위한 최소 및 최대 운동량에 대해서 아직까지 명확하게 밝혀져 있지는 않다. 그 이유는 개인의 초기 체력수준, 건강상태 등 매우 많은 요인들이 영향을 미치기 때문일 것이다. 하지만 최소 또는 최대 신체활동량은 존재할 것이며, 조금 더 활동적인 것이 활동적이지 않는 것보다는 좋다고 믿고 있다. 이러한 신체활동량 또는 운동량은 운동강도 및 운동소요시간에 의해 결정되며, 건강과 신체활동량간의 용량반응 관계(dose-response relationship)가 존재한다는 사실이다.

〈그림 4-2〉는 이러한 용량반응(dose-response) 관계를 설명해주는 것으로 신체활동량의 증가나 체력수준의 개선은 건강상에 부가적인 혜택을 부여한다는 것을 잘 보여주고 있다. 또한 그림에서처럼 개인의 신체활동량보다는 체력 수준의 개선이 상대적 위험 정도에 더 큰 영향을 미친다는 점을 고려할 때 그리고 체력의 향상은 점증적 부하와 과부하의 트레이닝 원리에 입각하여 효율적으로 개선된다는 점을 고려할 때, 중강도 보다는 고강도의 신체활동이 더 큰 건강상의 부가적 이점을 부여할 것이다.

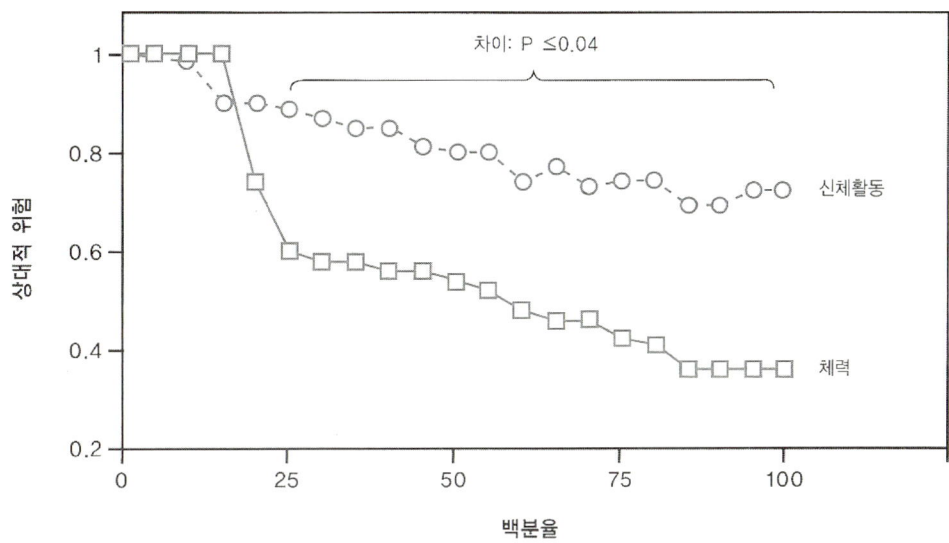

그림 4-2. 신체활동과 체력의 표본 비율에서 죽상경화성
심혈관질환(CVD)의 상대적 위험에 대한 용량반응 곡선 평가.
출처: Williams(2001). Physical fitness and activity as separate heart disease risk factors: a meta-analysis. Med Sci Sports Exerc., 33(5), 754-61.

한편, 건강한 성인들의 건강 향상을 위한 신체활동량 또는 운동량(운동강도×운동소요시간)의 결정에 있어서 가장 기초가 되는 것이 운동강도이다. 하지만, "저강도, 중강도, 고강도의 운동강도는 무엇을 기준으로 어떻게 구분할 수 있느냐?" 라는 질문에 쉽게 답변하는 사람 역시 매우 드물다. 예를 들어, 운동강도의 처치 시 현장에서 가장 많이 활용하고 있는 VO_{2max}, HR_{max} 또는 METs의 몇 % 또는 지수를 중강도 또는 고강도로 구분하는지에 대한 의문이다. 〈표 4-3〉은 이러한 의문에 대한 해답을 제시하고 있다.

표 4-3. 신체활동의 강도 분류

강도 Intensity	상대적 강도		체력수준에 따른 절대적 강도 범위(METs)			
	VO$_2$R(%) HRR(%)	HR$_{max}$* (%)	12MET VO$_{2max}$	10MET VO$_{2max}$	8MET VO$_{2max}$	6MET VO$_{2max}$
매우 낮은 Very light	<20	<50	<3.2	<2.8	<2.4	<2.0
저 Light	20-39	50-63	3.2-5.3	2.8-4.5	2.4-3.7	2.0-3.0
중 Moderate	40-59	64-76	5.4-7.5	4.6-6.3	3.8-5.1	3.1-4.0
고/격렬한 High/Vigorous	60-84	77-93	7.6-10.2	6.4-8.6	5.2-6.9	4.1-5.2
매우 높은 Very High	≥85	≥94	≥10.3	≥8.7	≥7.0	≥5.3
최대 Maximal	100	100	12	10	8	6

METs, metabolic equivalent units(대사당량, 1MET=3.5 ml/kg/min); VO$_2$R, oxygen uptake reserve(여유산소섭취량, 목표 VO$_2$R = [(VO$_{2max}$−VO$_{2rest}$)×%원하는 운동강도] + VO$_{2rest}$), HRR, heart rate reserve(여유심박수, 목표 HRR = [(HR$_{max}$−HR$_{rest}$)×%원하는 운동강도] + HR$_{rest}$), HR, heart rate(심박수)
*HR$_{max}$ = (220−나이) 또는 206.9−(0.67×나이) (Gelish et al., 2007)

출처 : U.S. Department of Health and Human Services(1996); American College of Sports Medicine(1998); Howley(2001).

운동처치 시 신체활동량의 결정이외에 운동강도가 중요한 또 다른 이유 중 하나는 건강 및 체력의 개선을 유발하는 최소한의 운동강도 역치수준이 존재한다는 것이다. 육체적으로 건강상태가 좋지 않은 사람들을 제외하고 대부분의 사람의 경우, 중강도(40%이상에서 60% VO$_2$R 미만)가 최소 운동강도로 권장된다. 하지만 중강도와 고강도(60% VO$_2$R 이상) 운동을 혼합하여 실시하는 것이 대부분의 성인에게 건강 및 체력을 개선시키기 위한 이상적인 방안으로 제안되고 있다(Haskell et al., 2007).

〈표 4-4〉는 특정 신체활동에 대한 대사당량(metabolic equivalent; MET)을 제시한 것이다. 이 표는 일반인들의 신체활동 시 에너지 소모 또는 대사당량에 따른 신체활동의 강도에 대한 개괄적인 분류를 제시한 것이다.

표 4-4. 특정 신체활동에 대한 대사당량 (Metabolic equivalent, MET)

활동	운동강도	대사당량 (MET)
유산소 운동	가벼운 강도 높은 또는 고강도	· 5 · 7
서키트 운동	일반적인	· 8
사이클	저강도, <16km/h 중강도, 16-22 km/h 고강도, >30 km/h	· 4 · 8 · 10-12
골프	일반적인	· 8
조깅/달리기	8 km/h 10 km/h 13 km/h	· 8 · 10 · 13.5
걷기	중강도, 5 km/h 속보, 7km/h 언덕 오르기 또는 배낭지고 걷기	· 3.3 · 3.8 · 6-7
테니스	일반적으로	· 6-8
수영	중강도 고강도	· 8 · 10
사교댄스		· 4.5
일반적인 집안일	청소, 세탁 풀베기, 낙엽을 줍고 나무 다듬기	· 2.5-4 · 4-6

출처 : Ainsworth et al.(1993). Compendium of physical activities: classification of energy costs of human physical activities, MSSE, 1, 71-80. Ainsworth et al.(2000). Compendium of physical activities: an update of activity codes and MET intensities, MSSE, 32, s498-s516.

4 신체활동 가이드라인의 추이변화

최근 신체활동과 건강 사이의 관계에 대한 많은 연구들이 진행되면서, 이러한 신체활동의 가이드라인에 대한 시기적 추이 변화가 나타나고 있으며, 이에 대한 변화를 살펴보는 것도 매우 의미 있을 것으로 판단된다. 여기에서는 주로 ACSM에서 제시하고 있는 신체활동 가이드라인(1978년-2010년)과 관련하여 그 내용들의 변화를 살펴보고자 한다.

현재 ACSM에서는 운동량이라는 측면에서의 건강과 관련된 운동(체력증진을 위한 체계적 활동) 또는 신체활동(에너지 소모를 증가시키는 신체 움직임)에 관심을 가지고 있다. 특히, 건강 이점은 신체활동 또는 운동 수행의 양 즉, 용량반응(dose- response)과 깊은 관계가 있기 때문이다. 또한 운동을 통한 체력의 개선보다는 신체적으로 활동적인 삶(active living)을 추구하는 것으로 보인다. 그 이유 중 하나는 비활동적인 대다수의 사람들을 규칙적이고, 체계적인 운동에 참여시키기보다는 자신의 삶 속의 일부로서의 신체활동 증가를 유도하는 것이 더욱 용이하기 때문일 것이다. 여기에서 제안하는 즉, 좋은 건강상태를 유지하기 위한 **최소한의 신체활동량으로 중강도의 신체활동을 거의 매일 30분간 실시**하라는 것이다.

또 하나의 변화는 1990년도에 신체활동 프로그램의 일부분으로 근력운동이 포함되었다는 점이다. 근력의 유지는 심폐능력의 유지뿐만 아니라 특히, 노인들의 일상생활에서의 독립적인 삶을 유지하는데 필수적인 요소이기 때문이다. 그리고 1998년도에는 "**신체활동량의 축적(accumulation) 개념**"과 유연성 운동이 신체활동 프로그램에 도입되었다는 점이다. 즉, 하루에 30분간 지속하는 신체활동 또는 운동을 "일회 실시 시 10분으로 나누어서 3회 반복"해도 30분간 지속해서 실시하는 신체활동으로부터 얻을 수 있는 건강 혜택을 동등하게 얻을 수 있다는 것이다. 여기에서의 전제조건은 유산소 운동 또는 신체활동이 최소 10분 이상 지속되어야 그 효과를 얻을 수 있다는 것이다. 이러한 신체활동의 축적 개념은 일반인뿐만 아니라 비활동적인 사람들에게도 매우 매력적인 제안이다. 궁극적으로, 이러한 개념은 좌업생활자의 비율과 비신체활동으로 인한 질환으로 유발되는 사회적, 경제적 부담을 줄여 줄 것이다.

표 4-5. 운동에 대한 초기 및 현재 ACSM의 추천

년도	형태	빈도	운동강도	소요시간	저항운동
1978	지구력, 대근육군	3-5일/주	50-85% VO$_{2max}$/HRR 60-90%APMHR	15-60분	포함 안됨
1990	지구력, 대근육군, 근력	3-5일/주	50-85% VO$_{2max}$/HRR 60-90%APMHR	20-60분	1세트 8-12 반복 8-10 가지 운동 2일/주
1998	지구력, 대근육군, 근력, 유연성	3-5일/주	40/50-85% VO$_{2max}$ 또는 HRR 55/65-90%APMHR	20-60분 >10분축적 /1회	1세트 8-12 반복 8-10 가지 운동 1-2일/주+유연성운동
2010	지구력, 대근육군, 근력, 유연성, 신경근	5일/주	중강도(40-60%VO$_2$R*미만) 유산소활동, 체중부하운동, 유연성운동	중강도 : ≥150분/주	저항운동: 1세트 8-12 반복 8-10 가지 운동 2-3일/주
		3일/주	고강도(60%VO$_2$R이상)유산소활동, 체중부하운동, 유연성운동	고강도 : ≥75분/주	
		3-5일/주	중강도와 고강도 유산소활동조합, 체중부하운동, 유연성운동	≥10분지속/회	유연성 운동: 최소2-3일, 최소 10분/회
		2-3일/주	근력 및 근지구력, 저항성운동, 미용체조, 평형성 및 민첩성 운동	≥1,000kcal/주	신경근운동: 최소 2-3회

*VO$_2$R (VO$_2$ reserve) : 목표 VO2R = [(VO$_{2max}$-VO$_{2rest}$)×%원하는 운동강도] + VO$_{2rest}$

출처: ACSM's Guidelines for Exercise Testing and Prescription(8th ed. 2010). Ainsworth et al.(1993). Compendium of physical activities: classification of energy costs of human physical activities, MSSE, 1, 71-80. Ainsworth et al.(2000). Compendium of physical activities: an update of activity codes and MET intensities, MSSE, 32, s498-s516.

모든 성인의 운동 프로그램에 유연성 운동을 포함시키는 것을 권장하고 있다. 유연성 운동은 관절가동범위(range of motion, ROM)와 신체 기능을 향상시키며, 이는 노화에 따른 관절가동범위의 감소를 예방한다는 측면에서 특히 중요하다.

2010년에는 운동의 형태와 운동강도, 운동량에 따라 주당 운동빈도를 세분화하였고, 여기에 **신경근 운동**을 포함시켰다. 신경근 운동은 특히, 낙상 위험도가 높은 고령자에게 권장되고 있는데, 이러한 운동의 추천은 아마도 세계적인 인구의 고령화 추세와 복지적 측면에서 더욱 부각되는 것 같다. 신경근 운동에는 평형성, 민첩성 및 고유감각 운동이 있으며, 그러한 운동의 예로, 태극권, 필라테스, 요가 등이 있다. 이들 운동을 주당 최소 2-3일 수행하는 것은 낙상이 빈번한 고령자 및 움직임에 장애를 지니고 있는 사람들에게 권장되며, 마찬가지로 모든 성인에게도 추천된다.

3. 생활체육의 소개

1 생활체육의 개념

현대사회는 새로운 형태의 신체활동이나 체육을 필요로 하고 있다. 이는 시민생활에 직접적으로 관련된 삶 전체와 관련지어진 평생체육을 의미하며, 계속적인 삶의 현장에서의 신체활동을 의미한다. 따라서 생활체육은 개인적 견지에서 건강을 유지하고 즐거움을 찾는 소극적인 활동에서 벗어나 사회, 국가적 견지에서 보다 긍정적인 기능을 발휘하는 적극적 활동으로 변모를 시도해야한다.

이러한 생활체육은 다양하게 정의되나, 그 본질은 1975년 3월에 채택된 'Sport for all' 헌장으로 인하여 서구사회에 급속히 확산된 'Sport for all 운동'과 그 맥을 같이하고 있다. 'Sport for all 운동'이란 취학 전 아동에서부터 노인에 이르기까지 모든 사람이 성별, 인종, 종교에 관계없이 체력 향상과 건강증진을 위하여 실행하는 모든 종류의 스포츠 활동 및 신체 운동의 총체이며, 이를 범시민적으로 보급, 발전하는 운동으로 정의된다. 즉, 모든 시민의 신체적, 정신적, 사회적 발달에 기여할 목적으로 공공기관 및 민간단체가 스포츠와 신체운동의 실천을 범시민적, 범사회적 차원에서 전개하는 운동이라 볼 수 있다.

2 생활체육의 필요성

현대사회에서 생활체육 참여는 신체적, 정신적 건강증진 및 예방적 차원에서도 그 역할을 다하고 있기에 범국민적으로 나아가 범국가적 차원에서 생활체육은 활성화되어야 하며, 다음과 같은 필요성이 제기된다(홍영우 외 4인, 2005).

첫째, 현대사회는 기계문명의 고도 발달로 인하여 일상생활에서 인간의 기본적 신체활동이 극도로 제한되어가고 있는 현대인에게 있어서 운동부족은 체력약화나 각종 성인병 및 문명병에 시달리게 하는 원인이기에 생활체육은 현대인들의 생활 패턴에서 절대적으로 부족한 신체움직임에 있어서 신체활동 기회를 제공하여 건강 증진과 강한 체력을 육성한다.

둘째, 여가증대로 인하여 인간의 생활양식이 크게 변모함으로써 여가활용수단에 대한 필요성이 가중되었다. 생활체육은 인간의 여가시간을 건설적, 교육적으로 선용하는 기회를 제공하여 건전한 사회적 풍토를 조성하는데 기여한다.

셋째, 현대사회의 각종 병리현상은 근심, 걱정, 갈등, 열등감, 죄의식, 우울증 및 공격성을 유발한다. 생활체육은 이러한 정서적 변동을 격렬한 대근 활동을 통하여 발산시킴으로써 조속히 정상 상태로 회복시키는데 기여한다.

넷째, 현대 산업사회는 가정파괴, 공동체 의식의 약화 및 개인주의적 성향을 초래한다. 생활체육은 팀워크, 단련, 근검절제 그리고 사회적 결속의 원리를 터득케 하여 원만한 사회생활을 영위할 수 있게 한다.

표 4-6. 생활체육의 정의

위성식, 이제홍 (1997)	개인의 전 생애를 통하여 능동적으로 계속적인 체육활동 참여의 기회를 포착함으로써 신체적, 정서적, 사회적으로 조화된 발달을 꾀하며, 변화하는 현대적 생활에 슬기롭게 대처하고, 창조적으로 개척해 나갈 수 있는 기능과 성향을 학습하며 타인과 더불어 공공의 복지를 증진시켜나가는 복지사회 체육
홍영우 외 4인 (2005)	전 생애를 통하여 능동적이고 지속적인 체육활동에의 참여 기회를 보장받음으로써 신체적, 정서적, 사회적으로 조화를 이룬 인간으로 성장, 발달을 꾀하고 급격히 변화하는 현대사회의 새로운 환경에 적응하며 창조적인 개척정신과 의지를 학습함과 동시에 공동체 의식을 함양하여 삶의 질을 향상시켜 나가는 체육
채재성 (1992)	인간 삶의 질적 향상이라는 이념추구를 위하여 유아체육에서부터 시작하여 아동체육, 청소년체육, 성인체육, 노인체육을 수직적으로 통합한 체육영역과 가정, 학교, 직장, 지역사회에서 이루어지는 체육활동을 수평적으로 통합한 체육영역

3 생활체육의 특징

생활체육이란 개인의 생활영역 안에서 각자의 취미와 여건 및 환경에 따라 여가 시간을 이용한 자발적 참여를 통하여 개인의 일상생활을 풍요롭게 가꾸는 신체적 활동을 의미하는 것으로서 임번장(1991)은 다음과 같은 네 가지 특징을 제시하였다.

첫째, 사회구성원인 국민의 건강 및 후생복지 향상을 목적으로 체육, 스포츠, 레크리에이션 활동 등을 통하여 일반 대중이 주체가 되어 이루어지는 체육활동이기에 수준 높은 운동기능이나 강인한 체력을 필요로 하는 엘리트체육과 대비되는 대중체육이다.

둘째, 여가의 창조적인 활용방법으로써 널리 이용되는 여가선용 활동으로 스포츠 활동을 통한 창조적인 여가활용은 궁극적으로 명랑한 사회를 건설하고 건강한 국민을 만들어 국가 경쟁력을 신장케 한다.

셋째, 단순한 여가 선용이라기보다는 한층 적극적인 의미를 지닌 범국민적 사회운동으로써 여러 가지 스포츠를 사회에 널리 보급하여 건전한 사회풍토를 조성한다.

넷째, 생활체육은 창조적인 여가활동으로써 그 자체가 즐거움으로 행하여지고 건강하며 행복한 삶을 영위하는 복지사회 건설의 기본 바탕을 이루는 사회 교육적 활동이다.

이러한 관점에서 현대사회에서 생활체육이 지니는 특징은 개인적 측면과 사회적 측면에서 고려할 수 있다.

4 생활체육의 대상

생활체육은 사회구성원 전체를 대상으로 하여 이루어지는 체육활동으로써 구체적인 참가자는 다음과 같다(국민생활체육협의회, 1993).

- 지역사회 자생 동호인 체육 단체 및 조직 가입자
- 스포츠 종목별 동호인 단체 및 조직 가입자
- 직장 동호인 체육 단체 및 조직 회원
- 상업체육 회원 및 등록자
- 공공체육시설 및 민간단체 체육시설 이용자

5 생활체육의 목적과 가치

생활체육의 목적과 가치는 속한 사회의 기대 및 추구하는 바와 그 입장을 같이 하기에 평화와 복지의 증대를 목적으로 하는 우리나라의 생활체육의 목적은 일상생활에서 건강과 운동문제를 해결하고 복지를 향상시키는 것이 되어야 한다(양재용 등, 1998).

첫째, 기분전환이나 즐거움을 충족시킴으로써 보람된 일상생활을 향유하게 하며 운동기능의 향상을 도모하여 건전한 여가생활을 누릴 수 있게끔 하는데 목적이 있다.

둘째, 여러 가지 운동을 합리적으로 실천하여 체력을 증진시키며, 이를 통하여 건강을 유지하고 증진하는데 목적이 있다.

셋째, 자율적으로 스포츠 활동에 참가하여 공명정대한 정신과 협동심, 준법정신, 책임감 등 민주적 생활태도를 함양에 목적이 있다.

넷째, 다른 사람과 더불어 사는 공동체 의식을 증진시키며 자연과 접촉하여 올바른 우주관 및 인생관을 확립시키는데 목적이 있다.

다섯째, 조화로운 신체적, 정서적, 사회적 발달을 꾀하고 급격한 현대사회의 변동에 슬기롭게 대처하여 나갈 수 있는 기능과 성향을 학습시키는데 목적이 있다.

6 생활체육의 역할

현대사회에서 생활체육의 필요성에 대한 인식이 제고됨에 따라 생활체육이 사회에서 담당하여야 할 역할 또한 그 범위와 중요성이 확대되고 있다. 생활체육은 평생교육의 일환으로써 국민의 건전한 심신발달을 도모하고 풍요로운 국민생활을 영위하게 하며, 나아가 지역사회 체육활동 활성화를 통한 복지사회 실현과 민족화합의 기여를 목적으로 한다.

1) 정서적 역할

개인의 심리적, 사회적 적응과 안정에 기여하며, 이는 구성원 상호간의 연대감과 동질성을 창출한다. 즉, 생활체육은 참가자들에게 유대감과 연대감 등의 정서적 감정을 강화하고 확장시킬 수 있게 한다.

또한 생활체육은 긴장, 공격성, 좌절 등과 같은 정서 상태를 극복하고, 안정화시키는 능력이 탁월하다. 이는 기쁨, 미움, 슬픔 등 극단의 감정을 표현하는 기회를 적절히 제공하고 통제함으로써 감정을 정화시켜 갈등을 조절하는 안전핀의 역할을 담당한다.

2) 사회적 역할

생활체육은 개인적인 건강증진 뿐만 아니라, 사회구성원 개개인의 체력향상을 통해 궁극적으로 노동력 증대, 작업 효과의 향상 및 작업의 개선 등에 긍정적 영향을 준다. 또한 가족이나 직장동료와의 생활체육의 참여는 세대간, 상하집단간 갈등이나 의견의 차이를 줄일 수 있는 소통의 장이자 연대감을 형성하고, 완화시키는 역할을 수행한다. 아울러 인간소외나 청소년 비행 등과 같은 사회 병리적 문제를 예방하고 감소시켜 준다.

생활체육의 목적 및 가치는 아래의 〈그림 4-3〉과 같이 제시할 수 있다.

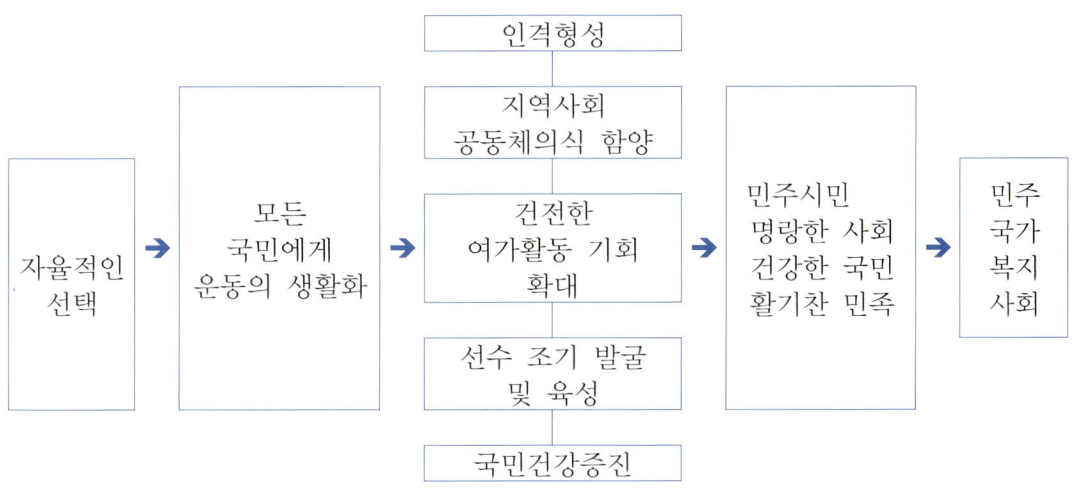

그림 4-3. 생활체육의 목적 및 가치

4. 생활체육의 영역

생활체육의 영역은 크게 가정체육, 직장체육, 지역사회체육으로 구분된다.

1 가정체육의 개념

가정체육이란 가족이 단위를 이루어 참가하는 체육을 의미하며, 이는 가정생활의 만족과 삶의 질 향상에 긍정적인 영향을 미친다.

○ 가족의 건강 유지 및 증진

가족의 행복과 건강은 필요충분조건이다. 따라서 가족 구성원들은 가족의 행복을 위한 자기 건강관리에 힘써야 하며, 이는 가정 내 체육활동을 통하여 목적을 달성할 수 있다. 가정체육은 각종 성인병 및 생활습관병의 예방 및 치료에 도움을 줌으로써 가족구성원의 건강을 유지하고 튼튼한 체력을 육성하는데 기여한다.

○ 가족 스트레스 감소

가족 구성원간의 스트레스 및 가족 구성원 개개인의 스트레스로 인한 서로간의 불편함은 어느 가정에서든 발생하는 일이며, 이러한 심리상태가 가족구성원 간에 지속되면 가정의 안정성이 저하된다. 따라서 가족구성원 모두가 함께하는 가정체육의 시간을 통하여 서로간의 신체접촉과 스포츠를 함께 참여하는 과정에서 발생되는 간접대화는 가정 내에서 발생하는 근심 및 걱정완화, 공격성 억제, 열등감 해소 등의 효과적인 배출구 역할을 함으로써 가족스트레스 해소에 기여한다.

○ 가족 간 의사소통 기회증가

가정체육은 신체활동을 매개로 하여 가족구성원 간에 인격적 접촉 기회를 제공하므로 가족 간 상호작용 및 의사소통의 증가를 가져온다. 이는 부모와 자녀간의 세대 차이를 줄일 수 있을 뿐만 아니라 자녀의 올바른 인격 형성에 긍정적인 영향을 미친다.

chapter 04 체육과 삶의 질

○ 가족응집력 및 가정생활 만족도 향상

가족응집력이란 가족구성원들이 서로에게 가지는 정서적 유대로서 가족구성원 간의 친밀감 정도를 말한다. 가정체육은 가족 통합 및 일체감을 조성하고, 가족 구성원 간에 친밀감을 느낄 수 있는 기회를 제공함으로써 가족응집력을 향상시키며, 이는 결국 가족 구성원의 가정생활 만족을 향상시키는데 기여한다.

2 직장체육의 개념

직장인에게 있어서 체육의 가치와 그 활용의 중요성이 강조되기 시작한 것은 고도의 산업개발로 인한 분업화, 자동화, 단순화, 직무 획일화, 단순화 등에서 발생하는 인간 소외현상이나 극심한 개인주의로 인한 노사간 불협화음이 발생되면서 이를 해결하는 방안으로 체육활동에 관심을 두게 되었다. 즉, 직장인들 간 함께하는 여가활동 및 체육활동의 과정 가운데 체육활동을 통해서 정신과 육체의 통합, 건전함, 신체적 건강 및 자아실현에 의한 즐거움, 그리고 독자적인 만족과 가치의 깨달음 등을 얻게 되고, 주체적 인간으로서 자신의 정체감을 인지하게 된다는 것이다(홍영우 외 4인, 2005).

이러한 의미에서 직장인의 체육은 복잡한 업무와 일상의 테두리 속에서 스스로 탈피하여 주체적 존재의 의미를 만끽할 수 있는 기회를 제공해 주고, 이에 따라 한층 더 즐겁고 의욕적으로 스스로 업무에 집중함으로써 직장인 자신의 자아계발 뿐만 아니라 기업전체의 이윤추구애도 크게 영향을 미친다. 이러한 직무만족과 여가지원 및 사내 체육활동과의 관계에 대한 긍정적 효과를 보여주는 다양한 연구들도 제시되고 있다.

현대인은 생활의 대부분을 직장에서 보내며, 직장생활에 대한 성패여부가 그 개인의 성공적인 삶의 여부를 좌우할 수 있을 만큼 중요시 되고 있기에 직장생활에서의 적응성과 만족감을 높이기 위한 스포츠 활동의 참가는 꾸준히 늘어나고 있는 추세이다. 또한 스포츠 활동의 참가는 직장에 대한 직무만족 등에 긍정적 요인으로 작용한다.

그러나 직장인의 체육활동에 대한 긍정적인 효과에도 불구하고 아직 우리나라의 경우, 사원을 위한 기업의 여가시간 및 여가시설에 대한 지원이 선진산업사회에 비하여 절대 부족한 실정이며, 아직도 많은 기업주들은 직장인에 대한 체육의 잠재 가능성 및 효과에 대한 충분한 인식이 부족한 실정이다.

직장체육을 정의한다면 "직장을 기반으로 직장인에 의해서 이루어지는 체육활동"으로 정의할 수 있다. 그리고 직장체육의 필요성은 다음과 같이 요약된다.

첫째, 인간성 회복이다. 현대 사회는 현대인들에게 기계화, 분업화, 전문화를 요구하며 발전을 이루고 있지만, 산업의 발전 이전에 사회를 구성하는 개개인들에게 서로의 치열한 경쟁 속에서 자신의 개성은 간과된 채, 사회가 요구하는 틀에 맞게 행동하며, 서로 간 분열적인 성격을 가지게 함으로써 직장인은 인간의 존엄성이 무시된 채 기계적 삶을 살게 된다. 현대사회에서 인간이 추구하는 행복이란 본질적으로 일과 휴식이 균형을 이룬 생활 속에서 가능하며, 체육활동은 이러한 균형 있는 삶을 영위하는 데 있어서 중요한 수단이다. 체육활동은 정신적 또는 육체적으로 힘든 직장생활 속에서 건강증진은 물론 모험심을 기르고 생동감을 느끼도록 하며, 권태로운 직장생활의 관습이나 압박감에서 벗어나 신선한 경험을 맛볼 수 있는 기회를 제공한다.

둘째, 생산성 향상을 들 수 있다. 노동생산성과 직장체육은 매우 밀접한 관계를 형성한다. 즉, 직장 내 체육활동은 직장인들 간의 유대관계를 형성시키고, 업장 내 체육활동이 가능한 공간을 확보해주는 배려가 직장인들에게 애사심을 진작시킬 수 있는 요인으로 작용하여 생산은 향상될 것이며, 특히 체육활동을 통한 신체적 건강 증진은 노동생산성에 매우 커다란 효과를 불러일으킬 것이다.

셋째, 노사화합이 가능하다. 노사관계는 흔히 경영자와 노동자와의 관계로 이분된 개념으로써 인식되어 왔으나 근래에 들어서는 기업에 근무하는 모든 사람이 회사의 주인이라는 측면에서 노동자와 경영자는 대립관계가 아닌 '우리'라는 내부 집단의 공동체 의식으로 인식되고 있다. 따라서 기업에 있어서 경영자와 근로자는 한 가족으로서 협력관계를 유지해야 할 당위성을 지닌다. 직장체육은 노사관계 안정을 위한 매개체로써 그 역할을 충분히 수행해 낼 수 있는 잠재력 있다. 직장 내에서의 산악회, 낚시회, 볼링회, 테니스회 등 각종 직장체육 동호인 조직은 집단 활동을 통하여 서로를 이해하고 존중하는 가운데 경영자와 근로자 사이

chapter 04 체육과 삶의 질

의 벽을 허물고 한 가족과 같은 동료애를 심어 줌으로써 가족적인 분위기를 유도하기 때문이다.

결국 직장체육은 직장인 개인에 대하여 생활의 질을 높이고 생활의 기회를 확대하여 줌으로써 삶의 결을 부드럽게 하여 줌과 동시에 직장에 대하여는 공동체 의식을 고양시켜 구성원의 결속을 공고히 다지며, 이해와 상호신뢰의 토대를 마련하여 준다.

특히, 직장 체육동호인 조직은 직장 내 생활체육 애호가들에 의하여 결성된 자발적 집단으로 특정 종목에 취미와 관심을 갖고 있는 성원들이 공동의 관심이나 목표를 추구하기 위해 조직한 순수 자생체육단체이다. 직장 체육동호인 활동은 운동 의욕 고취, 체육활동 참가기회 제공, 비공식적 인간관계 형성, 조직 구성원 상호간의 친밀감 및 신뢰감 형성에 기여한다. 따라서 기업은 참가의 자유와 조직의 개방성, 일정한 내규에 의한 자주적 운영, 공동의 목표와 협동에 대한 적극적 태도 등의 특성을 갖는 체육활동 동호인 조직을 결성하도록 적극 유도해야 한다.

3 지역사회체육의 개념

지방자치제 시행과 함께 지방정부의 기능이 강화되면서 지역주민의 지역사회에 대한 관심이 더욱 증대됨에 따라 중앙정부와 지방자치 단체는 주민의 사회적 욕구를 충족시킬 수 있는 방편으로 쾌적한 생활환경 조성, 여가시설 확충, 다양한 여가 프로그램 제공 등을 지속적으로 추진하고 있다. 특히, 대표적 여가활동인 사회체육은 지역주민의 삶의 질을 제고하는데 있어서 필요충분조건을 고루 갖춘 활동으로 그 가치를 크게 인정받고 있다.

이와 함께 지역사회는 사회체육 시설 및 공간, 프로그램, 지도자 및 행정서비스를 제공함으로써 지역주민을 위한 사회체육서비스를 점차 확대해 나가고 있는데 이러한 지역사회체육활동 전개의 중요한 목적은 정부의 지원, 관리를 통하여 모든 지역주민에게 사회체육 활동에 적합한 환경을 제공하는데 있다(Neumeryer & Neumeyer, 1958).

이러한 측면에서 볼 때, 지역사회체육은 가정체육, 학교체육, 직장체육과 함께 체육활동이 이루어지는 장소 및 위치에 기초한 공간적 체육요소인 지역사회와 활동의 주체에 기초한 인적 체육요소인 지역주민의 복합개념으로 규정 할 수 있으며, 이를 운영, 관리하는 주체는 주로 지방자치단체를 포함한 공공기관이 될 수 있다.

따라서 지역사회체육은 성, 연령, 교육수준, 사회경제적 지위, 출신성분, 종교 및 거주환경이 상이한 주민의 자발적 참여를 통하여 주민 개개인의 유대를 가장 효과적으로 연결하여 주는 매개체 역할을 발휘하며, 사회적 연대의식을 창출하는 공동체 활동으로써 지역사회 내에서 지방자치단체 및 공공단체 주관 하에 이루어지는 공공적 성격의 체육으로 정의 할 수 있다(홍영우 등, 2005).

이러한 사회적 상황을 배경으로 하여 전개되는 지역사회체육은 다음과 같은 측면에서 필요성이 제기되고 있다(Kraus, 1978).

첫째, 모든 연령층 및 사회, 경제적 계층의 지역주민을 위하여 즐겁고 유익한 사회체육 참여기회를 제공함으로써 삶의 질을 향상시킨다.

둘째, 지역주민으로 하여금 다양한 사회체육활동을 경험하게 함으로써 지역사회를 보다 살기 좋은 자연친화 공간으로 조성한다.

셋째, 지역사회 청소년들에게 바람직하고 건전한 사회체육 프로그램을 제공함으로써 비행, 약물남용, 알콜중독 등과 같은 반사회적이고 파괴적인 여가활용을 최소화하거나 방지한다.

넷째, 지역사회의 공원, 녹지 공간 등을 보존케 함으로써 지역사회를 보다 살기 좋은 자연 친화 공간으로 조성한다.

다섯째, 정신 및 신체 장애인 등 지역사회 소외계층에게 양질의 사회체육 프로그램을 공급하거나 접근을 허용함으로써 이들의 활동 욕구를 충족시킨다.

여섯째, 특정 지역의 각종 사업이나 프로그램의 자원봉사 서비스에 참가할 수 있는 기회를 제공하여 지역주민의 긍지, 사기 및 지역 연대감을 조성하여 지역사회 공동체 의식을 고양시켜준다.

일곱째, 사회적 배경, 생활환경 등이 서로 다른 지역주민간의 인간관계를 개선시키고, 상이하고 다양한 생활양식을 포용할 뿐만 아니라, 인간의 존엄성을 중시하는 가치관을 배양시켜준다.

여덟째, 체육 산업의 성장과 지역사회 체육관련 소비 촉진, 스포츠 행사 개최 및 쾌적하고 안전한 지역 환경을 조성함으로써 거주지 개발을 촉진시켜 지역사회의 경제적 부가가치를 높여준다.

아홉째, 지역사회에서 행해지는 야외 체육활동 가운데 특히 위험성이 높은 종목의 활동을 통제, 규제하고 안전수칙을 제공, 교육함으로써 지역사회의 안전 의식을 높여준다.

열째, 체육관련 환경보호 활동을 전개함으로써 지역사회 환경보호에 대한 관심을 유도한다.

이와 같이 지역사회 체육은 광범위하고, 다양한 목적을 지닌 활동으로써 지역사회와 주민의 복지증진을 위해 제공되는 총체적 서비스이며, 도시화, 인구증대, 경제 성장, 기술 발달 등과 같은 현대사회의 변화 요인에 의하여 발생하는 지역주민의 신체적, 정서적, 사회적 욕구를 충족시키는 데 가장 적합한 활동으로써 그 필요성이 점차 높아져 가고 있다.

여가이야기

민수(가명)씨는 평범한 가정에서 초·중·고·대학 교육을 무사히 마치고 'S' 그룹의 한 계열사에 취직한지 10년이 지난 40대 가장이다. 고백처럼 말하고 있는 민수씨의 이야기를 들어보자.

요즘 나는 이상한 버릇이 생겼다. 출퇴근 시간이 되면 의례히 떠오르는 생각들이 있다. '나는 누구인가' '왜 이토록 열심히 일에 매달려야 하는가' '세상에 재미있는 일 좀 없을까?' '만약 내 삶이 얼마 남지 않았다면?'

나는 놀 줄 모른다. 아니 제대로 놀 줄 모른다고 해야 옳은 표현일 것이다. 회식자리나 주말 가족과의 나들이도 나에게는 또 다른 일로 다가온다. 아니 노동이다. 그래서 나는 돈이나 권력, 지위보다도 재미있게 잘 노는 사람이 가장 부럽다. 노래방이라도 갈라치면 매번 부르는 노래가 같고 이제는 내가 부르는 노래도 약간(?)은 오래된 것들이다.

우리 머릿속에는 끊임없이 일을 해야 한다는 생각으로 가득 차 있다. 이게 교육적 효과인지 한국인의 민족성인지는 잘 모르겠지만 강박관념 정도로 심하다. 집에 가면 아이들과의 대화도 단절된다. 아니 큰 소리를 내는 일이 많아 졌다.

오랜만에 휴일이라 아이들과 놀아주고 싶은 마음뿐인데 어떻게 놀아야 할지, 아이들이 원하는 것이 무엇인지 잘 모른다. 그래서 아이들한테 잘 되라는 의미로 말을 하면 그게 듣기 싫은가보다. 찬바람 소리를 내며 자기 방으로 들어가 문을 획 닫는다.

60-70년대는 노는 것이 죄악시 되던 때였다. 자유 시간이 생겨서 놀게 되면 어쩐지 마음 한 구석이 불편했다. 그것은 지금도 마찬가지 이다. 아무것도 하지 않아도 그저 사무실에 있거나 일에 대한 이야기를 하는 것이 오히려 마음이 편하다. 가족의 행복이나 나의 꿈을 실현하기 보다는 무조건 허리띠 졸라매고 열심히 일하는 것만이 성공한 삶이라는 것이었다. 그리고 일하면서 무언가를 만들어내야 했고 일을 통해서만이 자아를 실현할 수 있다고 배웠다.

요즘은 과연 그럴까? 라는 의문이 든다. 과연 자신이 하고 있는 일에서 잠재적 가능성을 확인하고 실현하는 사람이 몇 명이나 될까? 다람쥐 쳇바퀴 돌 듯 나의 삶은 똑같은 일의 기계적 반복에 불과하며, 이 또한 상사나 부하의 눈치를 봐야 하고 때로는 비굴해지는 것도 참아야 하는 노동일 뿐이다. 사람은 일하기 위해 태어났다고 주장하는 것은 창의적인 일을 하는 몇몇을 위한 이데올로기이며 다수를 부려먹기 위한 소수의 논리라는 생각이 든다.

이제 내 인생을 즐기고 싶다. 아니 멋진 내 인생을 살아보고 싶다. 내가 명을 다해 죽기 직전에 일만 열심히 한 내 인생이 보람되었다고 자신 있게 말할 수 있을 것인가? 만약 오늘날 윤시내의 '공부합시다' 라는 노래를 부른다면 어떻게 될 것인가? 반대로 그 당시에 자두의 '놀자' 라는 노래를 부른다면 어떻게 될 것인가? 급변하는 사람들의 놀이에 대한 인식의 변화에 맞춰 나도 변해야 하는데 어떻게 해야 할지 답답한 심정이다. 문득 '아버지는 말하셨지 인생을 즐겨라~' 라는 광고가 떠오른다. 그러나 지금의 내 상태는 '아버지는 망하셨지 인생을 즐기다~' 가 되기 쉽다. 제대로 놀 줄 모르기 때문이다.

호모 루덴스(Homo Ludens)이고 싶다. 놀 줄 아는 사람이 되고 싶다. 놀기 위해서 이 땅에 태어났다고 생각하면 세상이 다르게 보인다. 모든 것이 놀이가 될 수 있는 것이다. 나는 이제부터 일하기 위해서 노는 것이 아니라 놀기 위해서 일 할 것이다. 노동이 신성하다면 놀이도 신성한 것이 아닐까? 일과 놀이는 대립되는 것이 아니라 서로 상호작용에 의해 움직여야 한다는 결론을 얻었다.

놀이는 결코 일상적이거나 사소한 것이 아니라 당위적인 세계에서 벗어나 즉흥적이고 자발적이며 사소하며 창의적인 세계로 가는 몸짓인 것이다. 순진무구했던 나의 어린 시절을 다시 한번 살아갈 것이다.

chapter 04 체육과 삶의 질

1. 삶의 질과 건강과 관련된 삶의 질의 차이는 무엇인가?
2. 적합한 신체활동이란 무엇이며, 최적 또는 최소의 신체활동량 또는 강도가 존재하는가?
3. 미보건복지부에서 제안하는 연령별 (아동, 청소년, 성인, 노인) 신체활동 가이드라인에 대하여 기술하여 보자.
4. 신체활동에 대한 다양한 기관에서의 정의와 최근의 신체활동에 대한 개념의 차이는 무엇인가?
5. 미보건복지부에서 제안한 주당 유산소 신체활동량을 기준으로 구분한 4가지 신체활동 범주에 대하여 기술하여 보자.
6. 다양한 기관에서 제시하는 신체활동 또는 운동의 강도분류에 대하여 기술하여 보자.
7. 생활체육이란 무엇이며, 그 필요성은 무엇인가?
8. 생활체육의 역할 및 가치에 대해 설명해 보자.
9. 생활체육의 특징 및 대상은 누구인가?
10. 생활체육의 3가지 영역에 대해 소개하고 자세히 설명해 보자.

국민생활체육협의회(1993). 국민생활체육-생활체육프로그램 순회지도 사업운영 지침서. 중도출판사.
박동호, 고병구, 김영수, 성봉주, 윤성원, 윤재량, 차광성, 김용진(2005). 청소년 체력향상 지침서. 청소년위원회.

박문환(2003). 현대사회와 평생체육. 대경북스.

양재용, 김홍수, 변영신(1998). 사회체육개론. 형설출판사.

이학준(1998). 스포츠에서의 삼락: 쾌락, 희락, 열락. 한국체육학회지, 37(2). 9-18.

임번장(1991). 사회체육론. 2급 사회(생활)체육지도자연수교재. 한국체육 과학연구원 생활체육 지도자 연수원.

임번장(2000). 스포츠사회학개론. 동화문화사.

위성식, 이제홍(1997). 사회체육학 개론. 도서출판 대경 북스.

채재성(1992). 스포츠 동호인활동의 사회적 기능에 관한 연구. 서울대학교 대학원 석사학위 논문.

홍영우, 박윤빈, 김원배, 정영수, 김정묵(2005). 생활체육지도자를 위한 지침서. 도서출판 무지개사.

Active Australia(1999). National Physical activity guidelines for Australians. Accessed via Web site www.health.gov.au/pubhlth/publicat/document/physguide.pdf

Ainsworth, B.E., Haskell, W.L., Leon, A.S. et al. (1993). Compendium of physical activities: classification of energy costs of human physical activities, *Med Sci Sports Exerc.*, 1, 71-80.

Ainsworth, B.E., Haskell, W.L., Whitt, M.C. et al. (2000). Compendium of physical activities: an update of activity codes and MET intensities, *Med Sci Sports Exerc.*, 32, s498-516.

American College of Sports Medicine(1998). The recommended quantity and quality of exercise for developing and maintaining cardiorespiratory and muscular fitness, and flexibility in health adults. *Med Sci Sports Exerc.*, 30(6), 975-91.

American College of Sports Medicine(2000). ACSM's guidelines for exercise testing and prescription(6th ed.). Lippincott Williams & Williams.

American College of Sports Medicine(2010). ACSM's guidelines for exercise testing and prescription(8th ed.). Lippincott Williams & Williams.

American College of Sports Medicine Position Stand (1998). The recommended quantity and quality of exercise for developing and maintaining cardiorespiratory and muscular fitness, and flexibility in healthy adults. *Med Sci Sports Exerc.* 30(6), 975-91.

Gellish, R.L., Goslin, B.R., Olson, R.E. et al.(2007). Longitudinal modeling of the relationship between age and maximal heart rate. *Med Sci Sports Exerc.,* 39(5), 822-9.

Haskell, W.L., Lee, I.M., Pate, R.R., Powell, K.E., Blair, S.N., Franklin, B.A., Macera, C.A., Heath, G.W., Thompson, P.D., Bauman, A. (2007). Physical activity and public health: updated recommendation for adults from the American College of Sports Medicine and the American Heart Association. *Med Sci Sports Exerc.,* 39(8), 1423-34.

Healthy people 2010(2000). Washington, D.C., U.S. Goverment.

Howley, E.T. (2001). Type of activity: resistance, aerobic and leisure versus occupational physical activity. *Med Sci Sports Exerc.,* 33, s364-369.

Lumpkin, A.(2002). Introduction to Physical Education, Exercise Science, and Sport Studies(5th ed.). McGraw-Hill.

Mackinnon, L.T., Ritchie, C.B., Hooper, S.L., & Abernethy, P.J.(2003). Exercise Management: *concepts and proessioal practice.* Human Kinetics.

Neumuyer, M. H., Neumeyer, E. S.(1958). Leisure and recreation. New York: the Ronald Press.

NHFA Physical Activity Policy(2000). (www.heartfoundation.com.au/ prof/ index-fr.html).

Oldridge, N.B.(1997). Health-related quality of life and economic evaluation of cardiac rehabilitation. In A.S. Leon(ed.), physical activity and cardiovacular health: A national consensus(pp. 183-190). Champaign, IL: Human Kinetics.

Trine, M.R.(1999). Physical activity and quality of life. In J.M. Rippe(ed.), Lifestyle medicine(pp.989-98). Malden, MA: Blackwell Science.

U.S. Department of Health and Human Services (1996). Physical activity and health: a Report of the Surgeon General, Atlanta, GA: Centers for Disease Control and Prevention.

U.S. Department of Health and Human Services (2008). Physical activity Guidelines for Americans. www.health.gov/ paguidelines.

Williams(2001). Physical fitness and activity as separate heart disease risk factors: a meta-analysis. *Med Sci Sports Exerc.*, 33(5), 754-61.

체육학의 연구 영역

2부

Chapter 05 체육학의 자연과학 영역

한 기 훈

1. 운동생리학

2. 운동역학

3. 트레이닝

4. 스포츠의학

5. 체육측정평가

chapter 05 체육학의 자연과학 영역

1. 운동생리학

우리가 편안히 앉아서 쉬고 있을 때 보통 사람들의 심장은 1분간 70번을 뛴다. 그러나 달리기를 하거나 운동을 하면 운동정도에 따라 다르지만 심장은 안정시보다 빠르게 뛴다. 최고 1분간 200번 이상 뛰기도 한다. 왜? 안정시에는 심박수가 70이고 운동을 할 때에는 안정시보다 더 많이 뛰는 것일까? 안정시 심박수도 운동한 사람은 낮고 운동을 하지 않은 사람은 높은 것일까? 왜 운동 형태에 따라서 개인에 따라서 심박수는 다른 것일까? 이와 같은 것을 연구하는 분야가 운동생리학이다.

운동생리학은 인체해부학 및 인체생리학으로부터 유래된 학문분야이다. 인체해부학은 인체의 구조 또는 형태학을 연구하는 분야이며, 인체생리학은 인체의 여러 가지 구조와 기능에 관한 학문으로서 우리 몸에 나타나는 여러 가지 현상을 연구하고 인체의 각 기관의 기능과 그 기능을 결정짓는 조건이 무엇인지를 연구하는 분야이다. 즉 인체생리학은 인체의 계통(system), 기관(organ), 조직(tissue), 세포(cell) 및 세포내의 분자 등이 어떻게 작용하며 그들의 기능이 인체내부 환경을 조절하기 위해 어떻게 통 합되는가를 연구하는 분야이다. 따라서 인체생리학을 연구하기 위해서는 기본적으로 인체해부학의 지식이 바탕이 되어야 하며 인체해부학 이외에도 인체의 대사 작용을 이해하기 위해서는 화학, 생화학 등의 지식이 요구된다. 인체생리학이 일상적인 환경에서의 인체의 생리적인 기능 변화를 연구하는 학문이라면 운동생리학은 운동을 할 때 인체에 나타나는 기능의 변화 즉, 운동이라는 자극(stress)에 반응(response)하여 일어나는 기능적인 변화를 연구하는 분야이고 또한 반복적인 운동(stress)을 통해 나타나는 인체의 적응현상(adaptation)을 연구하는 학문이다(김광회, 1991).

운동이라는 자극은 인체의 항상성을 위협한다. 항상성(homeostasis)은 인체 내부 환경의 불변성, 혹은 계속적인 항정상태(steady state)의 유지를 의미한다. 불변성이라 하여 인체의 내부 환경이 판에 박힌 듯이 정적인 상태를 의미하는 것은 아니며 때로는 일정 범위 내에서 약간의 변화는 있으나 비교적 그 변화 폭이 좁다는 것이다. 수영장의 물이 일정 수준을 유지하지만 물이 약간 늘거나 줄어도 현저하게 그 변화가 나타나지 않는 것과 같다. 이를테면 인체는 항온동물로서 일정 체온(37Co)을 유지하지만 주변 환경과 상황에 따라서는(운동을 했을 때) 어느 범위 내에서 변화한다. 하지만 일정 범위를 벗어나지 않는다. 이는 체온의 상승을 억제하는 체온조절 시스템이 인체에 있기 때문이다.

인체의 생존과 건강은 어떻게 이 항상성을 유지하고 부활하는 데 있으며 특히 운동 시 항상성이 어떻게 조절되고 인체 내 항상성의 변화를 알아보는 것이 운동생리학의 연구과제이다.

운동생리학은 운동의 결과로 나타나는 생리적 변화의 기전을 이해 설명함으로써 병약자에서부터 신체 건강한 일반인, 운동선수에 이르기까지 적절한 운동프로그램을 제공하는 데 많은 도움을 줄 수 있는 연구 분야이다.

그러면 운동생리학의 연구영역 또는 분야는 무엇일까 구체적인 설명을 하기 전에 운동생리학의 역사를 살펴봄으로써 이를 이해하는데 도움이 될 것이다. 19세기 후반까지 생리학자들은 연구의 목표가 임상적 가치와 관련된 정보를 얻는데 두었기 때문에 운동에 대한 인체의 반응에는 별로 관심이 없었다. 다만 신체활동의 가치성에 대해서는 19세기 중반에 널리 인식되고 있었다. 19세기 말에 이르러 운동과 관련된 다수의 연구가 진행되었으며 연구의 주요 주제로는 "근육과 운동", "피로", "운동과 관련된 습관", "운동 시 뇌의 역할" 등이었다. 또한 이 무렵 유럽의 의사들과 생물학자들이 고지대에서의 운동 중 생리학적인 반응을 연구함으로써 실제적인 운동생리학이 태동되었다고 할 수 있다. 그리고 이시기에 운동생리학 분야에서 처음으로 교재가 출판되었는데 그 책명은 "신체 운동의 생리학(Physiology of bodily Exercise)"이었다. 그 이후 운동생리학의 아버지라고 할 수 있는 영국의 A.V, Hill은 근수축에 관한 연구를 중점적으로 하여 이 분야의 기초를 다졌으며 덴마크의 August Krogh는 운동과 환경에 대한 생리적 반응을 연구하였으며 오늘날 코펜하겐의 Krogh 연구소는 운동생리학의 연구 중심지로 큰 역할을 하고 있다. 미국의 운동생리학자로는 L. J. Henderson을 들 수 있는데 Henderson은 혈액의 생화학적 성분에 대한 연구로도 그 업적이 크지만 운동 강도를 조절할 수 있는 트레드밀을 최초로 고안하여 운동과 그에 따른 반응의 기전을 연구할 수 있도록 하여 미래 운동생리학 연구의 토대를 쌓는데 기여하였다.

chapter 05 체육학의 자연과학 영역

이 이외에도 세계 각처에서 미국의 하버드 피로연구소(Harvard Fatigue Laboratory)에서 일하기 위해 모였던 학자들이 그 후 운동생리학의 개척자 역할을 했다. 하버드 피로연구소에서 이 때 이루어졌던 연구들을 보면 실험실에서의 연구뿐만 아니라 사막이나 고지대 등 다양한 환경에서 수행된 연구들이 많이 있었으며 이러한 연구가 훗날 특수 환경에서의 운동이 인체에 미치는 영향을 분석하기 위한 토대를 마련했다. 이 연구소의 초기 연구 주제는 운동, 영양, 건강 등 일반적인 문제점이 주요 초점이었다.

그 후 운동생리학 분야에서 크게 공헌한 학자는 1950년에서 1960년대에 걸쳐 수많은 연구를 수행한 에스트란트(P. O. Astrand)를 들 수 있다. 에스트란트는 주로 신체적성 및 지구성 능력에 관한 많은 연구를 했으며 그의 제자들과 함께 근육생리를 이해하는데 많은 공헌을 하였다. 특히 에스트란트와 함께 같은 연구소에서 근무했던 조나 버거스롬(Jonas Bergstro)은 근육조직을 채취하는 근생검법을 통해 운동 전후에 조직학 및 생화학적 연구행이 가능토록 하여 근육생화학 및 근육영양학 연구의 전환점을 마련하였다(최대혁, 2008).

최근에는 컴퓨터 및 전자 기기의 발전과 실험기법의 발전이 뒷받침되어 인체의 다양하고 세부적인 생리적 변인들의 측정이 가능하게 되었다. 1960년 후반까지는 운동생리학의 연구는 주로 운동에 대한 신체의 반응에 초점이 맞추어져 산소섭취량, 심박수, 체온, 발한 등의 변인 등을 측정하는 것이었다면 이제는 운동에 대한 세포 수준의 반응을 측정하고 이에 대한 결과를 분석·해석할 수 있는 수준에 이르고 있다. 따라서 지금은 과거보다 인체에 대한 정확한 정보를 얻을 수 있게 됨으로써 운동생리학은 스포츠과학화의 가장 핵심적인 분야로 자리매김을 하였으며 앞으로 미래사회에서는 스포츠과학 분야뿐만 아니라 인간의 숙명인 생로병사(生老病死)의 문제, 운동과 노화(aging)분야에 이르기까지 운동생리학의 연구 분야는 무궁무진하며 인간의 건강을 유지·증진하는데 핵심적인 학문 분야라 할 수 있다.

세부적으로 운동생리학의 연구 영역을 팁톤(Tipton, 1995)이 미국 하버드 피로연구소에서 1994년까지 50년간 연구결과물을 연구 분야별로 주제를 정리한 것을 살펴보면 다음과 같다.

⊙ 기초 운동생리학

- 운동의 특이성
- 중추 및 말초적 반응과 적응
- 신경전달 물질의 활동
- 심폐기능과 대사 작용의 운동 전후의 기전
- 산소전달 및 요구 기전의 일치
- 세포간 젖산기전
- 척수의 운동기능
- 고강도 운동 시 산소 저하증
- 운동처방
- 질병반응
- 수용체 조절기능
- 기질활용
- 신경전달기전
- 근섬유의 가변성
- 호르몬 반응
- 세포적·분자적 적응현상

⊙ 응용 운동생리학

- 우수선수의 운동수행능력
- 고지대에서의 운동
- 운동 시 수분조절
- 체력향상을 위한 훈련
- 고온과 운동수행능력
- 운동의 영양학적 측면
- 운동수행 및 경기력 향상 보조물

위의 주제별 세분화된 영역을 연구목적에 따라 크게 다음과 같이 분류할 수 있다.

① 운동 경기력 향상

이 영역의 연구 주제는 다양한데 이를테면 경기전 준비를 잘하기 위한 방법, 트레이닝의 정량화로써 트레이닝 스트레스의 양에 따른 효과, 운동능력 향상을 위한 보조물(약제, 호르몬제, 생리활성제 등)의 효과뿐만 아니라 건강에의 유해여부, 경기력 강화를 위한 신체구성의 조건 및 체중조절 프로그램 등이다.

② 건강증진을 위한 운동처방

이 영역의 연구 주제는 건강과 체력 향상을 위한 신체활동 방법, 운동프로그램 구성 방법에 관한 것이며 특히, 질환자(비만, 당뇨 등)에서부터 건강한 사람에 이르기까지 개인 특성에 맞는 운동프로그램의 구성요건에 관한 것들이다.

chapter 05 체육학의 자연과학 영역

③ 발육발달 및 노화

소아에서부터 노인에 이르기까지 운동을 통한 발육발달, 성장 촉진의 제문제, 노화(aging)의 기전 및 노화를 억제 및 지연할 수 운동처방 등이 이 영역의 연구 과제이다.

④ 운동과 환경

운동이 수행되는 환경이 인체 미치는 영향을 연구하는 영역으로서 인체의 외부 환경에 따른 인체의 생리적 반응을 연구하고 뿐만 아니라 인체의 내부 환경이 외적 스트레스에 어떻게 반응하고 적응하는지를 연구하는 영역이다. 인체의 외부 환경은 고지대 저지대, 고온 및 저온환경, 다습 환경, 수중 환경 등이 있다.

1. 운동생리학을 정의하고 운동생리학의 연구 분야를 살펴보자.
2. 운동생리학의 학문적 발전과정을 살펴보고 미래의 발전방향을 예측해보자.
3. 운동생리학 분야의 특성과 체육학과의 관련성을 고찰해보자.

김광회, 남상남, 여남회, 옥적성, 전태원 편저, 운동생리학, 태근문화사, 1991.
최대혁, 최희남, 전태원 역, 파워운동생리학, 라이프 사이언스, 2008.(Scott K. Power & Edward T. Howley, EXERCISE PHYSIOLOGY, Mc Graw Hill)
Tipton, C.M. 1998. Contemporary exercise physiology: Fifty years after the clousure of Harvard Fatigue Laboratory. In exercise and sport Science Reviews, vol.26,315-339, ed.J.O Holloszy. Baltimore:Williams & Wiilkins.

2. 운동역학

　우리 인간은 늘 움직이며 생활한다. 심지어 수면 중에도 몸을 이리 저리 뒤척이며 움직인다. 그리고 이러한 움직임을 일으키기 위해서는 그 무엇인가가 필요하다. 운동역학은 인체나 스포츠 용구 등에 나타나는 운동현상을 이해하기 위하여 작용하는 여러 가지 힘들의 상호관계를 분석한다. 예를 들어 달리기 동작을 연구하는 경우, 발로 땅을 딛는 동안의 근육의 움직임, 상지와 하지관절의 각도, 그리고 지면반력의 변화를 통해 달리기 시에 중요한 역할을 하는 근육은 어느 부분이며 관절은 어떤 크기로 굴곡과 신전을 하는지 등을 알 수 있게 된다. 또한 공중으로 투사된 투사체의 비행경로에 영향을 미치는 중력과 공기저항을 분석하여 상황에 따라 적합한 투사각도를 계산하기도 한다.

　스포츠 현장에서의 최대 관심사는 운동수행 능력을 향상시키는 것이다. 이는 운동역학적 지식을 스포츠 현장에 적용시켜 스포츠 기술에 대한 관찰, 분석 및 평가를 통하여 선수의 동작 오류를 교정하고 세계적인 수준의 선수들과 비교하며 기술적인 보완을 가함으로써 가능하다. 이 장에서는 이러한 역학적 연구를 위하여 어떤 개념들이 사용되는지 간단히 살펴보기로 한다.

1 운동역학의 과학적 기초

　운동역학에서 기본이 되는 중요한 개념은 물질, 시간, 그리고 공간이다. 물질은 인체와 스포츠활동을 위해 사용되는 기구에 대한 정보이며, 시간과 공간은 이러한 것들의 움직임에 관한 정보이다. 우리는 이러한 정보들을 특정한 단위를 사용하여 정량화하는데 곧, 질량(mass), 시각(time), 길이(length)가 그것이다.

　1) 질량(mass)

　물질의 양을 정량화한 물리량이며 그램(g)을 기준단위로 한다. 보조 단위로 킬로그램(kg)을 사용한다.

2) 시각(time)

시각은 일정 시점으로부터의 시간경과를 정량화 한 물리량이며 기준단위는 초(second)이며, sec로 표시한다. 보조단위로 분(min)과 시간(h)을 사용한다.

3) 길이(length)

선(1차원), 평면(2차원), 공간(3차원)을 정량화한 물리량이며 기준단위는 미터(meter)이며, m으로 표시한다. 보조단위로 cm와 km를 사용한다.

2 힘

힘이란 한 물체에 가해져서 그 물체의 운동상태의 변화, 즉 속도의 변화를 일으키는 그 어떤 것이다. 또한 운동상태의 변화는 힘의 작용에 의해서 발생하지만 힘의 작용이 반드시 운동상태에 변화를 주지는 않는다. 물체의 운동상태는 물체가 가지고 있는 저항력보다 큰 외력이 작용할 때에 변화한다. 그리고 외력의 작용 결과는 운동 상태 뿐만 아니라 형태의 변화로도 나타난다. 물체에 작용하여 길이에 변화를 일으키는 힘을 장력(tension)이라 하며, 누르는 힘을 압축력(compression)이라 한다. 힘의 단위는 N(newton)으로 표시되며, 1N의 힘은 질량 1kg인 물체에 $1m/sec^2$의 가속도를 유발시킨다. 이를 공식으로 나타내면 힘(F)은 물체(m)와 가속도(a)를 곱한 것으로, F=m*a로 표시된다. 예를 들어, 질량 1kg인 물체에 작용하여 $9.8m/sec^2$의 가속도를 유발하는 중력의 크기는 약 9.8N이 되는 것이다.

힘은 추진력과 저항력으로 분류할 수 있다. 추진력은 운동을 일으키기 위해 사용된 힘이며, 저항력은 운동상태의 변화를 방해하는 힘이다. 물체에 가해진 힘이 모두 운동상태변화에 기여하는 것은 아니다. 바닥에 놓인 물체를 밀거나 당길 때 처음에는 물체가 움직이지 않는데 이는 바닥과 물체사이에 마찰력이 저항력으로 작용하기 때문이며 마찰력보다 큰 힘이 적용되었을 때 비로소 물체가 움직인다. 따라서 실제로 물체의 운동상태변화에 사용된 순작용력의 크기는 물체에 적용된 힘에서 저항력을 뺀 것이 된다.

또한 힘의 작용하는 방향에 따라 향심력과 편심력으로 분류하는데 향심력은 물체의 중심을 향해 작용하는 힘으로 선운동을 유발하며, 편심력은 물체의 중심을 향하지 않는 힘으로 회전운동을 유발한다. 스포츠 활동에서 운동수행에 가장 큰 영향을 주는 힘은 중력과 근력이다.

1) 중력

지구상에 존재하는 모든 물체에는 중력이 작용하고, 중력은 물체에 약 9.8m/sec2의 가속도를 유발시킨다는 것은 이미 잘 알고 있는 사실이다. 하지만 중력은 지구 위 어느 지역에서 운동을 수행하느냐에 따라 그 영향을 달리 한다. 지구의 적도지방은 극지방에 비해 지구중심과의 거리가 멀기 때문에 중력이 더 작게 작용하기 때문에 물체의 체공시간이 길어지게 되고 자연히 비행거리도 길어지게 된다. 따라서 적도 부근의 고지대에서 투척운동이나 도약운동을 수행할 경우 극지방에서 보다 좋은 기록을 낼 수 있게 된다. 미국 프로 야구팀 가운데 하나인 콜로라도 로키스 팀의 홈구장 Coors Field 경기장(콜로라도주의 덴버시에 위치 함: 해발 1600m)을 투수들의 무덤이라 부르는 이유를 한번쯤 생각해 볼만 하다. 물론 중력의 차이보다는 공기 밀도의 차이가 기록에 더 큰 영향을 미치지만 말이다.

2) 근력

근력은 근수축에 의하여 발현되는 힘을 말하며, 크게 등장성 수축 (isotonic contraction)과 등척성 수축(isometric contraction)으로 구분한다. 등장성 수축은 힘을 받는 인체의 분절이 움직이는 수축 유형으로 근육의 길이가 변한다. 등장성 수축은 다시 단축성 수축(concentric contraction)과 신장성 수축(eccentric contraction)으로 구분한다. 간단한 예로, 단축성 수축은 계단을 오를 경우 무릎관절의 신전을 위하여 대퇴전면부의 근육군의 근육길이가 단축되는 경우이고, 신장성 수축은 계단을 내려갈 때 대퇴전면부 근육군이 무릎관절의 굴곡을 조절하기 위하여 수축하지만 길이는 신장되는 경우에 볼 수 있다.

3 운동의 형태

가해진 힘에 의하여 속도가 변화하면 인체나 스포츠 용구는 위치가 변화하게 된다. 이 변화를 선운동, 각운동, 그리고 선운동과 각운동이 동시에 발생하는 복합운동으로 분류한다. 스포츠 현장에서 어느 한 형태의 운동이 발생하는 경우는 거의 없지만 각 운동형태에 대해 이해하는 것은 중요하다.

1) 선운동

힘은 벡터(vector)다. 따라서 힘은 방향과 크기를 갖는다. Newton의 제1법칙인 "관성의 법칙"에 의하면 물체는 외부로부터의 비평형력(unbalanced force)이 가해지지 않는 한 현재의 운동상태를 계속해서 유지한다. 여기서 비평형력이라 함은 물체가 가지고 있는 저항력을 능가하는 힘을 의미한다. 그리고 물체는 힘이 가해진 방향으로 움직이고 가해진 힘의 크기에 따라 물체의 속도가 달라진다. 큰 힘을 가하면 더 큰 가속도가 발생한다. 또한 같은 크기의 힘을 가하더라도 물체의 질량이 작으면 가속도가 크게 된다(Newton의 제2법칙). ($F=m*a \rightarrow a=F/m$)

물체가 속도의 변화를 갖게 되면 그 물체가 갖고 있는 운동량도 변화하게 된다. 운동량의 크기는 물체의 질량과 속도의 곱으로 나타내어진다.($P=m*v$) 따라서 물체의 속도가 증가하면 운동량이 증가하게 된다. 운동량을 증가시키기 위한 또 다른 방법은 물체의 질량을 높이는 방법이다. 야구 선수들이 배팅을 할 때 스윙 속도를 유지할 수 있다면 무거운 배트를 사용하여 운동량을 증가시킬 수 있다. 그리고 이렇게 해서 얻게 된 운동량의 증가는 투수가 던진 볼에 더 큰 힘을 가할 수 있는 능력을 갖게 된다.

운동량이 중요한 이유는 충돌을 통해 다른 물체의 운동상태를 변화시킬 수 있기 때문이다. 운동량은 충돌을 통해 힘의 형태로 다른 물체에 영향을 미친다. 충돌에 사용된 힘을 충격력이라고 하며, 물체에 일정시간 힘을 가해 변화한 운동량의 총합을 충격량이라고 한다.($F*t$) 충격량을 크게 하기 위해서는 가하는 힘을 증가시키거나, 힘을 가하는 시간을 늘리는 방법이 있다. 운동선수가 발휘할 수 있는 힘이 일정하다면, 충격량을 늘리기 위해 시간을 늘릴 수밖에 없다. 볼을 때리지 말고 밀어서 치라는 코치나 감독의 주문은 지속시간을 증가시키기 위함이다. 투척운동에서 던지기 동작을 취할 때에 몸과 팔을 최대한 뒤로 젖히는 이유도 마찬가지이다.

상대방에게 충격을 주는 투기종목이나 투척경기, 태권도의 격파, 야구경기에서의 타격 등은 모두 충격량을 증가시키기 위한 기술을 필요로 한다. 하지만 스포츠 현장에서는 부상방지를 위해 운동량을 무리없이 소멸시키기 위한 방법을 구하기도 한다. 장대높이뛰기에서 사용되는 매트는 높이뛰기에서 사용되는 매트보다 훨씬 더 두껍다. 장대높이뛰기 선수들은 상대적으로 높은 높이에서 낙하하기 때문에 매트에 닿을 때의 운동량이 크다. 따라서 높이뛰기에서 사용하는 매트를 사용하게 되면 그 만큼 큰 충격을 받게 된다. 그렇기 때문에 두꺼운 매트를 사용하여 선수가 받게 되는 충격시간을 길게 하고 충격력을 최소화하여 부상을 방지할 수 있다. 야구경기에서 캐치볼을 할 때 손을 앞으로 내뻗지 않고 뒤로 끌어드리는 동작을 취하는 것도 충격력을 줄이기 위한 것이다.

2) 각운동

각운동은 축을 중심으로 일어나는 운동을 말한다. 선운동과 마찬가지로 각운동을 하기 위해서는 외부로부터의 비평형 편심력(unbalanced eccentric force)이 작용하여야 한다. 각운동에서는 선운동에서의 물체의 질량과 같은 개념으로 관성모멘트(moment of inertia) "I"를 사용한다. 선운동에서의 힘(F)의 개념으로 토크(torque) "T"를 사용한다. 선운동에서 $F = m \times a$와 각운동에서 $T = I \times \alpha$ 가 대비된다고 생각하면 이해가 쉬울 것이다. 다시 말해, 선운동에서는 물체의 질량이 무거우면 물체를 움직이는데 더 큰 힘이 필요한 것과 마찬가지로 각운동에서는 관성모멘트가 크면 물체를 회전시키기 위해서 더 큰 토크가 필요하다는 것이다. 야구 배트를 예로 들어 보자. 야구배트의 손잡이 부분을 잡고 배트를 휘둘러보자, 그리고 이번에는 반대쪽을 잡고 휘둘러보자. 어느 쪽을 잡고 휘두르는 것이 힘이 덜 들고 쉬운가? 당연히 손잡이 반대쪽을 잡고 휘두르는 것이 훨씬 쉬웠을 것이다. 야구 배트의 모양이 변한 것도 아니고, 그렇다고 질량이 변한 것도 아니다. 왜 그

럴까? 이는 바로 관성모멘트의 크기가 달라졌기 때문이다. 관성모멘트의 크기는 물체의 질량뿐만 아니라 물체의 질량이 어떤 형태로 분포되어 있는가에 의해서 달라진다. 관성모멘트는 회전하는 축으로부터 질량의 중심이 멀리 위치할수록 커진다. 관성모멘트 크기의 변화는 같은 크기의 토크를 작용시켰을 때 물체의 회전하는 속도의 변화를 의미한다. 당연히 관성모멘트의 크기가 커지면 상대적으로 물체의 회전속도가 작아진다.

각운동에서 물체의 회전하는 속도를 각속도라고 한다. 그리고 선운동에서 물체가 속도를 갖게 되면 운동량을 갖는 것과 마찬가지로 각운동에서는 각운동량이 발생한다. 그런데 한번 생성된 각운동량은 변화하지 않고 보존된다(각운동량 보존법칙). 회전운동을 많이 사용하는 스포츠 종목에서는 각운동량 보존법칙을 많이 응용해서 사용한다. 피겨 스케이팅의 spin동작을 분석해 보도록 하자. 피겨선수들은 양 팔을 벌린 상태에서 spin을 시작한다. 그리고 점점 spin속도를 높여갈수록 양 팔을 몸의 중심으로 모은다. 양팔을 벌린 상태에서 발생된 각운동량은 크기가 그대로 보존되고 양팔을 몸 중심으로 모은 뒤의 관성모멘트는 감소한 관계로 회전속도가 빨라진 것이다. 이렇게 하여 피겨선수는 spin을 완성할 수 있는 것이다. 다이빙 선수들도 회전동작을 많이 취하는데 모두 같은 원리를 이용하는 것이다.

지금까지 간단하게 운동역학에서 다루는 내용을 기본적인 것만 일부 소개하였다. 개론서에서 운동역학의 전 영역을 설명하기는 어렵고 이 외에도 유체역학(표면항력, 형태항력, 정수압, 양력, 부력 등), 일과 에너지, 지면반력, 투사체 분석, 등등 많은 관련 분야가 있다.

 복습문제

1. 중력이 운동수행에 미치는 영향은 어떠한가?

2. 힘(F)과 토크(torque)대해 설명하시오.

3. 근육의 수축형태에 대해 쓰시오.

4. 운동량을 증가시키는 방법은 무엇인가?

5. 충격량은 무엇이며 스포츠현장에서 충격량을 증가시키기 위해서 어떤 노력을 하는지 생각해 보자.

6. 다이빙에서 회전동작을 취하기 위해 각운동량의 보존법칙을 어떻게 이용하는가?

 참고문헌

주명덕, 이기청 공역(2001). 운동역학. 도서출판: 대한미디어, Gerry Carr, MECHANICS OF SPORT. Human Kinetics, 1997

Peter M. McGinnis, BIOMECHANICS OF SPORT AND EXERCISE, Human Kinetics, 1999

Timothy R. Ackland, Bruce C. Elliott, John Bloomfield. APPLIED ANATOMY AND BIOMECHANICS IN SPORT. Human kinetics. 2009

chapter 05 체육학의 자연과학 영역

3. 트레이닝

1 트레이닝의 정의

우수선수들의 경기력 향상은 체력, 기술, 정신력과 전술의 발달에 의한 것이며, 그 중 체력은 가장 기본적이면서도 기술과 정신력의 바탕이 되는 선수 개개인의 경기력 향상을 위해 가장 중요한 요인이라 할 수 있다(이종각 등, 2003).

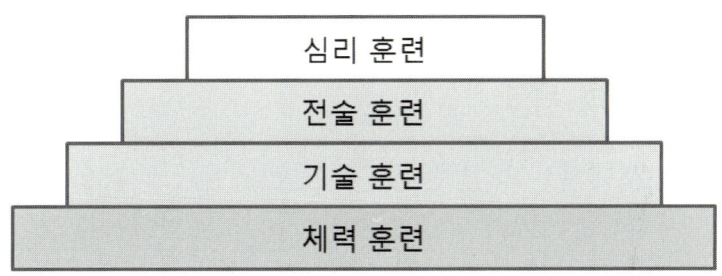

그림 5-1. 트레이닝 피라미드 (Bompa, 1985)

더욱이, 모든 스포츠경기에서 체력이 중요시 되는 이유는 체력의 뒷받침 없이는 경기기술을 제대로 발휘하지 못한다는 일반적인 이유 이외에도 체력과 기술의 상호작용을 통해 보다 높은 경기력을 발휘할 수 있기 때문이다. 따라서 체력은 경기력 결정요인 중 가장 기초가 되는 것으로서 고도의 기술 및 전술훈련을 위해서도 반드시 전제조건으로 훈련되어야 할 요소이다.

일반적으로 트레이닝을 정의하자면 "계획적인 신체 강화훈련을 통하여 체력과 기술을 포함한 모든 운동수행력을 향상시키기 위한 과정으로, 인간의 생체기능의 적응력을 이용하여 운동수행력을 가능한 한계까지 발달시키고자 하는 과정"이라고 할 수 있다(Steinhaus, 1963; Ikai, 1961).

한편, 트레이닝의 이론과 방법은 매우 복잡하고, 다양한 과학적 지식을 기초로 한다. 〈그림 5-2〉에서처럼, 다양한 과학 분야의 정보의 활용을 통해 트레이닝의 이론과 방법은 더욱 체계화되고, 구체화될 수 있다.

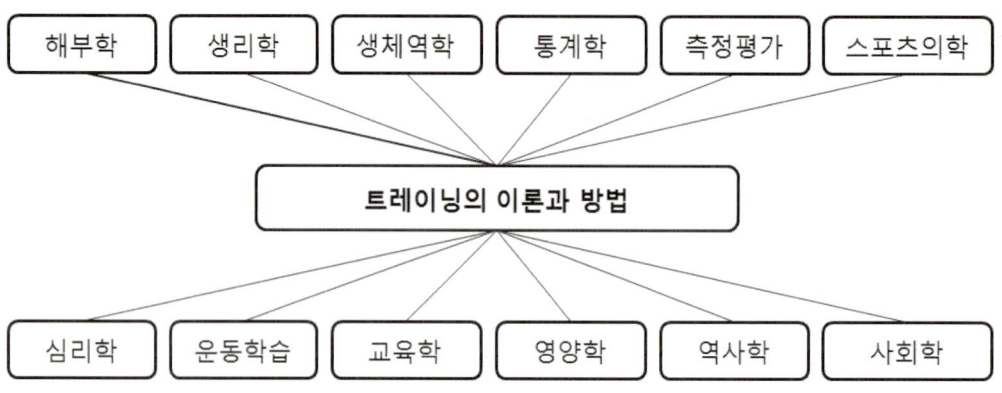

그림 5-2. 트레이닝의 이론과 방법의 질적 향상을 위해 필요한 다양한 과학 분야 (Bompa, 1985)

2 트레이닝의 목적과 목표

　트레이닝은 아주 오래전부터 군사력의 강화나 올림픽에서의 경기력을 향상시키기 위하여 사람들을 체계적으로 훈련시켰던 고대 이집트나 그리스 시대로부터 발달되어 왔다. 일반적으로 **트레이닝의 목적**은 운동수행력의 최적화를 위한 **인체조직 기능의 개선**을 의미한다. 따라서 트레이닝의 가장 중요한 목적은 운동수행력의 최적화를 위한 개인의 **운동 능력의 향상과 기술의 축적**이라 할 수 있다.

　하지만 운동수행력의 최적화를 위한 트레이닝의 계획과 수립은 코치에 의해 만들어지기 때문에 코치의 역할은 매우 중요하다. 실제로 이러한 트레이닝의 계획과 수립은 선수 개개인의 다양한 생리학적, 심리학적, 사회학적 요인들을 고려하여 수립되어야하기 때문에 일반적으로 생각하는 것보다 훨씬 복잡한 일련의 과정이라 할 수 있다.

　선수의 수준(국가대표 선수와 일반 선수)을 막론하고 트레이닝의 성공여부는 결국 트레이닝의 목표의 달성여부에 달려있다. 일반적으로 국가대표선수는 주요 경기대회에서의 메달획득이나 이전의 기록 갱신에 목표를 두지만 일반 선수는 기술의 습득이나 개선 또는 운동능력이나 체력의 향상에 목표를 둔다. 목표가 무엇이던 일정한 트레이닝 계획에 의한 각자의 목표는 명확해야 하며, 측정과 평가가 가능해야 한다. 그리고 트레이닝의 기간과 관계없이 사전에 목표달성일이 결정되어야 한다. 엘리트 선수의 경우, 대부분 특정 시합일을 목표달성일로 설정한다.

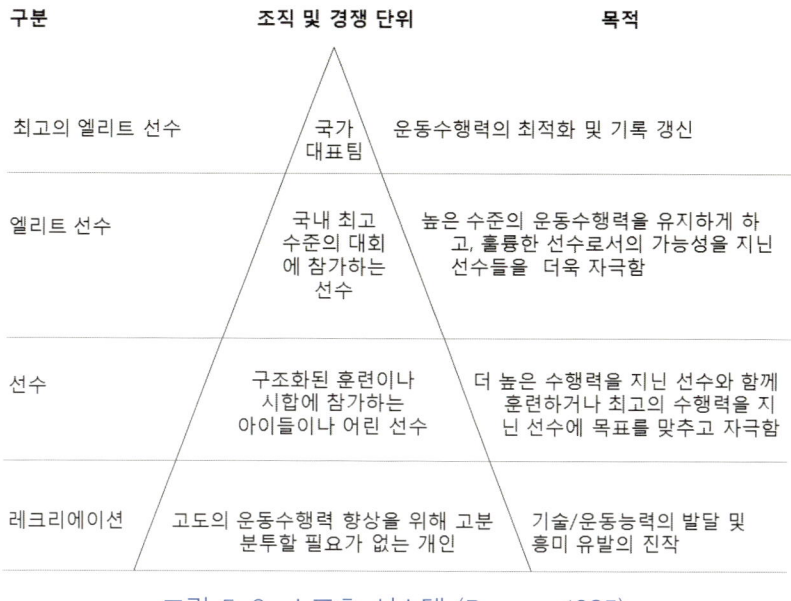

그림 5-3. 스포츠 시스템 (Bompa, 1985)

하지만 성장기에 있는 선수들의 트레이닝 목표는 현재의 운동수행력의 최적화를 도모하는 방향보다는 미래의 경기에서 우수한 성과를 얻기 위한 정신적·신체적 완성도의 조화를 도모하는 방향으로 접근해야 한다.

3 트레이닝의 원리

트레이닝이란 계획화되고 반복적인 운동자극에 의한 인체의 적응과정을 이용하여 체력을 향상시키고 스포츠기술과 전술 능력을 향상시키기 위하여 행해지는 과정이다. 따라서 트레이닝을 올바르게 실시하기 위해서는 트레이닝의 기본원리를 이해하여야 한다.

1) 반복성의 원리

반복성(repetitionality)의 원리는 트레이닝에 의해 변화된 기관이나 조직의 개선 및 정착이 반복적인 훈련 자극에 의해 달성될 수 있다는 것으로, 모든 트레이닝의 기본이 된다. 특히, 기능의 개선과 완성은 반복적인 트레이닝에 의한 조건 반사적 동작의 습득에 의해서만 이루어질 수 있기 때문에, 트레이닝의 원리 중 가장 중요한 것으로 간주되고 있다.

2) 과부하의 원리

과부하(overload)의 원리란 일상생활 중에 받는 자극보다 더 큰 자극을 부여한다는 의미이다. 예를 들어, 일상생활에서 발휘되는 근력은 최대근력의 20-30% 수준에 해당한다. 하지만 이정도 강도의 부하 자극으로는 현재의 수준보다 더 큰 근력의 증가를 기대할 수 없다. 따라서 특정 수준의 근력 증가를 위해서는 현재 수준 이상의 중량을 부가하여야 하는데, 이러한 부하의 강도를 트레이닝 효과를 기대할 수 있는 과부하량이라 한다.

3) 점증부하의 원리

점증부하(progressive load)의 원리는 트레이닝의 처방 요건에 따라 운동의 질과 양을 점증적으로 늘려가는 것을 뜻한다. 트레이닝 자극에 대한 인체의 조직과 기관의 적응은 자극의 강도와 시간에 따라 다르게 나타나며, 적응을 유도하기 위한 시간이 필요하기 때문에 일정 시간을 두고 적절한 강도의 부하를 점증적으로 증가시켜야 한다.

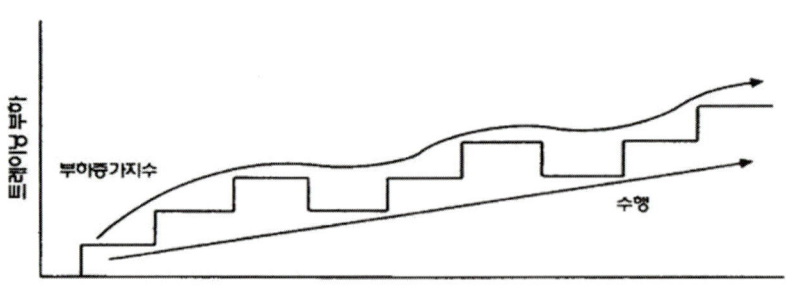

그림 5-4. 점증부하의 원리에 의한 트레이닝 강도 변화

점증부하는 대개 주간 단위에 맞추어 증가시키는 것이 바람직하며, 인체의 효율적인 적응을 유도하기 위해서는 훈련자극으로 인한 피로 또는 항상성 붕괴를 회복하는 기간이 반드시 필요하다. 따라서 〈그림 5-4〉에서처럼 일정기간 동안은

chapter 05 체육학의 자연과학 영역

과부하의 원칙에 따라 운동의 양(훈련 시간, 빈도, 기간)과 질(훈련 강도나 형태)을 증가시키다가 일정 주기로 부하를 낮추는 과정이 필요하다.

4) 특이성의 원리

특이성(specificity)의 원리는 트레이닝의 효과가 과부하의 원칙에 의해 가해진 신체의 계통 또는 일부 기관에 한정되어 나타나는 것을 말한다. 즉, 트레이닝의 형태에 따라 인체의 기관과 계통의 반응과 적응이 특이적으로 나타남을 의미한다. 예를 들어, 훈련 형태에 따른 심장의 적응이라는 관점에서 마라톤 선수의 지구성 훈련은 마라토너의 좌심실 용적을 주요하게 증가시키는 반면 역도선수의 저항훈련은 심실 벽의 두께를 두드러지게 증가시킨다.

이들 트레이닝의 기본 원리 이외에도 아무리 우수한 선수라 할지라도, 선수 입문 초기에는 다면적 발달을 통한 기초적인 기능 습득이 우선적으로 이루어져야 한다는 다면적 발달(multilateral development)의 원리, 그리고 선수 개개인 마다 운동수행력, 잠재력, 성격 및 특성(연령, 성별, 건강상태, 운동시작 시기 등)이 다르기 때문에 트레이닝의 궁극적 목적인 운동수행력의 최적화를 달성하기 위해서는 개개인의 특성에 입각한 트레이닝 세부목표가 개인별로 세워져야 한다는 개별화의 원리뿐만 아니라 다양성(variety)의 원리, 가역성(reversibility)의 원리 등 매우 많은 트레이닝의 원리들이 존재한다.

4 트레이닝의 분류

트레이닝을 분류하는 일정한 또는 정해진 방식은 없다. 하지만 일부 학자들은 트레이닝의 형식상의 분류를 휴식을 취하는 방법(완전휴식, 불완전휴식, 휴식 없음)에 따라 분류하였다. 예를 들어, 반복적인 고강도 운동 사이에 완전한 휴식을 취하는 **반복 트레이닝**(repetition training), 반복적인 운동 사이에 완전한 휴식이 아닌 불완전 휴식을 취하는 **인터벌 트레이닝**(interval training), 그리고 일단 운동을 시작하면 중간 또는 사이에 휴식을 취하지 않는 **지속 트레이닝**(continuous training)이 그 예이다.

1) 반복 트레이닝 : 완전휴식

반복 트레이닝은 전력 또는 전력에 가까운 운동강도로 운동을 실시한 후 운동으로부터 초래된 피로가 완전히 회복될 때까지 휴식을 취한 후 다시 운동을 반복하는 형태의 트레이닝을 말한다.

반복 트레이닝은 또한 기술 반복, 중거리 반복, 단거리 반복 트레이닝 등으로 구분될 수 있다. 기술 반복 트레이닝은 전문 기술을 반복 실시함으로써 특정 기술을 습득하는 방법으로 사용된다. 중거리 반복트레이닝은 400-1,000m의 거리를 최대능력의 90% 이상으로 달리는 훈련을 반복하는 것으로 젖산내성의 향상에 기여한다. 단거리 반복 트레이닝은 짧은 거리를 최대 속도록 달리는 것으로 스피드 향상에 기여한다. 예를 들어, 단거리 반복 트레이닝의 운동시간은 7-8초가 적당하고 훈련 반복사이의 휴식시간은 5-10분, 그리고 반복횟수는 초심자의 경우 2-3회, 엘리트 선수는 5-10회 정도 수행하는 것이 권장된다.

2) 인터벌 트레이닝 : 불완전휴식

인터벌 트레이닝은 반복적인 운동 사이에 완전한 휴식이 아닌 불완전 휴식 또는 동적 휴식을 취하게 함으로써 신체의 피로를 충분히 회복시키기 전에 다시 운동을 실시하는 방법이다. 인터벌 트레이닝은 트레이닝의 목적에 따라 그 구성요소인 인터벌 거리, 강도, 반복횟수, 주당빈도 및 휴식형태와 시간 등이 달라질 수 있다.

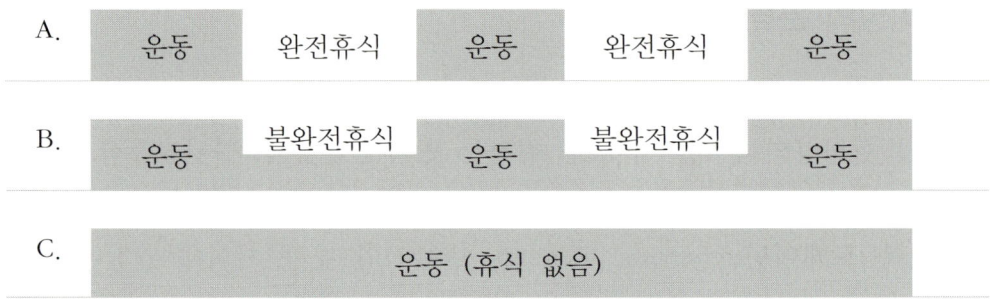

그림 5-5. 트레이닝의 형식상 분류.
A: 반복 트레이닝, B: 인터벌 트레이닝, C: 지속 트레이닝.

3) 지속 트레이닝 : 휴식 없음

지속 트레이닝은 중도에 휴식 시간 없이 지속적으로 운동을 수행하는 형태의 트레이닝이다. 지속 트레이닝은 고강도로 적절한 시간 동안 수행하는 방법과 낮은 강도로 비교적 오랫동안 지속하는 등의 여러 가지 방법이 활용된다.

고강도 지속 트레이닝은 최대심박수의 85-90%(무산소 역치수준)의 운동강도로 자기 종목의 50-75% 정도의 거리를 주파하는 것이다. 반면에 낮은 강도로 장시간 지속하는 지속 트레이닝은 LSD 트레이닝 (long, slow distance training)으로 불리우며, 보통 지구성 종목의 육상선수들은 최대심박수의 60-80%로 25-50km의 거리를 주파한다. LSD 트레이닝의 주된 목표는 스피드가 아닌 거리에 있으므로, 달리는 페이스는 자신의 최대 스피드보다 낮은 수준을 유지하도록 해야 한다. 선수들의 경우, 시즌 준비기와 비시즌 기간 동안의 지구력 향상 훈련을 목적으로 광범위하게 이용된다.

5 체력 트레이닝의 계획 수립

트레이닝의 궁극적 목적인 운동수행력의 최적화를 달성하기 위해서는 과학적인 방법에 입각하여 구조화되고 구체적인 트레이닝 계획이 수립되어야 한다. 따라서 지도자는 효과적인 훈련계획을 수립하고 수행하기 위해서 반드시 전문적인 지식과 경험을 지니고 있어야 한다. 즉, 선수가 최고의 운동수행력을 발휘할 수 있도록, 어떤 형태의 운동을 어떻게(질적요소: 운동강도, 운동형태, 양적요소: 운동소요시간, 운동빈도 등) 구성하여 선수에게 처치할 것인가에 대한 구체적인 계획을 수립해야 한다(표 5-1).

또한 선수의 현재 운동수행력뿐만 아니라 향후 훈련을 통한 향상도를 고려하여 구체적인 단기간(microcycle) 및 장기간(macrocycle)의 훈련 프로그램을 계획하여야 한다. 이를 위해서는 트레이닝의 주기화(periodization)를 고려하여 훈련 프로그램을 작성할 필요가 있다. 즉, 트레이닝의 기간을 분할하여 기간별 트레이닝 목적을 설정하고, 인체의 생리적 적응 원리에 따라 트레이닝의 요소를 단계별로 배치하여 효과적인 훈련목표를 달성하는 것이다(그림 5-8).

표 5-1. 트레이닝의 구성요소

트레이닝의 구성요소		내 용
질적 요소	운동강도 Intensity	**단위 시간당 수행된 작업량**으로 정의됨. 따라서 단위 시간당 수행된 작업량이 많으면 많을수록 운동강도는 더 높아짐. 또한 운동 강도는 부하, 수행속도, 반복횟수 사이의 휴식 길이와 같은 골격근에 미치는 자극의 강도뿐 아니라 심리적인 신경자극의 강도를 포함함.
	운동형태 Modality	트레이닝 시 가장 먼저 고려해야 할 것은 운동형태 또는 운동양식임. 운동형태를 결정할 때는 트레이닝의 목적을 최우선으로 고려해야 함. 예를 들어, 근력을 향상시키기 위해서는 근력 훈련을 그리고 심폐지구력을 향상시킬 때는 달리기나 자전거 타기 등을 선택할 수 있을 것임.
양적 요소	운동지속시간 Duration	특정 운동을 수행하는 운동 소요시간을 뜻하며 초, 분, 시간의 단위로 나타냄. 운동 지속시간은 운동 수행시간만으로 결정되는 것은 아니고 운동형태나 운동강도를 고려하여 결정됨. 예를 들어, 운동강도가 높아지면 운동지속시간은 짧게, 운동강도가 낮으면 지속시간을 길게 하는 반비례 관계로, 트레이닝의 목적에 따라 운동 지속시간을 조절함.
	운동빈도 Frequency	동일한 목적의 훈련 단위를 주당 몇 회 실시하느냐를 나타내는 것으로, 일련의 운동자극 빈도를 뜻하는 양적조건 중 하나임. 운동빈도는 트레이닝의 효과를 좌우하는 중요한 요소임. 예를 들어, 근력 향상을 위해서는 주당 3-5회 정도가 적합하며, 전신지구력 향상을 위해서는 주당 6일 정도가 필요함.

그림 5-6. 연간계획의 주기화 (단일 사이클)

이외에도 장·단기간의 세부적인 목표를 설정하여 구체적인 트레이닝을 실행하기 위해서는 해당 종목의 경기력에 결정적인 영향을 미치는 해당 종목의 경기력 특성을 우선적으로 파악하여야 한다.

chapter 05 체육학의 자연과학 영역

복습문제

1. 트레이닝의 유래와 정의에 대하여 기술해 보자.
2. 트레이닝의 원리에 대하여 알아보자.
3. 트레이닝의 목적과 목표에 대하여 알아보자.
4. 트레이닝의 형식상의 분류에 대해 알아보자.
5. 트레이닝의 구성요소에 대하여 알아보자.
6. 트레이닝의 질적요소와 양적요소에 대해 알아보자.
7. 트레이닝의 주기화에 대해 알아보자.
8. 주기화를 바탕으로 한 연간 트레이닝에 대해 알아보자.

참고문헌

이종각 (2002). 트레이닝론 II. 동원피엔지.
이종각, 고병구, 김영수, 박동호, 정동식, 방대두, 방상식, 전만배 (2003). 단시간 및 장기간의 세라젬 처치가 우수선수의 중추피로 및 대사 변인에 미치는 영향. 체육과학연구, 14(3). 48-61.
Bompa, T.O. (1985). Theory and Methodology of Training: The Key to Athletic Performance. (2nd ed.). Kendall/Hunt Publishing Company.
Bompa, T.O. (1993). Periodization of Strength: The New Wave in Strength Training. Toronto: Veritas.
Bompa, T.O. (1999). Periodization Training for Sports. Human Kinetics.
Ikai, M., Yabe, K. (1969). Comparison of maximum muscle strength produced by voluntary and electric stimulation. Cited by Schroeder, W. in the correlation of force with the other motor abilities. Theorie und Praxis der korperkultur, 12, 98-121.

4. 스포츠의학

1 스포츠의학의 정의

　남녀노소를 막론하고 사람들은 일상생활을 영위하기 위하여 또는 일상의 과제나 업무를 수행하기 위하여 필요한 체력을 유지해야 한다. 하지만 노화나 질환 또는 운동손상 등은 개인의 체력 또는 신체 활동능력을 감소시키고, 이로부터 회복하고자 하는 방안이 강조되면서 보다 나은 체력을 얻으려는 노력이 의학의 한 분야로 필요하게 되었다. 이로 인해 "스포츠의학"이 자연발생적으로 생겨나게 되었다(하권익, 1996).

　1990년 네덜란드 암스테르담에서 국제스포츠의학연맹(FIMS) 학술대회가 개최되었고, 학술대회 폐회사에서 독일의 홀만 박사는 "건강으로 가는 가장 확실한 지름길은 스포츠의학을 통하는 길이며, 앞으로는 스포츠의학의 발전을 꾀하지 않고 의학의 발전을 기대할 수 없다"라고 결론지었다. 실제로 스포츠의학에 대하여 현대적인 정의를 최초로 내린 것은 1958년 심장학 및 스포츠의학 연구소(Institute for Cardiology and Sports Medicine)의 설립시라 할 수 있다. 이때 "스포츠의학은 의학의 가설적이며 실제적인 분야로서 병든 사람, 건강한 사람 그리고 선수들을 위한 운동과 트레이닝 그리고 스포츠의 효과를 연구하고 동시에 운동부족으로 인한 영향도 다루며 질병의 예방과 치료, 재활의 유용한 결과를 창출해 내는 학문"이라고 정의한 것이다. 이러한 정의를 1977년 국제스포츠의학연맹(FIMS) 학술 위원회에서 정식으로 스포츠의학의 정의로 인정한 바 있다.

　하지만 이러한 국제스포츠의학연맹의 정의에도 불구하고 최근 일부 학자들은 스포츠의학을 단순히 스포츠 외상만을 다루는 것만으로 축소하여 정의하려는 경향이 있다. 대한스포츠 임상의학회 초대 회장이었던 하권익 박사가 정의한 것처럼 스포츠의학은 보다 넓은 의미로서 "운동의학" 또는 "운동하는 사람을 위한 종합 건강 관리적 의학"으로 정의되어야 할 것이다.

chapter 05 체육학의 자연과학 영역

2 스포츠 손상과 원인

국민소득의 향상과 더불어 생활체육의 활성화로 국민생활에 스포츠가 차지하는 비중이 높아지면서 스포츠 손상도 과거에 비하여 현저히 증가하고 있다. 이러한 추세는 향후에도 계속해서 증가될 전망이다.

스포츠 손상은 그 부상 부위와 증세가 다양한 것처럼 이의 원인이 되는 요소도 다양하지만 주로 신경, 근육, 골격계, 피부 등에 나타난다(나영무 등, 2006). 특히 피부를 제외한 신경, 근육 및 골격계가 손상되었을 때는 다양한 합병증이나 후유증이 발생된다. 예를 들어, 관절 내 연골 손상의 경우, 일차적으로 염증, 통증 및 부종이 발생한 후 근수력의 약화, 근 위축, 관절의 가동성 제한, 고유감각신경 손상, 신경-근육 부조화, 근 지구력 약화, 심폐지구력 저하 등의 다양한 합병증이나 후유증이 나타날 수 있다(Appell, 1990). 즉, 손상 후 발생하는 염증, 통증 및 부종 등은 수 일 내로 감소될 수 있지만 근수력의 약화와 근위축과 같은 다양한 합병증 또는 후유증은 완전히 회복되지 않은 상태로 남아있다는 사실을 인식해야 한다.

한편 스포츠 손상은 소위 위험인자(risk factor)가 복합적으로 작용하여 발생하게 되는데, 이러한 위험인자는 아래의 표 5-1에서 보여주는 바와 같이 크게 내적(internal) 또는 개인적(personal) 요인과 외적(external) 또는 환경적(environmental) 요인으로 구분될 수 있다.

표 5-2. 스포츠 손상에 영향을 미치는 내적 및 외적 요인

내적 요인(개인적 요인)	외적 요인(환경적 요인)
●신체적 결함 ●체력 　전신지구력, 근력, 순발력 ●운동기술/조절능력 ●병력(과거의 손상) ●심리적 요인 　자아 개념, 위험인지도 　성격(A, C)*, 자기조절능력 ●신체발달상태 　신장, 체중, 관절의 안정성 ●나이 ●성별	●스포츠 관계요인 　스포츠의 종류 　스포츠 참여 빈도 　상대방과 팀 구성원의 역할 ●스포츠 현장 　바닥이나 지면상태, 조명, 운동장비 ●운동기구 　위험적응도, 자기 보호 장구 　운동화, 운동복 ●날씨 　기온, 상대습도, 바람 ●트레이너 　경기실행, 규칙, 심판의 규칙 적용도

* Type A는 공격적이고 성취 욕구가 강한 성격, Type C는 수동적이고 의존인 성격
출처 : 하권익 등 (1996).

3 스포츠 재활 치료의 기본 원칙

스포츠 손상 후 재활의 목표는 선수를 가능한 빨리 그리고 안전하게 스포츠 현장에 복귀시키는 것이다. 운동선수의 경우, 손상이 치유될 때까지 가만히 쉴 수 없기 때문에 적극적으로 치료하되 너무 심하거나 빠르지 않게 재활치료를 실시해야 한다. 이를 위해서는 아래 네 가지의 스포츠 재활 치료의 기본 원칙을 숙지해야 한다(나영무 등, 2006).

첫째, 재활 프로그램을 언제, 어떻게 실시할지는 손상의 치유과정에 따라 다르기 때문에 치유의 시간적인 순서와 치유의 각 단계마다 발생하는 생리적 현상을 이해하여 관절 및 근육의 생역학과 기능해부학 및 손상의 병리기전을 알고 재활 프로그램을 계획해야 한다.

둘째, 손상 후 선수에 따라 다양한 심리 반응을 보일 수 있기 때문에 전문적인 스포츠 심리치료를 적용해야 한다.

셋째, 개인차를 고려한 재활치료를 위하여 다양한 이론적 기초 지식을 습득하고 손상에 맞는 재활도구를 사용해야 한다.

넷째, 재활운동을 최대한으로 실시하되 손상의 재발 가능성을 최소화하기 위해 치료운동과 조절운동을 이용한 프로그램을 계획해야 한다.

마지막으로 환자 평가, 치료 선택, 스포츠 활동으로의 복귀 등 전 재활 전체 과정에 있어서 운동선수와 그 가족을 포함한 주치의, 트레이너 등이 서로 팀을 이루어 자유롭게 의사소통이 이루어져야 한다(그림 5-7).

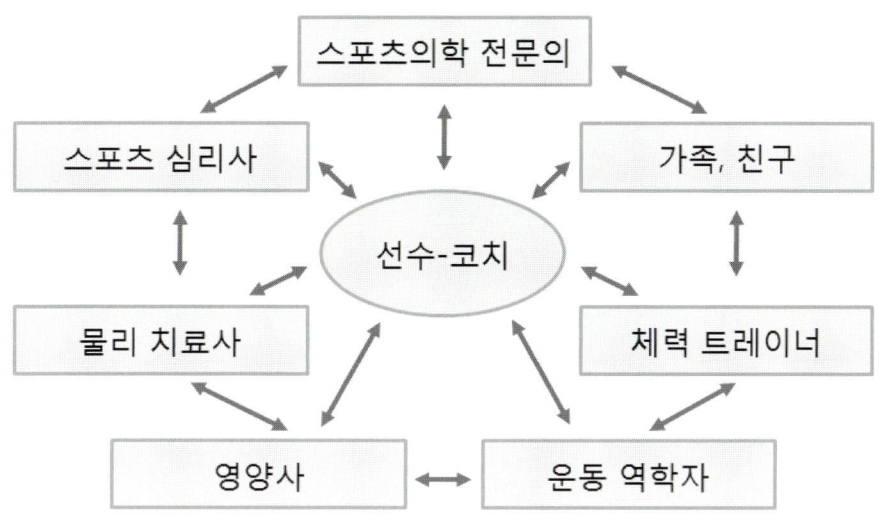

그림 5-7. 스포츠의학팀의 구성 모델 (나영무 등, 2006)

4 재활 프로그램의 목표

재활 프로그램의 목표는 단순하게 단기 목표와 장기 목표로 구분할 수 있다(Houglum, 2001). 단기목표는 손상 후 부종을 조절하기 위한 기본적인 응급치료, 통증 감소, 관절가동범위의 회복, 근력 및 근지구력의 회복, 신경-근육 조절의 재확립, 균형감각의 향상, 심폐지구력의 유지 및 손상부위의 기능적 회복이다. 장기목표는 손상 받은 운동선수를 가능한 한 빨리 그리고 안전하게 운동경기에 복귀시키고 손상 부위의 재발을 막아주는 것이다. 체력 트레이너는 이러한 단기 및 장기 목표를 효과적으로 수행하기 위해 필요한 재활 프로그램을 언제, 어떻게 실시하고, 조정해야 할지를 정확히 숙지하는 것이 필요하다.

선수 재활 치료시 주의할 점은 재활 치료 중에 언제 복귀할 것이라는 시점을 선수에게 알려줘서는 안 된다. 대신에 운동선수가 재활과정 동안 점진적으로 단기목표를 이루는 일련의 성취감을 가질 수 있도록 유도해야 한다. 즉, 운동선수에게 재활 프로그램의 각 단계에서 다음 단계로 진행되기 전에 그 단계에서 만족해야 하는 능력과 기술 등을 주지시키고, 선수로 하여금 능동적으로 재활치료과정에 참여하도록 유도해야 한다. 〈그림 5-8〉은 재활 프로그램의 단기 및 장기 목표를 제시한 것이다.

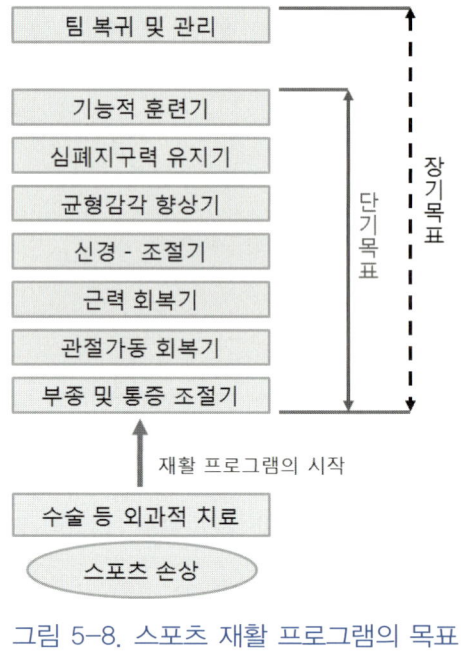

그림 5-8. 스포츠 재활 프로그램의 목표
(나영무 등, 2006)

5 요약

   스포츠의학은 노화나 질환 또는 운동손상 등으로 저하된 체력 또는 신체 활동 능력을 회복하고자 하는 방안으로서의 의학의 한 분야로 필요하게 되었고, 이로 인해 "스포츠의학"은 자연발생적으로 생겨나게 되었다.

   스포츠의학에 대한 정의는 학회, 기관 및 학자에 따라 다소 차이가 있으나 단순히 스포츠 외상만을 다루는 학문이라기보다는 보다 넓은 의미로서 "운동하는 사람을 위한 종합 건강 관리적 의학"으로 정의되어야 할 것이다.

   최근 국민소득의 향상과 더불어 생활체육의 활성화로 국민생활에 스포츠가 차지하는 비중이 높아지면서 스포츠 손상도 과거에 비하여 현저히 증가하고 있다. 스포츠 손상은 그 부상 부위와 증세가 다양한 것처럼 이의 원인이 되는 요소도 다양하지만 주로 신경, 근육, 골격계, 피부 등에 나타난다. 이러한 스포츠 손상은 소위 위험인자(risk factor)가 복합적으로 작용하여 발생하게 되는데, 이러한 위험인자는 크게 내적(internal) 또는 개인적(personal) 요인과 외적(external) 또는 환경적(environmental) 요인으로 구분될 수 있다.

　스포츠 손상 후 재활의 목표는 선수를 가능한 빨리 그리고 안전하게 스포츠 현장에 복귀시키는 것이다. 운동선수의 경우, 손상이 치유될 때까지 가만히 쉴 수 없기 때문에 적극적으로 치료하되 너무 심하거나 빠르지 않게 재활치료를 실시해야 한다. 이를 위해서는 네 가지의 스포츠 재활 치료의 기본 원칙을 숙지해야 한다. 또한 환자 평가, 치료 선택, 스포츠 활동으로의 복귀 등 전 재활 전체 과정에 있어서 운동선수와 그 가족을 포함한 주치의, 트레이너 등이 서로 팀을 이루어 자유롭게 의사소통이 이루어져야 한다.

　한편, 재활 프로그램의 목표는 단순하게 단기 목표와 장기 목표로 구분할 수 있다. 체력 트레이너는 이러한 단기 및 장기 목표를 효과적으로 수행하기 위해 필요한 재활 프로그램을 언제, 어떻게 실시하고, 조정해야 할지를 정확히 숙지하는 것이 필요하다.

　선수 재활 치료 시 주의할 점은 재활 치료 중에 선수가 언제 복귀할 것인지에 대한 복귀 시점을 선수에게 알려줘서는 안 된다. 대신에 운동선수가 재활과정 동안 점진적으로 단기목표를 이루는 일련의 성취감을 가질 수 있도록 유도해야 한다. 즉, 운동선수에게 재활 프로그램의 각 단계에서 다음 단계로 진행되기 전에 그 단계에서 성취해야 하는 능력과 기술 등을 주지시키고, 선수로 하여금 능동적으로 재활치료과정에 참여하도록 유도해야 한다.

 복습문제

1. 스포츠의학의 정의에 대하여 기술해 보자.

2. 스포츠 손상 주요 발생 부위와 그 원인에 대하여 알아보자.

3. 스포츠 손상의 내적요인과 외적요인에 대하여 알아보자.

4. 스포츠 재활 치료의 기본 원칙에 대해 알아보자.

5. 재활 치료의 단기 목표에 대하여 알아보자.

6. 재활 치료의 장기 목표에 대해 알아보자.

7. 선수 재활치료 시 주의할 점이 무엇인지에 대하여 알아보자.

 참고문헌

나영무 외 17인(2006). 스포츠의학 손상과 재활치료(2판). 한미의학.

하권익 외 36인(1996). 건강을 위한 필수 스포츠의학 상식. 최신의학사.

Appell, H.J.(1990). Muscular atrophy following immobilization: A review. Sports Medicine, 10: 42-58.

Houglum, P.A.(2001). Therapeutic Exercise for Athletic Injuries. Human kinetics.

chapter 05 체육학의 자연과학 영역

5. 체육측정평가

체육측정평가(measurement & evaluation in physical education)는 체육 활동을 통해서 산출된 결과들을 측정하고, 측정한 결과에 의미를 부여하는 과정과 방법을 다루는 체육학의 전공분야이다. 측정과 평가의 결과에 대해서는 모든 사람이 민감한 반응을 나타내기 때문에 체육측정평가에서는 신뢰성과 객관성, 타당성을 매우 중요하게 다루고 있다.

1 체육측정평가의 개념

한 학생이 축구공을 드리블하고 있다. 이 학생의 드리블이 어느 정도 수준인지 어떻게 판단할 수 있을까? 다이빙 선수의 퍼포먼스를 점수로 매기려고 한다. 어떻게 하는 것이 가장 객관적일까? 이러한 질문에 답하는 것이 체육측정평가의 역할이라고 할 수 있다. 이와 같이 체육측정평가는 체육수업, 운동, 스포츠 경기활동의 결과로 나타나는 제반 현상을 재고(측정하고, measure), 그 결과에 대하여 의미를 부여(평가, evaluate or assess)하는 체육학의 하위 전공분야이다. 체육측정평가는 학생들이 체육교육의 결과로 나타나는 성과를 측정하고 평가하는 학교교육에서의 측정평가와 경기력 향상을 위한 엘리트 스포츠 상황에서의 측정평가로 구분하여 적용할 수 있다. 전자의 경우는 학생들의 지식, 태도, 실기 능력을 과학적으로 측정하고 의미를 부여(예를 들면, 성적부여와 같은)하는 영역을 의미한다. 후자의 경우의 스포츠의 기록을 더욱 정확하고 측정하는 방법이나 측정도구를 개발하는데 많은 관심을 두고 있다.

평가의 중요성은 평가 결과가 사람, 조직, 사회에 막대한 영향을 미칠 수 있다는데 있다. 수학능력검사 결과에 대하여 학생, 부모, 교사, 학교, 시도교육청 등 여러 사람과 기관에서 많은 관심을 가지고 지켜본다. 출제된 시험문제 하나만 잘못되어도 사회적인 큰 문제로 부각되기도 한다. 스포츠 경기에서 선수들의 경기력은 측정과 평가를 통하여 판단되어진다. 체육측정평가에서는 보다 오차가 없이 정확하게 판단할 수 있는 방법을 제공한다.

2 체육측정평가의 내용

체육측정평가에서 다루는 주된 내용을 요약하여 정리하였다.

1) 검사 제작

체육측정평가에서는 체육, 스포츠에서 사용되는 많은 검사들을 제작하거나 제작하는 방법을 제공한다. 심폐지구력 검사, 근력 검사와 같이 체력을 측정하는 검사들뿐만 아니라 지식의 정도를 평가할 수 있는 시험지, 태도와 같이 심리검사를 제작할 수 있도록 정보를 제공한다.

2) 평가기준 제작

평가기준은 측정된 결과에 대한 가치 판단의 근거를 마련해 준다. 객관적으로 측정된 자료는 평가의 목적에 따라 작성된 기준에 의하여 가치를 부여한다. 예를 들면, 체육성적 90점~100점까지는 '수' 또는 '매우 우수', 'A+'로 명명하는 것이다. 평가기준은 체력검사판정기준, 비만판정기준 등 여러 가지가 있다.

3) 평가의 시행 및 관리

평가 실시 과정에서 필요한 절차적인 지식과 방법에 대한 정보를 제공한다. 평가는 평가하는 내용이 명확하고 실시하는 과정에서 공정성을 유지시켜야 한다는 명제를 달성하기 위하여 여러 가지 사항을 점검해야 한다. 특히, 평가의 결과가 평가와 별 관계가 없는 요인에 의해 달라지지 않도록

4) 체육학 연구방법

체육학을 연구하기 위한 방법론을 제시하고 이를 교육한다. 연구방법은 연구주제에 대하여 연구문제를 해결하기 위한 방법을 의미한다. 체육학 연구에서 설문조사방법, 실험설계방법, 현장연구방법, 질적연구방법을 어떻게 적용할 것인지에 대한 정보를 제공한다. 또한 연구논문 작성법에 대한 지식을 제공한다.

chapter 05 체육학의 자연과학 영역

5) 체육학연구를 위한 통계

체육학 연구에서 산출되는 자료들은 대부분이 통계적인 기술(describe)과 분석을 요구하게 된다. 체육학에서 생성되는 자료는 경기 상황에서 만들어지는 실시간 자료가 많고, 키와 몸무게, 체질량지수와 같이 신체정보에서 얻어는 자료, 학교에서 수행평가 결과와 같이 다양하다. 그래서 체육학 연구에서 필요한 통계적 지식을 제공한다.

학생건강체력평가(PAPS)

2007년 교육인적자원부에 의하여 만들어진 학생건강체력평가는 학생들의 건강체력을 평가하기 위하여 개발된 체력평가 시스템을 말한다. PAPS에는 체육측정평가에서 다루는 주요 내용들이 집약되어 있다. 체력평가, 비만평가, 심폐지구력평가 등의 검사종목들이 포함되어 있고, 평가결과를 판정하기 위한 여러 종류의 평가기준이 제공되고 있다. 검사의 실시방법, 평가결과의 해석, 체력평가에 따른 신체활동처방 등도 개발되었다. 건강체력 평가기준은 다양한 자료를 수집하여 통계분석과 질적인 분석을 거쳐 작성되었다.

PAPS와 같이 새로운 평가방법을 개발하기 위하여 필요한 체육학의 다양한 내용과 방법이 종합적으로 응용된다. 특히, 체육측정평가적인 지식과 방법은 새로운 평가방법을 개발하는데 필요한 핵심적인 정보로써 활용되어진다.

---

3 체육측정평가의 연구주제

체육측정평가에서 다루는 주요 연구주제는 다양하다. 그 중에서 검사개발과 관련된 신뢰도, 객관도, 타당도 주제를 가장 많이 다루기 때문에 이것을 간략히 살펴보기로 한다.

1) 신뢰도

신뢰도는 측정의 결과가 시간의 경과, 검사 특성 등에 의하여 변하는 정도를 분석하는 것이다. 앞에서 제시한 요인들에 의하여 측정의 결과가 영향을 받지 않아야 좋은 검사이기 때문이다. 신장과 체중을 측정하고, 일주일 뒤에 다시 측정을 하였을 때 측정결과가 차이가 난다면 큰 문제가 아닐 수 없다. 신뢰도는 이러한 문제를 해결하는 연구주제이다. 체육과 스포츠에는 많은 검사들이 있기 때문에 이들 검사의 신뢰도를 높게 유지하는 것이 검사의 우수함을 증명하는 방안이 될 수 있다.

2) 객관도

객관도는 측정이나 평가하는 사람에 따라 검사의 결과가 달라지는 정도를 나타내는 용어이다. 다이빙, 체조, 피겨스케이팅, 스키 등의 여러 종목에서 여러 명이 심판을 보는 이유가 바로 객관도를 높이려고 하기 때문이다. 체육, 스포츠에서 객관도 수준이 공정한 판정에 상당한 영향을 미치기 때문에 객관도를 높이려는 연구들이 수행되고 있다.

3) 타당도

타당도는 측정, 평가, 검사에서 정보가 본래 검사하고자하는 목적대로 역할을 수행해 내고 있는 정도를 의미한다. 타당도를 확인하는 작업은 매우 광범위하며 지속적으로 이루어진다. 하체의 근력을 검사하는 방법을 고안하였다고 가정하자. 개발자는 이 검사가 처음 의도대로 하체의 근력을 측정하는지를 입증해야 한다. 타당도는 이와 같이 새로운 검사를 개발할 때 가장 중요한 요인이 된다. 타당도는 신뢰도, 객관도와 함께 체육과 스포츠에 존재하는 많은 검사들이 양호한 지를 나타내는 증거로 활용되고 있다.

4 체육측정평가의 전망

체육을 둘러싼 환경이 급변하고 있다. 기술의 발전을 가장 민감하고 빠르게 반영하는 분야가 바로 체육이기 때문이다. 개발된 신기술은 바로 체육과 스포츠에 응용되어지고 있다. 이러한 변화를 신속히 받아들여 발전시킬 수 있는 전공이 체육측정평가라고 할 수 있다. 이는 체육학에서 방법론적 지식을 많이 제공하고 있다. 이 때문에 급변하는 체육학의 다른 하위 전공과의 융합 연구가 용이하다.

체육측정평가는 측정과 평가에 관련된 여러 분야의 정보와 기술을 활용하기 때문에 체육공학적 지식을 많이 제공하고 있다. 컴퓨터와 IT기술, 측정장비 개발 등에 직접, 간접으로 연관이 많기 때문에 이러한 분야에 대한 연구가 이루어지고 있다. 또한 측정과 평가에 기초지식으로 활용되고 있는 체육통계에 대한 지식을 제공하고 있다. 최근 다양한 검사의 결과를 최적으로 분석해 낼 수 있는 통계적 방법을 소개하고 발전 시켜나가고 있다.

 복습문제

1. 체육측정평가가 체육학 연구에서 기여한 주된 역할이 무엇인지 설명해 보자.

2. 체육측정평가에서 다루는 내용들의 실제 예를 들어 보자.

3. 체육에서 신뢰도, 객관도, 타당도가 중요하게 적용되는 예를 들어 보자.

 참고문헌

오수학. (2006). 체육 수업에서 학생평가를 잘 하려면. 한국교육과정평가원 연구자료 ORM 2006-22-3.

Morrow, J. R., Jackson, A. W., DIsch, J. D., & Mood, D. P. (2005). Measurement and evaluation in human performance. 3rd ed. Champaign, IL: Human Kinetics.

Chapter 06 체육학의 사회과학 영역

김 우 성

1. 스포츠심리학
2. 스포츠사회학
3. 스포츠경영학
4. 여가학

chapter 06 체육학의 사회과학 영역

1. 스포츠심리학

스포츠심리학(sport & exercise psychology)은 신체활동 상황에서 인간의 생각, 감정, 행동을 다루는 체육학의 전공분야이다. 스포츠심리학은 신체활동 상황에서 인간의 ABC를 다룬다고 말하기도 한다. 즉 불안, 재미, 우울과 같은 감정(affect), 운동선수의 경기력과 같은 행동(behavior), 그리고 생각의 과정을 의미하는 인지(cognition)를 연구하는 분야이다.

1 스포츠심리학의 목적

스포츠심리학은 두 가지 목적을 갖고 있다. 첫째는 심리적 요인이 신체활동 상황에서 인간의 행동과 수행에 어떤 영향을 주는가를 알아보는데 있다. 둘째는 신체활동 참가에 따른 심리적 효과가 무엇인지를 밝히는데 있다. 첫 번째 목적에서는 심리적 요인이 독립변인 역할을 하며, 두 번째 목적에서는 심리적 요인이 종속변인이 된다. 즉 스포츠심리학은 심리적 요인이 독립변인인 상황과 종속변인인 상황을 모두 다룬다.

스포츠나 운동을 해보면 심리적으로 어떤 상태인가에 따라 행동에서 변화가 나온다는 것을 느꼈을 것이다. 먼저 심리적 요인이 행동과 수행에 미치는 영향을 다루는 예를 알아보자. 불안수준은 농구선수의 자유투에 어떤 영향을 미치는가? 물에 대한 자신감이 아동의 수영학습에 어떤 영향을 미치는가? 이미지트레이닝을 하면 부상회복에 어떤 영향을 주는가? 이러한 연구문제는 스포츠심리학에서 관심을 갖는 것으로 심리적 요인이 독립변인 역할을 한다.

다음으로 신체활동을 꾸준히 참가하면 다양한 심리적 혜택을 얻을 수 있다. 여기서 심리적 변인이 종속변인 역할을 한다. 웨이트트레이닝을 하면 자기존중감이 높아지고 스트레스가 줄어들 것인가? 조깅을 꾸준히 하면 우울증을 낮출 수 있는가? 학교에서 방과후 체육활동을 하면 자기존중감이 높아질 것인가? 이러한 연구문제도 스포츠심리학의 관심 주제이다.

2 스포츠심리학의 발전

인류의 역사를 살펴보면 신체와 정신의 연관성에 끊임없이 관심을 가져왔다. 스포츠심리학이 학문적으로 확고하게 자리를 잡은 것은 1970년대 이후라 할 수 있다(Vealey, 2005). 스포츠심리학의 발전 역사를 살펴보자.

1) 스포츠심리학의 태동

스포츠심리학 최초의 연구는 20세기 말에 이루어졌다. 타인의 존재가 수행에 어떤 영향을 주는지를 알아보는 것이 당시 학자들의 관심이었다. 타인의 존재가 어떤 영향을 주는지는 현재 사회 촉진(social facilitation)이라는 주제로 연구가 계속되고 있다. 1898년 Norman Triplette은 타인의 존재가 사이클 경주에 어떤 영향을 주는지를 연구했는데 이 연구가 스포츠심리학을 다룬 최초 연구로 인정받고 있다. 1905년에는 운동이 우울증에 어떤 영향을 주는지를 다룬 연구도 발표되었다(Franz & Hamilton, 1905).

2) 콜먼 그리피스 시대

스포츠심리학의 체계적 연구가 실제로 시작된 것은 미국 일리노이대학교의 콜먼 그리피스 교수가 한 연구부터였다. 그는 '운동연구실험실(Athletic Research Lab)'을 세우고 여러 편의 논문과 '코칭심리학(1926)', '경기심리학(1928)'이라는 제목의 책을 출판했다. Chicago Cubs 야구팀의 스포츠심리 컨설턴트로 활약했을 정도로 현대적인 모습의 스포츠심리학 활동을 했다. 하지만 스포츠심리학의 선각자의 업적을 이어갈 후진학자를 길러내지 못했다.

3) 전문학회의 창설기(1960-1970년대)

국제스포츠심리학회(International Society of Sport Psychology, ISSP)가 1965년에 창설되었다. 이어 1967년에 북미스포츠심리학회(NASPSPA)가 창설되면서 스포츠심리학 지식이 전문가들 사이에 공유될 수 있는 전기가 마련되었.

국제적인 차원에서 전문 학회가 창설되면서 전문적인 학술지가 발간되기 시작

chapter 06 체육학의 사회과학 영역

했다. 1979년에는 Journal of Sport Psychology가 창설되었다. 이 학술지는 1988년에 Journal of Sport & Exercise Psychology로 이름을 바꿔 일반인 대상의 운동을 중시하는 방향을 취한다.

1970년대 Rainer Martens는 스포츠 경쟁불안을 체계적으로 연구하면서 스포츠심리학 연구에서 선도적인 역할을 한다. 그가 개발한 경쟁불안 측정도구는 현재까지도 자주 사용되고 있다.

4) 현재의 스포츠심리학

1988년에 Journal of Sport Psychology가 Journal of Sport & Exercise Psychology로 이름을 변경하는데서 알 수 있듯이 스포츠심리학이 경쟁적인 스포츠뿐만 아니라 건강증진을 위한 운동(exercise)에 대해서도 연구 노력을 기울이게 된다.

1980년대에 들어 스포츠심리학에서 몇 가지 중요한 변화가 나타난다. 우선 실험실 상황에서 연구가 진행되는 관행에 대한 비판이 일면서 실제 스포츠 현장에서 연구가 활기를 띠게 된다. 스포츠심리학이 현장에 관심을 기울이면서 경기력 향상을 위한 응용스포츠심리학 또는 심리훈련에 대한 요구가 많아지는 것도 이 시기이다.

수행향상에 관심을 두는 응용스포츠심리학 연구를 주로 게재하는 The Sport Psychologist라는 국제 학술지가 창간되었고, 응용스포츠심리학회(Association for Applied Sport Psychology, AASP)도 창설되어 현장에 대한 관심이 증가되었음을 알 수 있다. 스포츠심리학자에 대한 자격제도가 나오는 것도 이 때이다.

스포츠심리학 자격제도

응용스포츠심리학회(AASP)는 1991년 스포츠심리학 전문가에게 자격을 부여하는 제도를 마련했다. 스포츠심리컨설턴트라고 불리는 이 자격은 운동선수와 팀을 대상으로 스포츠심리 상담과 심리훈련을 제공할 수 있는 기준을 갖추고 있음을 인정하는 것이다. 응용스포츠심리학회의 스포츠심리컨설턴트가 되기 위해서는 스포츠심리학 박사학위 취득을 비롯하여 자격 취득을 위한 기준을 충족해야 한다.
국내에서도 2004년 한국스포츠심리학회가 주도하여 스포츠심리상담사 자격제도를 도입했다. 이 자격은 1급, 2급, 3급으로 구분되며 학위와 수련활동 등의 기준을 갖춰야 취득할 수 있다.

3 스포츠심리학의 연구주제

스포츠심리학이 다루는 주제는 비교적 광범위하다. Vealey(2005)는 스포츠심리학의 연구 주제를 성격, 동기, 에너지관리, 대인관계 및 집단과정, 발달문제, 수행 향상을 위한 중재기법의 6개로 구분했다. 각 주제별로 어떤 지식이 축적되었는지 간략히 살펴본다.

1) 성격

성격에 관한 연구에서 가장 주목할 것은 우수 선수의 성격특성이다. 지금까지 많은 연구를 통해 우수 선수는 비우수 선수에 비해 성격특성에서 몇 가지 중요한 차이가 있음이 밝혀졌다. 우수 선수는 비우수 선수에 비해 자신감이 높고, 집중을 방해받는 상황에서 집중전략이 더 뛰어나며, 긴장 조절력이 우수하며, 긍정적인 태도를 유지하고, 자신의 종목에 보다 더 헌신하는 것으로 나타났다.

일반인의 운동을 대상으로도 연구가 다수 진행되었다. 대체로 운동을 꾸준히 하면 여러 심리적인 혜택을 얻는 것으로 나타났다. 구체적으로 운동은 자기존중감, 자기효능감, 심리적 웰빙, 인지능력을 향상시키는 것으로 밝혀졌다. 반면 운동은 불안, 우울, 스트레스를 낮추는 효과가 뛰어나다는 사실도 널리 알려졌다.

2) 동기

동기에 관한 연구는 왜 스포츠에 참가하는지, 내적동기와 외적동기가 어떤 역할을 하는지, 동기를 유발시키는 효과적인 전략은 무엇인지에 대해 연구가 많이 이루어졌다. 지금까지의 연구를 종합해 보면 외적동기보다는 내적동기를 향상시키는 것이 동기유발에 가장 좋으며, 동기수준이 높은 사람일수록 외적동기보다는 내적동기가 더 높은 것으로 나타났다.

동기를 이해하는데 있어서 가장 중요한 점은 인간은 자신이 유능하다는 것을 느끼기 원하며, 자기 스스로 결정을 하려는 기본적인 욕구를 갖고 있다는 것이다. 유능하다는 것을 느끼는 것이 매우 중요한데 개인에 따라 유능감을 느끼는 방식에서 차이가 있다는 점도 밝혀졌다. 타인과의 비교를 통해 유능감을 느끼는 사람이 있는 반면, 자신과의 비교를 통해 유능감을 느끼는 사람도 있다.

또 성공과 패배의 이유가 무엇이라고 생각하는지에 따라 행동과 동기가 영향을 받는다는 사실도 알려졌다. 이에 관한 연구를 귀인(attribution)연구라 하는데, 동기유발에 도움이 되는 귀인방식은 성공과 실패는 자신의 노력에 의해 결정되는 것이라고 믿는 것이 좋다는 사실도 밝혀졌다.

3) 에너지 관리

불안이나 긴장도가 높으면 에너지 수준이 높다고 말하고, 그렇지 않을 때 에너지 수준이 낮다고 말한다. 불안과 긴장도의 수준은 수행과 어떤 연관이 있는지 여러 연구 방법으로 다루어졌다.

대체로 최근 이론일수록 개인에게 적합한 수준의 에너지 수준이 존재하며, 불안과 긴장에 포함된 부정적 에너지를 긍정적 에너지로 바꾸는 것이 중요하다고 주장한다. 현장 적용의 관점에서 보면 개인이 최고의 수행을 보이기 위해 필요한 최적의 에너지 수준이 어느 정도인가를 자각해서 그 수준을 유지할 수 있는 전략을 마련하는 것이 중요하다. 특히 부정적인 생각에 의해 발생되는 과도한 에너지는 수행에 방해가 되므로 부정적 생각을 긍정적 생각으로 바꾸어 적정 수준으로 에너지를 조절할 필요가 있다.

4) 대인관계 및 집단과정

스포츠 팀의 응집력, 사회적 태만, 리더십에 대한 연구가 많이 이루어졌다. 응집력은 사회 응집력과 과제 응집력으로 구분되며 과제 응집력이 수행에 더 중요한 영향을 주는 것으로 알려져 있다.

집단의 구성원이 많아질수록 그 속에서 개인의 노력이 줄어드는 현상인 사회적 태만도 관심거리였다. 대체로 개인이 얼마나 노력했는가를 확인하는 시스템을 갖추면 사회적 태만을 줄일 수 있다.

팀의 목표를 달성하는데 있어서 리더십의 역할에 대해서도 여러 이론이 개발되었다. 특히 다차원스포츠리더십은 선수들이 선호하는 리더십 행동과 리더가 실제로 보여주는 리더십 행동 사이에 유사성이 높을수록 팀에 긍정적인 효과가 있을 것으로 예상했다.

최근에는 팀의 응집력을 향상시키기 위한 전략을 실제로 팀에 적용하는데 관심을 둔 팀 빌딩(team building) 연구도 시작되고 있다. 이 연구는 스포츠심리학 지식이 팀을 위해 실제적인 공헌을 하게 해 준다.

5) 발달문제

스포츠심리학은 엘리트 선수뿐만 아니라 아동과 노인을 대상으로 삼기도 한다. 아동을 위한 최적의 운동 프로그램이 무엇인가를 다룬 연구도 이루어졌다. 아동을 위한 좋은 운동 프로그램은 아동의 참가 동기를 충족시킬 수 있도록 재미, 도전, 기술향상, 친구관계를 높이는 것이 좋다.

노인을 대상으로 한 연구에서는 운동은 노인의 신체적 노화를 지연시킬 수 있다는 사실이 밝혀졌다. 운동을 하면 심폐지구력, 근력 등 체력이 좋아지고, 혈압이 낮아져 전반적인 신체적 기능을 높이고 질병의 가능성을 낮추는 것으로 알려졌다. 또한 운동심리학 분야에서는 운동실천을 촉진시키는 다양한 이론과 중재기법이 제안되고 적용되었다.

6) 수행향상

1980년대 이후에 스포츠심리학 분야에서 일어난 가장 중요한 변화 중의 하나는 수행향상을 위한 심리기법의 적용이 늘었다는 것이다. 심리훈련 또는 심리기술훈련이라고 불리는 이 영역에서는 수행향상에 효과가 있는 다양한 심리기법과 전략이 개발되고 적용되었다. 주요 심리기법에는 목표설정, 심상, 자기암시(self-talk), 이완 등이 있다.

이러한 심리기법을 사용한 중재기법을 적용하면 불안을 낮추고 집중력을 높이면 자신감을 향상시켜 궁극적으로 수행을 향상시키는 것으로 밝혀졌다. 이 분야의 이론과 지식이 축적되면서 엘리트 팀을 위한 심리훈련 기법이 널리 확산되면서 스포츠심리 전문가를 팀의 코칭스태프로 채용하는 사례가 늘고 있다.

4 스포츠심리학의 전망

　한국에서 스포츠심리학이 학문적으로 급격하게 성장하기 시작한 것은 1980년대 말부터이다. 1960년대에 스포츠심리학 관련 국제 학회가 창설되었으므로 세계적인 추세와는 20년 정도 출발이 늦었다고 할 수 있다. 2004년 한국스포츠심리학회가 중심이 되어 스포츠심리상담사 자격제도를 도입하면서 스포츠심리학의 현장지원에 대한 관심이 크게 증가하였다. 스포츠심리학이 선수와 팀의 경기력 향상과 개인성장에 실제적인 도움을 준다는 사실이 널리 알려지면서 국가대표팀에서 각급 학교 운동부에 이르기까지 스포츠심리학에 대한 관심이 높아지고 있다.

　1980년대 이후에 스포츠심리학 전공의 세분화와 전문화 추세에 따라 운동학습, 운동제어, 운동발달을 포함하는 운동행동(motor behavior) 분야는 스포츠심리학(sport & exercise psychology)과는 구분되는 경향이 나타났다. 하지만 국내에서는 운동행동과 스포츠심리학은 아직도 학술단체나 학술지 측면에서 세분화가 이루어지지 않고 동일한 학문적 울타리 내에서 성장하고 있다.

　앞으로 스포츠심리학은 스포츠 현장의 요구를 반영한 연구와 지원활동을 많이 할 것으로 기대된다. 스포츠심리상담과 관련된 직업 영역이 새롭게 등장하고 있는 것도 긍정적인 변화에 해당한다. 스포츠심리학은 엘리트 스포츠뿐만 아니라 학교체육 동기유발, 기업복지, 피트니스 산업, 재활상담 등 수행의 향상을 다루는 여러 분야에 공헌할 것으로 기대된다.

 복습문제

1. 스포츠심리학 분야의 최초의 연구에 대해 알아보자.
2. 심리적 요인이 신체활동에 주는 영향이 무엇인지를 밝히는 예를 제시해 보자.
3. 스포츠심리학 분야의 자격제도를 조사해 보자.

 참고문헌

Vealey, R.S. (2005). Sport and exercise psychology. In S.J. Hoffman (Ed.), *Introduction to kinesiology: Studying physical activity* (pp. 269-300). Champaign, IL: Human Kinetics.

Franz, S.I., & Hamilton, G.V. (1905). The effects of exercise upon the retardation in conditions of depression. *American Journal of Insanity, 62*, 239-256.

chapter 06 체육학의 사회과학 영역

2. 스포츠사회학

1 스포츠의 사회학적 이해

현대사회에서 스포츠는 주요한 사회제도의 일부분으로서 인간생활과 밀접한 관련을 맺으며, 사회 전반에 걸쳐 그 영향력을 점차 확대해 나가고 있다. 이와 같이 스포츠가 과거와는 다른 모습을 보이기 시작한 계기는 산업혁명이라고 할 수 있다. 산업혁명 이후 스포츠는 그 양과 규모에 있어서 과거와는 비교할 수 없을 정도로 팽창되어 이제는 현대인의 삶에 없어서는 안 될 중요한 요소로 자리 잡고 있다. 더욱이 최근 들어 스포츠가 사회적으로 확산되면서 스포츠는 기존의 정치, 경제, 교육, 대중매체 등과 같은 사회제도와 긴밀한 상호작용을 주고받으면서 하나의 사회현상으로 자리 잡게 되었다.

- 스포츠현상의 제도화

대다수의 사회 구성원이 스포츠 활동에 대한 욕구를 표출하고자 하며, 이러한 스포츠에 대한 욕구가 개인적으로 혹은 사회적 중요성을 가지게 되는 상태를 의미한다. 이러한 관점에서 볼 때 스포츠의 황금기라고 할 수 있는 그리스 시대나 로마시대, 그리고 다른 한편으로 스포츠의 암흑기라고 불리는 중세시대에 스포츠가 제도화되지 않았던 이유는 스포츠의 욕구를 표출할 수 있었던 사회 구성원의 수가 절대적으로 적었던 데에 기인한다고 볼 수 있다.

- 사회현상으로서의 스포츠

과거와는 달리 스포츠에 참여하는 사람들이 어느 특정 계층에만 국한되지 않으며, 또한 스포츠와 관련된 제반 사항이 그 사회를 구성하고 있는 사람들의 삶의 방식에 어떠한 형태로든지 영향을 주게 된 것을 말한다. 즉 과거에는 스포츠가 일부 특정 계층만의 전유물이었던 데 반해 현대 사회에 들어와서는 모든 사람들이 스포츠를 즐기고, 스포츠가 많은 사람들의 삶의 방식에 영향을 주게 된 것을 의미한다.

일반적으로 '스포츠는 사회의 축소판'이라고 말한다. 이러한 용어가 암시하는 바와 같이 현대 스포츠는 개인적, 국가적 차원에서 긍정적인 모습을 보이고 있는 반면에 일반 사회와 마찬가지로 불평등이나 일탈행동 등과 같은 부정적인 측면을 보이고 있다. 따라서 현대 스포츠를 올바르게 이해하기 위해서는 스포츠가 가지고 있는 긍정적인 측면뿐만 아니라 스포츠의 이면에 내재되어 있는 부정적인 모습을 바라볼 수 있는 안목을 갖추어야 한다.

2 스포츠사회학의 개념

스포츠사회학은 스포츠를 사회현상으로 이해하려는 접근으로서 1970년대 말부터 사회학자나 스포츠과학자의 관심을 모으기 시작하였다. 국내에서는 88서울올림픽 스포츠과학학술대회가 끝난 이후 1990년에 한국스포츠사회학회가 발족하면서 비약적인 발전을 거듭하여 현재는 스포츠과학 내의 주요 학문분야로 자리 잡고 있다.

1) 스포츠사회학의 의미

스포츠사회학(sociology of sport)은 스포츠 과학의 분과학문으로서 스포츠의 사회적 현상을 진단하고 설명하며 예측하는 학문분야로서 스포츠사회학에 대한 주요 학자들의 정의를 소개하면 다음과 같다.

- 스포츠사회학은 스포츠의 맥락에서 인간의 사회행동의 법칙을 규명하는 학문이다(Kenyon & Loy, 1965).
- 스포츠사회학은 사회학의 하위분야로서 사회행동의 과정과 유형을 스포츠의 맥락에서 설명하고 특정 조건 하에서의 인간행동을 예측하며 그 이해를 촉진하는 학문이다(McPherson, 1975).
- 스포츠사회학은 스포츠의 현상에 사회학적 개념, 특히 그 가운데에서도 사회구조와 사회과정의 개념을 응용하여 연구하는 학문이다(Leonard, 1988).
- 스포츠사회학은 스포츠의 현상에 사회학적 이론과 연구방법을 적용하여 연구하는 사회학과 스포츠 과학의 한계 과학(boundary science) 또는 학제적 학문

chapter 06 체육학의 사회과학 영역

(interdisciplinary science)이다(임번장, 1994).

이와 같은 여러 학자들의 견해를 바탕으로 할 때 스포츠사회학은 스포츠와 사회관계에 관심을 두는 스포츠과학과 사회학의 학제적 성격을 가진 학문으로 사회현상으로서의 스포츠를 과학적으로 규명하는 학문이라고 할 수 있다.

2) 스포츠사회학의 연구목적

체육학 내에서 스포츠사회학을 연구하는 주된 목적은 다음과 같다.

- 스포츠장면에서 나타나는 개인과 집단행동에 관련된 사회적 유형, 사회과정, 사회문제를 발견하고 기술
- 사회학적 이론과 관점, 그리고 연구도구를 사용하여 이들의 유형, 과정, 그리고 사회문제에 대한 설명력 개발
- 스포츠에 대한 잘못된 믿음과 관행들을 반박할 과학적 증거 제시
- 사회학적 연구에 대한 추문폭로의 문제를 밝히고, 비판하고 개선
- 사회적 실체와 사회적 상호작용의 보다 일반적 측면을 이해하기 위해 스포츠장면과 집단을 이용. 예컨대 안정적인 스포츠팀을 이용하여 집단상호작용, 집단효율성이나 성공, 집단효과성, 그리고 복잡한 조직내에 포함된 사회과정 등의 현상 연구하기가 여기에 포함된다.
- 스포츠와 관련된 정책을 개발하고 수정하기 위한 증거 제시
- 스포츠장면에 만연되어 있는 사회적 문제에 대한 해결책 제시

3) 스포츠사회학의 유용성

스포츠사회학은 체육학내의 주요 학문분야 중의 하나로서 다음과 같은 유용성을 갖고 있다.

- 스포츠에 대한 비판적이고 분석적인 시각 제공

사회학적 관점을 통해 현대스포츠에 내재되어 있는 사회문제와 우리의 일상생

활에서 스포츠의 사회적 중요성에 대한 의식을 개발할 수 있다. 즉 우리의 일상생활에서 스포츠의 긍정적이고 부정적인 면에 대해 비판적으로 관찰할 수 있는 안목을 가질 수 있다. 또한 역사학, 철학, 영문학과 마찬가지로 사회학에 친숙하게 되면 보다 비판적이고 분석적인 판단력을 가지게 된다. 그로 인해 다른 사람들이 하는 말에 대해 신뢰할만한 증거를 요구하며, 학문적인 출판물에 대해서만 사실로 받아들이게 된다.

- 스포츠참가로 인한 변화를 이해하고, 해석하고, 예측하는 능력 배양

사회학적 자료들은 다양한 스포츠종목에서 특정 종족의 참여유형이 변하는 것을 예상하는데 도움을 줄 수 있다(예컨대 하류계층의 테니스참가 증가, 중류계층의 체력단련 참가 감소 등). 만약 체력단련과 관련된 업종에서 일하고 있다면 특정 여가활동의 증가와 감소에 대해 예상할 수 있을 것이다. 사업가적 관점을 통해 언제 투자를 늘려야할지 혹은 줄여야 할지에 대한 안목을 가질 수 있다.

- 다양한 직업선택의 기회 제공

스포츠사회학의 지식을 직접적으로 이용할 수는 없지만 장기적인 관점에서는 다양한 직업범주에서 유용하게 사용할 수 있다. 여론이나 누군가에게 우연히 들어서가 아니라 스포츠에 대한 결정을 하는데 있어 신뢰할만하고 유용한 정보를 가질 수 있다. 예컨대 스포츠사회학분야에 관심이 있는 학생들에게 가능한 대표적인 직업기회는 지방자치단체나 중앙정부의 스포츠정책 담당자, 코칭분야, 교육분야, 스포츠컨설턴트분야, 연구원, 교수, 저널리스트 등이 있다.

3 스포츠사회학의 주요 이론

스포츠와 사회관계는 보는 이의 관점에 따라 다양하게 해석될 수 있다. 즉 현대 스포츠를 보는 이론적 관점은 전통적으로 스포츠를 사회의 존속과 발전에 필요하다고 보는 구조기능주의적 시각과 스포츠를 특정 사회계층이나 지배집단이 자신의 이익을 추구하는데 활용하는 수단으로 간주하는 갈등론적 시각으로 구분할 수 있다. 최근 들어서는 이러한 거시적 관점보다는 페미니즘이나 헤게모니이

론과 같은 비판이론에 대한 중요성이 높아지고 있다.

1) 구조기능주의 이론

- 적응(adaptation)

스포츠 참가는 사회 구성원에게 현실에 대한 적합한 사고, 감정 및 행동양식을 학습시켜 사회 구성원으로서 적응하는데 도움을 준다.

- 통합(integration)

스포츠 참가는 사회 구성원을 결집시키고 공동체 의식을 강화시켜 줌으로써 사회통합에 기여한다.

- 목표달성(goal attainment)

스포츠는 합법적인 수단을 통해 승리라는 목표를 달성할 수 있게 한다.

- 체제유지(system management)

스포츠참가는 성취의욕을 고취해주고, 인간의 공격 본능을 공개적으로 해소하게 해줌으로써 사회질서 유지에 기여한다.

구조기능주의 이론은 스포츠를 포함한 사회조직과 그들이 어떻게 작동하고 유지되어지는가에 초점을 두고 있다. 특히 조직을 위해 정형화된 행동의 기능이나 영향들이 강조되면서 스포츠를 통한 사회화, 동화(assimilation) 수단으로서의 스포츠, 사회체제로서의 스포츠, 스포츠와 다른 사회제도와의 관계, 참가자·관중·사회조직을 통합하는 스포츠의 기능에 관심을 두고 있다. 그렇지만 구조기능주의 이론은 스포츠 장면에서 생성되는 갈등이나 부정적 영향을 무시하고 긍정적 측면만을 너무 과장되게 주장한다는 비판을 받고 있다.

2) 갈등이론

갈등이론(conflict theory)은 권력을 가진 집단이 권력을 갖고 있지 않은 집단을 향해 그 힘을 유지하려고 하기 때문에 사회조직에서 갈등의 만연은 필연적이라고 전제한다. 따라서 갈등이론에서는 권력의 구조, 기존 질서를 정당화하는 제도의 역할, 개인이 지배되는 양식, 개인의 고통과 사회구조의 관계, 그리고 권력을 유지하는 방식 등에 관심을 두고 있다.

스포츠와 사회의 관계에서 갈등론적 접근은 자본주의 사회에서 스포츠가 힘과 경제적 자원의 불평등을 반영하고 있는 방식과 스포츠가 불평등을 영속하는 방식에 관심을 둔다. 따라서 갈등이론에서는 스포츠 장면에서 나타나는 사회통제, 신체적 소외, 성차별 및 인종차별, 상업주의, 국수주의 등과 같은 다양한 사회문제에 관심을 두고 있다.

3) 비판이론

구조기능주의이론과 갈등이론이 개인보다는 전체의 이익이 우선시되던 사회를 설명하는데 적합한 이론인 반면 비판이론은 전체의 이익보다는 개인의 이익이 우선시되는 현대사회를 설명하는데 적합한 이론이라고 할 수 있다. 대표적인 비판이론에는 문화이론, 페미니즘, 헤게모니이론이 포함된다.

(1) 문화이론

문화이론(cultural studies)은 기능론과 갈등론이 결정론적일 뿐만 아니라 사회변동에서 인간의 작용을 무시한다고 반박하면서 문화는 권력을 가진 지배집단에 속하지 않은 사람들에 의해서도 경험되고 창조될 수 있다고 주장한다.

문화이론가들은 스포츠가 문화적 표현임에도 불구하고 기능론과 갈등론이 스포츠의 문화적 중요성을 간과하고 있기 때문에 이들 이론으로 스포츠를 해석하는데에는 한계가 있다고 주장한다. 즉 스포츠는 비정치적이고 현실과 분리된 현상이 아닌 문화의 일부로서 간주되어야 한다는 입장이다. 또한 문화이론은 스포츠가 사회에 의해 구조화되는 측면이 있지만 인간 의지에 의해 끊임없이 형성, 재형성되기 때문에 단순히 하부구조에 의해 결정되어지는 상부구조로 간주되는 기계적 접근으로는 스포츠를 이해할 수 없다고 주장한다.

(2) 페미니즘

페미니즘(feminism : 여권주의)이란 여성을 착취, 억압, 소외 받는 대상으로 간주하고 이러한 여성의 현실을 변화시키고자 하는 관점이다. 페미니즘에서는 사회에 내재되어 있는 다양한 불평등 현상 중에서 성불평등을 가장 핵심적인 불평등으로 간주하면서 이의 해소에 관심을 가지고 있다.

스포츠 연구에서 여권주의자들(feminist)은 여성들이 스포츠에 대한 참여 기회와 시설이용 등에서 남성에 비해 소외당하고 있고, 스포츠에 참가하는 여성들이 남성에 비해 그 능력에 있어 평가 절하되고 있으며, 때로는 필요 이상의 멸시와 조롱을 받고 있다고 주장한다. 스포츠가 가부장적인 이데올로기를 반영·재생산하는 예로는 성역할(sex role) 정형화, 언론에서 여성 스포츠에 대한 불공평한 대우나 묘사, 여성의 참여 제한, 남성에 의한 스포츠의 지배 및 통제를 들 수 있다.

(3) 헤게모니이론

헤게모니(hegemony)는 지배집단의 이데올로기(ideology)가 피지배집단에 의해 수용되는 과정으로서 강제보다는 동의에 의한 지배의 과정이다. 여기서 지배집단이란 권력이나 경제력을 가진 계층과 사람뿐만 아니라 대중에게 영향력을 행사하는 개인이나 집단을 말한다. 따라서 헤게모니를 바탕으로 하여 지배집단은 자신들이 갖고 있는 권력을 공고히 하게 되는 반면 피지배집단은 자신이 처한 피지배의 상황을 자연스럽게 받아들이게 된다.

헤게모니 이론에서는 정치·문화적 이데올로기 기구들이 경제와 어떻게 결합되어져 있는가를 분석한다. 헤게모니 과정에서 지배집단은 사회의 정치·경제적 기구뿐만 아니라 교육, 대중매체, 종교 등과 같은 이데올로기적 기구를 통제한다. 지배집단은 이러한 이데올로기적 기구를 통해 그들의 헤게모니를 강화하는데 이로운 규범이나 가치를 촉진하고 재생산한다. 스포츠는 지배집단의 정치·경제·문화적 헤게모니의 구조를 형성하는데 기여하는 역할을 담당한다.

헤게모니 이론을 통해 스포츠와 국가·계급·성의 관계를 지배적 헤게모니를 강화하는 기능으로서의 스포츠를 파악하는 것이 가능하다. 예컨대 한국사회에서 논란거리로 자주 등장하는 골프현상을 헤게모니 구조로 설명할 수 있다.

4 스포츠사회학의 연구영역

스포츠사회학의 연구영역은 학자의 시각이나 관점에 따라 다양하고 복잡하다. 보편적으로 스포츠사회학의 연구영역은 연구범위 및 접근방법에 따라 전문적 영역, 거시적 영역, 미시적 영역으로 구분된다.

- 전문적 영역

스포츠사회학의 학문적 발달과 관련된 연구영역을 말하며, 스포츠사회학의 학문적 적법성을 설정하고, 스포츠사회학 연구의 이유와 연구방법, 그리고 개념 및 이론을 개발하고 발전시키는 내용의 연구를 다룬다.

- 거시적 영역

대규모 사회체계를 이루고 있는 사회제도와 그들 간의 관계에 관한 연구로서 스포츠 활동에 참여하는 개인을 둘러싸고 있는 환경이나 주요 사회제도(정치, 경제, 교육, 종교)의 영향에 관한 연구내용, 개인이 스포츠에 참여하는 과정에 관한 연구내용, 스포츠 활동을 통하여 획득하는 특성, 경쟁과 협동의 과정, 스포츠와 관련된 사회적 문제에 관한 내용 등이 포함된다.

- 미시적 영역

스포츠 현상에서 나타나는 사회관계와 소규모 사회체계에 대한 연구로서 스포츠 활동에 참여하는 개인과 팀 동료나 지도자와의 관계 또는 영향력에 관한 분석, 스포츠 조직의 특성 및 구조에 관한 내용 등이 포함된다. 여기에서는 주로 스포츠와 집단, 지도자론, 조직, 사회화, 사회일탈, 공격성 등의 문제를 다룬다.

5 스포츠사회학의 발전과정

스포츠사회학은 사회적 수준에서 스포츠 현상을 이해하려는 관심을 가진 사람과 그들의 지식을 활용하여 스포츠를 변화시키고 스포츠 경험의 이점을 극대화하기 위하여 스포츠 현상을 이해하고자 하는 사람들에게 연구의 기회를 마련해 준다.

chapter 06 체육학의 사회과학 영역

스포츠사회학은 1965년 Kenyon과 Loy의 "Toward a Sociology of Sport"라는 제목의 논문을 통해 학문적으로 개념이 정립되었다. 1970년대에는 주요 단행본들이 출간되었으며, 1980년대와 1990년대에는 지구촌화에 대한 주제를 선도하였다. 현재는 유럽을 중심으로 한 국제스포츠사회학회(ISSA)와 미국과 캐나다를 중심으로 한 북미스포츠사회학회(NASSS)를 중심으로 하여 활발하게 학문 활동을 전개하고 있다.

스포츠사회학의 발전과정은 태동단계, 교류단계, 응집단계, 전문화단계로 구분할 수 있다.

- 태동단계(normal stage : 1951-1964)

특정현상에 관심을 가진 학자들이 상호교류 없이 흩어져 연구하는 초기의 단계로서 체육학의 바이블이라고 할 수 있는 Homo Ludens(Huizinga, 1955)가 발간되었으며, 국제스포츠사회학회(ICSS: International Committee for Sociology of Sport, 1964)가 창립된 시기이다.

- 교류단계(network stage : 1965-1972)

세계 각지에 흩어져 있던 같은 분야에 관심을 가지고 있는 학자들이 모여 공식적인 교류를 가진 단계로서 스포츠사회학의 학문적 성격을 규정한 최초의 논문(Kenyon & Loy,1965)이 발표되었으며, 국제스포츠사회학회지(IRSS: International Review for the Sociology of Sport, 1966)가 발간된 시기이다.

- 응집단계(cluster stage : 1973-1978)

교류를 지속하는 상태에서 이론적, 연구방법적, 또는 영역의 측면에서 지역별로, 학교별로 공통 관심 집단을 형성하는 단계로서 Journal of Sport and Social Issues(1976)가 발간되기 시작하였으며, 단행본들(Edwards, 1973; Ibrahim, 1975; Loy 외, 1978)이 등장한 시기이다.

- 전문화단계(specialty stage : 1979-)

공통 관심 집단이 심화되어 더욱 독자성을 높이고 학문적으로 성숙되는 단계로서 북미스포츠사회학회(NASSS: North American Society for the Sociology of

Sport, 1980)가 창립되었으며, 북미스포츠사회학회지(SSJ: Sociology of Sport Journal, 1984)가 발간되기 시작한 시기이다.

6 스포츠사회학의 전망

　스포츠사회학은 스포츠를 사회현상으로 이해하려는 접근으로서 1960년대 중반에 학문적으로 개념이 정립되었다. 1970년대에는 주요 단행본들이 출간되었으며, 1980년대와 1990년대에는 지구촌화에 대한 주제를 선도하였다. 현재는 유럽을 중심으로 한 국제스포츠사회학회와 미국과 캐나다를 중심으로 한 북미스포츠사회학회를 중심으로 하여 활발하게 학문 활동을 전개하고 있다.

　한국에서 스포츠사회학이 학문적으로 자리를 잡기 시작한 시기는 1980년대 중반 이후이다. 86아시안게임과 88서울올림픽대회를 계기로 촉발된 체육의 학문화 경향을 바탕으로 하여 한국체육학회의 분과학회로서 1990년 한국스포츠사회학회가 결성됨으로써 스포츠과학의 하위학문으로서 위상을 정립하게 되었다. 2000년에는 제 1회 세계스포츠사회학 학술대회를 개최함으로써 국제적인 지명도를 높이는 계기를 마련하였으며, 현재는 한국체육학회내의 사회과학분야에서 핵심적인 학문영역으로 자리 잡고 있다.

　현재 스포츠사회학은 스포츠관련 전공 대학의 모든 교과과정에서 중심 과목으로 가르쳐지고 있을 뿐만 아니라, 대부분의 스포츠 관련 자격증 연수교육에서도 필수과목에 포함되어 있다. 또한 스포츠사회학은 스포츠과학과 스포츠교육, 또는 체육교육의 범위를 뛰어넘어 엘리트스포츠 현상과 학생과 선수가 아닌 일반인들의 스포츠현상에 대한 이해와 설명에 있어서도 영향력이 커지고 있다.

　앞으로 스포츠사회학이 체육학내에서 설명력이 높은 학문분야로 발전하기 위해서는 스포츠심리학이나 스포츠경영학 등과 같은 주변 학문분야와의 교류가 더욱 증대되어야 하며, 스포츠사회학이 생산하는 지식의 유용성을 높이기 위해서는 스포츠정책과 같은 실천적인 분야에 대한 관심이 더욱 증대되어야 할 것으로 전망된다.

chapter 06 체육학의 사회과학 영역

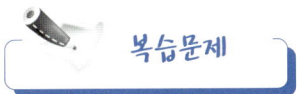 복습문제

1. 스포츠가 사회현상으로 자리잡게 된 시대적 배경에 대해 생각해 보자.

2. 스포츠사회학에 대한 여러 학자들의 견해에 대해 알아보자.

3. 스포츠사회학의 연구영역에 대해 알아보자.

4. 스포츠사회학의 발전과정에 대하여 알아보자.

5. 스포츠사회학의 유용성에 대해 알아보자.

6. 스포츠사회학의 주요 이론에 대해 알아보자.

 참고문헌

임번장(1994). 스포츠사회학개론. 서울: 동화문화사.

Edwards, H.(1973). Sociology of sort. Homewood. IL: Dorsey Press.

Huizinga, J.(1955). Homo Ludens. Boston: Beacon Press.

Ibrahim, H.(1975). Sport and society. Long Beach. CA: Hwong Publishing Company.

Kenyon, G.S. & Loy, J.W.(1965). Toward a sociology of sport. Journal of Health, Physical Education, Recreation, 36, pp. 24-25.

Leonard(1988). A sociological perspective of sport. Minnepolis. MN: Burgess Publishing Co.

Loy, J.W., McPherson, B.D., & Kenyon, G.(1978). Sport and social systems. MA:ddison-Wesley.

McPherson, B.D.(1975). Past, present and future perspectives for research in sport sociology. International Review of Sociology of Sport, 10(1), p. 56.

3. 스포츠경영학

스포츠경영학(sport management)이란 단어 그대로 스포츠(sport)와 경영학(management)의 결합이다. 한때는 전혀 상관없이 보였지만, 지금은 매우 밀접하게 얽혀져서 독립된 학문으로서 자리를 잡고 있다. 스포츠경영학에 대한 이해는 스포츠의 특성을 올바르게 이해하고, 스포츠 또는 스포츠와 관련된 상품에 대한 전문적인 경영지식을 통해서 가능하다. 본 장에서는 먼저 스포츠경영의 정의, 스포츠경영학의 필요성, 스포츠경영학의 역사 등에 대해서 살펴보도록 하겠다.

1 스포츠경영의 정의

스포츠산업의 급격한 발전과 함께, 스포츠경영에 대한 다양한 정의들이 선행문헌에서 제시되었다. Parks와 Zanger(1990)은 스포츠경영을 스포츠와 피트니스에 관련된 직업에서의 전문적인 노력으로 정의하였다. Mullin(1980)은 스포츠 또는 건강과 관련된 활동, 제품, 및 서비스 제공을 주목적으로 하는 조직이 인적 및 물적 자원을 효율적으로 계획, 조직화, 지휘, 통제하는 일련의 과정을 스포츠경영이라 정의하였고, Chelladurai(1994)는 스포츠경영을 스포츠 서비스의 생산과 마케팅을 위한 여러 요소들의 협조적 결합이라고 정의하였다. 그리고 강호정, 이준엽(2005)은 스포츠와 관련된 재화나 서비스를 제공하는 조직이 목적을 효과적으로 달성하기 위하여 스포츠경영자가 인적·물적·지적자원을 효율적으로 계획, 조직화, 지휘, 통제하는 일련의 연속적인 활동을 스포츠경영으로 정의하였다.

이러한 스포츠경영에 대한 다양한 정의들을 분석·요약해보면 다음과 같다. 첫째는 신체활동을 중심으로 한 스포츠 또는 스포츠와 관련된 제품, 서비스를 제공하는 조직과 직접적으로 관련된다. 둘째, 스포츠 또는 스포츠관련 조직이 가지고 있는 다양한 자원을 효율적으로 활용한다는 것이다. 즉 생산을 위해 투입된 양과 산출된 양의 비율을 고려한다는 것이다. 셋째는 스포츠 또는 관련 조직의 주목적을 효과적으로 달성하기 위해서 계획, 조직화, 지휘, 통제하는 일련의 연속적인 활동이라는 점이다. 이러한 공통적인 특성들을 토대로 스포츠경영학을 쉽게 이해할 수 있다.

2 스포츠경영학의 필요성

　국·내외에서 스포츠경영학은 학문으로서의 역사가 스포츠심리학, 스포츠사회학 등의 다른 학문보다 길지 않은 편이다. 그럼에도 불구하고 최근에 급성장을 해왔으며, 하나의 독립된 학문으로서 정착해 나가고 있다. 이런 이유는 우리사회에서 스포츠산업이 거대한 주요 산업으로 부상하였기 때문이다.

　체육백서(2009)에 의하면, 2005년도에 미국에서 스포츠산업은 2130억 달러에 육박하는 거대한 산업이다. 이는 자동차산업의 2배 이상이며, 영상산업의 거의 7배에 달하는 산업규모로 미국 내 10위권 이내의 주요 산업으로 자리 잡았다(조광민, 2005). 국내의 스포츠산업은 22조 3,632억원으로 미국에 비해 상대적인 규모는 작다. 하지만 "88서울올림픽게임, 2002한·일 월드컵 등의 성공적인 개최와 박찬호, 박세리, 박지성, 김연아 등의 스포츠선수들의 세계무대에서의 성공은 대중들이 생각하는 스포츠산업에 대한 인식을 크게 변화시켰다. 또한, 정기적으로 개최되는 올림픽이나 월드컵과 같은 대형 스포츠이벤트에 대한 기사, 뉴스는 스포츠경영학의 중요성을 알리는 역할을 했다.

월드컵의 경제학··· 축구공 하나가 수백조원 창출

월드컵의 계절이다. 뉴스에서는 허정무 감독이 이끄는 한국 축구대표팀의 일거수일투족을 보도한다. 국가대표 선수들이 평가전에서 골을 넣는 장면은 수십 번 전파를 탄다. 광고도 붉은 물결이 점령했다. 한국팀을 상징하는 붉은 티셔츠를 입은 광고 속 응원단이 2002년 한·일 월드컵 때처럼 한번 더 타오를 것을 부추긴다. 한국만의 일이 아니다. 축구에 살고 죽는 남미와 유럽 국가들도 월드컵을 앞두고 축구 열기로 후끈 달아올라 있다. 월드컵의 주인공은 32개국 대표팀 선수들이다. 하지만 선수들 이상으로 가슴을 졸이며 월드컵을 기다리는 사람들이 있다. 글로벌 기업의 스포츠 마케팅 담당자들이다. 이번 월드컵을 소속 기업의 이미지를 높이는 기회로 삼는 게 이들의 목적이다. 기업들이 스포츠에 관심을 갖는 이유는 일반적인 마케팅이나 광고와는 다른 효과를 낳기 때문이다. 스포츠는 언어의 장벽을 쉽게 뛰어넘는 만국 공통어다.

경기장 안에서는 이념이나 문화 차이도 의미가 없어진다. 스타 플레이어의 움직임과 경기 결과에 대해 관중들은 쉽게 이해하고 기억한다. 특히 월드컵은 기업들이 좋아할 만한 요소들을 두루 갖추고 있다. 한 개의 종목으로 이뤄져 있어 집중력이 높은 데다 대회 기간도 올림픽의 두 배인 30일에 달해 기업 브랜드를 알릴 시간이 넉넉하다. 11개 국제축구연맹(FIFA) 공식 후원사(스폰서)들이 남아공 월드컵을 전후해 마케팅에 쓰는 돈은 20조원 선. 스폰서가 아닌 기업들의 마케팅 예산을 합치면 100조원 가량이 풀릴 것으로 전문가들은 보고 있다. 스포츠용품 판매, 방송중계권 거래, 월드컵 관련 도박산업 등을 합하면 이 숫자는 150조원 수준으로 늘어난다. 축구공 하나가 전 세계 TV시장 규모(연간 약 120조원)를 넘어서는 새로운 산업을 만들어낸 셈이다. 기업들은 월드컵 마케팅을 통해 투자 금액 이상의 효과를 낼 수 있을까. 2002년 한·일 월드컵 공식 파트너로 참여한 현대자동차를 예로 들어보자. 이 회사는 당시 최소 60억달러(약 7조300억원)의 광고 효과를 봤다고 설명한다.

213개국에 중계된 월드컵 경기에서 현대자동차 광고가 게임당 평균 12분 노출된 것을 기준으로 계산한 수치로, 투입한 금액의 10배가 넘는다. 실제 현대차의 브랜드 인지도는 월드컵 이후 6개월 동안 10%가량 상승했다. 남아공 월드컵을 앞둔 기업들의 열기는 2002년 이상이다. 국내에서는 FIFA 후원사인 현대차 외에 삼성전자, KT 등 13개 대한축구협회 스폰서 업체들이 월드컵 마케팅에 열을 올리고 있다. 후원 계약이 없는 기업들도 다양한 축구 관련 이벤트를 기획하고 있다. 기업뿐만 아니다. 실은 스포츠 자체가 거대한 산업이다. 프로축구는 더 말할 나위가 없다. 영국의 프리미어리그는 그 자체로 초대형 흥행 산업이다. 한국의 프로야구도 마찬가지다. 월드컵을 계기로 스포츠를 둘러싼 산업 생태계를 한번 들여다보자.

출처: 한국경제신문 2010.06.04

3 스포츠경영학의 역사

스포츠경영학의 기초를 다진 곳은 바로 북미지역이다. 특히 미국사회의 교육기관에서 스포츠는 매우 중요한 역할을 차지하고 있다. 이러한 주장의 근거로서 미국사회의 교육기관의 예산의 규모를 보면 알 수 있다. 미국의 NCAA의 Division I에 속한 주요 대학교의 스포츠 팀을 운영하는 부서의 일 년 예산은 몇 백억 이상이다. 예를 들면, University of Michigan의 체육부(Department of Athletics)의 2004-05년도 총예산이 6,139만달러(713억9천만원), 2007년도에 University of Southern California(USC)의 풋볼팀 감독인 피트 캐롤은 441만달러(51억)의 연봉 등의 예로부터 미국의 교육기관에서 스포츠의 중요한 사회적 위치를 직·간접적으로 확인 할 수 있다.

대학스포츠 뿐만 아니라 프로스포츠의 열기가 증가함에 따라 스포츠경영학에 대한 중요성이 제시되었고, 대학스포츠나 프로구단의 경영에 대한 학위과정을 제공하기 시작하였다. 1957년 부르클린 다저스(Brooklyn Dodgers)의 구단주인 월터 오멜리(Walter O'Malley)가 오하이오 대학(Ohio University)의 메이슨 박사(Dr. James G. Mason)에게 프로스포츠의 경영자를 양성하기 위한 과정을 제안하였으며, 석사학위 과정으로 1966년에 처음으로 학위과정이 시작하였다. 비슷한 시기에 미국 플로리다주에 있는 St. Thomas University가 스포츠경영 학부과정을 개설하였다. 이 후 많은 스포츠경영학 프로그램이 북미지역에 개설되었으며, 학사, 석사 프로그램을 중심으로 많은 졸업생이 배출되었으며, 현재 대학스포츠 또는 프로스포츠 팀에서 다양한 업무를 수행 중이다.

또한 스포츠경영학 연구의 발전에 기여한 것은 1985년도에 설립된 북미스포츠경영학회(NASSM: North American Society for Sport Management)이다. NASSM은 1986년부터 정기적으로 학술대회를 개최하고 있으며, 1987년부터는 스포츠경영전문 학술지인 Journal of Sport Management(JSM)를 발간하고 있다. 또한 스포츠마케팅에 관련된 연구를 활성화하기 위해서 1992년도에 Sport Marketing Quarterly(SMQ)가 출간되었으며, 2002년도에 The Sport Marketing Association(SMA)가 설립되었고, 정기적으로 학술대회를 개최하고 있다. 그 외에도 법조인들과 교수들을 중심으로 The Sport and Recreation Law Association(SRLA)가 설립되었고, The Journal of the Legal Aspects of Sport를 발간하고 있다. 또한 하버드법대에서는 2010년도에 The Harvard Journal of Sports and Entertainment Law이란 학술지를 발간했으며, 스포츠재무와 관련된 학술지 The International Journal of Sport Finance, 스포츠경제와 관련된 학술지 Journal of Sports Economics 등이 정기적으로 발간되고 있다.

우리나라의 경우에도 스포츠산업·경영학회(Korean Society for Sport Management: KSSM)가 1994년도에 설립되었고, 정기적으로 한국스포츠산업·경영학회지(Korean Journal of Sport Management: KJSM)가 발행되고 있으며, 학술대회를 개최를 통해서 연구영역 발전에 많은 공헌을 하고 있다.

4 스포츠경영학의 프로그램 및 교육과정

현재 미국에서 스포츠경영학과의 수는 가장 빠르게 증가하고 있는 교육 프로그램 중에 하나이다. 많은 학생들은 스포츠경영학과에 입학하기를 원하며 이러한 학생들의 욕구를 충족시키기 위해서 많은 대학들이 이러한 스포츠경영학위과정을 개설하고 있다. 293개 대학에서 스포츠경영학 전공의 학사, 석사 및 박사과정이 있다(NASSM, 2010). 구체적으로 살펴보면, 293개교 중에서 240개 대학은 학사과정 프로그램을, 148개 대학은 석사과정 프로그램을, 25개 대학은 박사과정 프로그램을 개설하였다. 이러한 스포츠경영학 프로그램의 수적인 확장과 함께 2007년도에 미국에서만 40여개 이상의 대학들에서 스포츠경영학 교수 채용 공고가 나왔으며, 유럽, 뉴질랜드, 호주, 싱가포르 등 전 세계적으로 스포츠경영학 교수 채용이 이루어지고 있다.

또한 미국에서는 체육관련 학과뿐만 아니라 경영대학에서도 스포츠경영 MBA프로그램을 개설하고 있다. 스포츠산업이 황금알을 낳는 거위로 인식되면서 벤처캐피털, 경영컨설팅 등에서 경력을 쌓은 후에 MBA 프로그램을 발판으로 스포츠업계에 진출하려는 학생들이 점점 늘어나고 있다. 이러한 이유로 스탠퍼드 경영대학은 미식축구리그 코치를 영입하여 MBA과정 학생들에게 스포츠경영학을 가르치고 있으며, 컬럼비아대학은 2003년부터 북미 스포츠리그의 경제학이란 강좌를 개설하고 있다. 또한 2005년부터 펜실베니아대학은 스포츠 비즈니스 이니셔티브 강좌를 개설하여 학생들에게 리서치 및 컨설팅에 참여 할 수 있는 기회를 제공하고 있으며, MIT 대학은 스포츠경영분석이란 강좌를 개설하여 스포츠계의 경영진 등을 학생으로 유치하고 있다(한국경제, 2005.11.27).

우리나라의 경우도 스포츠경영학 프로그램은 양적·질적으로 지속적인 성장을 하였다. 먼저 스포츠 및 체육관련 학과에서 전공분야로 스포츠경영학 및 스포츠마케팅 강좌를 개설하고 있으며, 스포츠산업과, 스포츠경영학과, 골프경영학과와 같이 스포츠경영과 관련된 학과들이 지속적으로 신설되고 있다. 또한 스포츠마케팅 전공에만 집중되어 있던 스포츠경영학 박사들이 이제는 스포츠조직행동, 스포츠재무관리, 스포츠법 등 다양한 세부전공의 스포츠경영학 박사들이 배출되고 있다.

1) 미국 스포츠경영학의 교육과정

북미스포츠경영학회(NASSM: North American Society for Sport Management)와 미국체육교육학회(NASPE: National Association of Sport and Physical Education)는 대학에서 스포츠경영 학사학위과정을 위한 교과과정으로 10개 영역의 과목들을 설정하고 있다.

> **NASSM / NASPE가 제시한 학부프로그램 교과목**
>
> - 스포츠사회문화(sociocultural aspects in sport)
> - 스포츠경영 및 리더십(management and leadership in sport)
> - 스포츠경영윤리(ethics in sport management)
> - 스포츠마케팅(sport marketing)
> - 스포츠커뮤니케이션(communication in sport)
> - 스포츠재무(budget and finance in sport)
> - 스포츠 법(legal aspects of sport)
> - 스포츠경제(sport economics)
> - 스포츠정책(governance in sport)
> - 스포츠경영 인턴쉽(field experience in sport management)

2) 국내 스포츠경영학의 교육과정

조영호, 조한범, 최종필, 박세혁, 이정학(2004)은 4년제 대학 스포츠산업·경영 전공에 필요한 교과과정 교과목 선정을 위하여 문헌조사 및 설문조사를 통하여 〈표 6-1〉와 같이 제시하였다. 그들의 연구에서는 스포츠산업·경영 전공 교과목을 전공필수과목과 선택과목으로 나누었는데, 해당 대학교의 상황 및 특성화 목적에 따라 스포츠산업·경영 전공의 전공필수 및 전공선택 과목을 유연성있게 선택하는 것을 당부하였다.

표 6-1. 스포츠산업·경영교과목에 대한 필수 및 선택과목 제시(안)

	과 목 명			
필수과목 (8과목)	스포츠경영학개론	스포츠경영 정보	스포츠마케팅	스포츠경영현장실습
	스포츠시설관리	스포츠소비자행동론	스포츠이벤트기획론	스포츠PR
선택과목 (22과목)	스포츠와 법	스포츠마케팅조사론	스포츠조직관리	스포츠재무관리
	스포츠리더쉽	스포츠에이전트론	스포츠응용컴퓨터	스포츠비즈니스영어
	스포츠프로모션	스포츠경제학	스포츠e-비즈니스	스포츠스폰서쉽
	스포츠서비스관리	스포츠창업론	스포츠경영통계	스포츠정책및외교론
	스포츠기금조성	스포츠경영컨설팅	스포츠경영윤리	스포츠와 대중매체
	스포츠산업론	스포츠경영사례연구		

출처: 조영호, 조한범, 최종필, 박세혁, 이정학(2004). 스포츠산업·경영 교과과정 개발 연구.

5 스포츠경영학의 전망

세계적으로 스포츠산업은 거대하고 주요한 산업으로 부상하고 있다. 이러한 스포츠산업 시장의 발전은 스포츠산업을 이끌어갈 전문인력의 필요성을 대두시켰다. 이에 북미지역에서는 스포츠경영학 프로그램이 빠르게 신설되고 있다. 우리나라에서도 스포츠경영학 프로그램은 스포츠산업시장의 발전과 함께 양적·질적으로 발전하고 있다. 특히, 한국스포츠산업·경영학회가 발족한 이후 계속해서 스포츠경영학 프로그램이 교과과정을 포괄적으로 제시하고 있다.

앞으로 스포츠경영학은 국내 스포츠산업 발전에 중추적인 역할을 할 것이며,

또한 스포츠를 통한 국가산업의 세계화 및 선진화에 있어서 많은 공헌을 할 것으로 기대된다. 미래의 스포츠산업 현장에서 경쟁력을 갖춘 스포츠경영자가 되기 위해서는 스포츠에 대한 올바른 이해와 함께 스포츠 또는 스포츠관련 조직에 대한 경영지식을 갖추어야 한다.

복습문제

1. 스포츠 경영에 대한 다양한 정의를 설명하고 공통적으로 포함된 개념에 대해서 논의해 보자.

2. 한국 스포츠산업·경영학회의 역할에 대해 설명해 보자.

3. NASSM / NASPE가 제시한 학부프로그램 교과목을 제시해 보자.

4. 북미 스포츠 경영학회 홈페이지 http://www.nassm.com 접속하여, 하이링크로 연결되어 있는 사이트들을 접속한 후 아래의 질문에 대답하시오.

   1) NASSM이 발간하는 학술지는 무엇인가?
   2) 유럽에는 어느 대학에 스포츠 경영학 프로그램이 있는가?

강호정·이준엽(2005). 현대스포츠경영학. 경기도 파주: 학현사.

문화체육관광부(2009). 2008체육백서.

조영호, 조한범, 최종필, 박세혁, 이정학(2004). 스포츠산업·경영 교과과정 개발 연구. 한국스포츠산업 경영학회지, 9(1), 201-219.

Chelladuari, P. (1994). Sport management: *Macro perspective*. London, Canada: Sports Dynamics.

Mullin, B.J. (1980). Sports management: The nature and utility for the concept. *Arena Review, 4*(3), 1-11.

NASSM (2010): http://www.nassm.com

Parks, J. B., & Zanger, B. R. K. (1990). *Sport and fitness management: Career strategies and professional content*. Champaign, IL: Human Kinetics Publishers.

chapter 06 체육학의 사회과학 영역

4. 여가학

여가란 무엇인가? 현대사회에서 여가란 삶을 윤택하고 행복하게 하는데 매우 중요한 영향을 미치고 있으며, 이제는 선택이 아닌 당당한 하나의 즐길 권리로 인정받고 있다. 즉, 여가를 통해 건강 유지, 체력향상, 스트레스 해소, 내적 자유감, 자신감, 즐거움, 자아개발, 노동의 재창조, 사회생활의 적응력 배양, 일탈이나 비행행동 감소 및 예방 등의 긍정적인 보상을 취할 수 있기 때문에 많은 사람들이 여가에 적극적으로 참여하고 있다.

1 여가의 개념

여가(leisure)의 어원은 여러 문명권에서 찾아볼 수 있지만 고대 그리스어인 스콜레(scole)와 라틴어인 리세레(licere)에서 유래하였다는 것에 대부분의 학자들이 지지하고 있다. 스콜레는 철학이나 학문 등 문화적 창조활동과 관련되는 의미를 가지며, 구체적으로는 학술토론이 열리는 장소를 뜻하는 반면, 아스콜리아(a-scholia)는 대비적인 개념인 '일 또는 노동'을 의미한다. 또한 리세레(licere)는 '자유롭게 되다' 또는 '허락하다' 라는 뜻으로서 현대적 개념에서의 어원이기도 하다. 이외에도 로마어인 오티움(otium)은 '평화 또는 휴식'으로 해석되고 있으며, 반대적 개념인 네고티움(negotium)은 '바쁨과 직업 또는 노동'을 의미한다.

그리스 시대의 여가의 의미는 "인간을 인간답게 만들어주기 위해 영혼을 더욱 깨끗하게 정화하는 시간"으로 보았다(최의창, 2000). 즉 여가란 여흥을 위한 놀이나 오락이 아니라 자신의 발전을 위한 공부하는 시간이자 활동이며, 여가를 하는 사람은 자신의 영혼을 위해 공부하는 사람이다. 즉 여가를 갖지 못하는 것은 영혼을 돌보지 못하는 것이며, 이는 아스콜라로서 단지 먹고 살거나 돈을 벌기 위해 노동에만 열중하는 것을 의미했다. 여가를 위해 해야 할 일들로써 덕(virtue), 명상(contemplation), 공헌(contribute) 등을 강조했다.

그렇다면 현대적 개념에서의 여가는 어떻게 분류되고 있는가에 대해 살펴보아야 할 것이다. 현대 사회에서 말하는 여가의 정의에는 절대적인 해답이 있을 수 없다. 여가란 그리스 시대의 높은 이상을 추구하는 활동이라는 의미에서 시작하여 이후 현재에 이르기까지 많은 학자들에 의해서 다양하게 개념이 정립되어 왔다. 이를 바탕으로 대부분 많은 사람들은 여가에 대해 남는 시간, 레크리에이션적 활동, 휴식, 재미나 즐거움, 오락, 재생산의 시간 등 다양한 개념으로 인식하고 있다.

표 6-2. 여가의 현대적 정의

여가	정의
• 시간적 정의	• 하루 24시간 가운데 생리적 기능 유지와 생활을 유지하기 위한 생활필수시간과 노동시간을 제외한 나머지 자유시간
• 활동적 정의	• 여가의 시간적 정의를 바탕으로 하여 여가를 자유시간에 발생하는 모든 활동
• 상태적 정의	• 강요에 의해서가 아니라 자발적인 자유선택에 의해 자유감을 인지하는 경험

2 여가와 유사개념

본 장에서는 여가에 대한 개념정립을 함과 동시에 여가와 관련된 유사개념들로서 현재 많이 혼용되어 사용하고 있는 개념들인 레크리에이션, 놀이, 게임, 스포츠 등에 대해 명확하게 정의하고자 한다.

1) 레크리에이션

레크리에이션은 라틴어의 '새롭게 한다, 회복, 재생' 등의 의미를 가진 레크레티오(recretio)에서 유래되었다. 전통적으로 레크리에이션은 자발적으로 선택하는 활동으로 우리가 해야 할 일을 위해서 심신을 재충전하는 의미로 사용되었다. 그러나 이러한 모든 활동이 누구에게나 다 레크리에이션 경험으로 제공되는 것은 아니다. 따라서 레크리에이션 활동으로 인정받기 위해서는 그 기준으로 그 활동에 관심·흥미·욕구가 있어야 하고, 그 활동에서 희열·만족을 느낄 수 있어야 하며, 마음에서 우러나서 하는 자발적인 활동이어야 한다.

활동 유형으로는 독서·서예·미술·음악·연극·무용·게임·스포츠·수예공작 등의 다양한 활동이 포함된다. 좀 더 세부적으로 분류하면 다음과 같이 여섯 가지로 구분된다.

첫째, 지적 레크리에이션(독서, 서도, 시낭송, 연설, 채집, 퀴즈게임, 연구조사, 창작)
둘째, 사회적 레크리에이션(캠핑, 포크댄스, 파티, 축제, 봉사활동, 복지사업)
셋째, 예술적 레크리에이션(미술, 음악, 연극, 수예, 공작, 영화감상)
넷째, 신체적 레크리에이션(사냥, 낚시, 하이킹, 등산 외 각종 스포츠)
다섯째, 취미적 레크리에이션(장기, 바둑, 사진, 수집)
여섯째, 관광적 레크리에이션(고적답사, 여행, 벚꽃놀이)

"자유시간을 이용하여 자발적인 분위기에서 일정한 놀이 및 그와 유사한 경험을 통해 스트레스를 해소함으로써 즐거움과 내적 만족이 있는 모든 활동"을 의미하는 레크리에이션은 사회에서 용납되고 가치 있는 활동만을 포함한다. 여가와 레크리에이션의 차이는 다음의 〈표 6-3〉과 같다.

표 6-3. 여가와 레크리에이션의 차이점

여가	레크리에이션
• 포괄적 활동	• 한정적 활동
• 비조직적 활동	• 조직적 활동
• 개인적 목적 우세	• 사회적 목적 우세
• 자유, 내적만족 강조	• 재생, 사회적 편익 강조

2) 놀이

놀이는 일정하게 정해진 시간, 공간의 범위 내에서 행해지는 자발적인 행위 또는 활동으로 주로 아동에게 많이 사용된다. 자발적으로 받아들여진 규칙을 가지며 절대적 구속력을 가진다. 또한 놀이 자체에 목적을 가지며 긴장과 기쁨의 감정, 일상생활과는 다른 의식을 동반한다. 놀이에는 모든 문화의 가치, 규준, 관습을 나타내고 있기 때문에 놀이는 그 사회의 문화를 대변한다.

호이징가(Huizinga, 1949)는 놀이는 인간의 기초적인 행위라는 관점에서 출발하여 모든 문화의 기초라는 관점으로까지 발전시켰다. 그는 인간의 문화는 놀이의 연속이며, 놀이는 문화보다 우선함을 주장하였다. 인간을 놀이하는 인간(Homo Ludens)로 보았다.

일반적으로 현대적 개념에서의 놀이적 특성은 다음과 같다.

첫째, 내재적 보상(intrinsic rewarding)으로 놀이를 통하여 어떤 이익이나 보상의 외재적 보상을 바라고 하는 것이 아니다.

둘째, 자발성(voluntary)으로 타인의 강요나 다른 외적 조건에 의해 참여하는 것은 내적 보상을 기대할 수 없으며, 놀이 그 자체에 대한 즐거움도 감소한다.

셋째, 즐거운 것(pleasurable)으로 놀이의 근본 요소는 즐거움이다. 놀이는 자신이 선택한 활동에 참여했을 때 즉각적인 만족감을 느끼게 되고 이어 만족감을 경험하게 된다.

넷째, 몰입(absorbing)으로 놀이를 하기 위해서는 하고자 하는 마음이 생기고 흥미와 각성이 있어야만 할 수 있다.

다섯째, 자아표현의 수단(a means of self-expression)으로 놀이는 참가자의 성격을 잘 나타낸다. 놀이를 통해 아동의 성격을 개조한다거나 또는 아동의 좋은 특성을 개발시킬 수도 있다. 여섯째, 도피성(escape)으로 놀이를 하는 동안은 현실 세계로부터 벗어나 상상의 나래를 펼 수 있는 자유감이 있다.

3) 게임

게임은 놀이보다 복잡하며 조직화되어 규칙을 따르는 놀이이다. 즉 상호간에 일정한 규칙을 정하여 서로 이를 지키며 서로의 목표 달성을 위해 경쟁하는 것이다. 경쟁과 규칙은 게임의 기본적인 특성으로 간주되고 있다. 게임은 단순하든 복잡하든, 싫든 좋든 간에 일정하게 정해진 규칙에 따라야 하며, 이러한 규칙이 없다면 승패를 평가할 수 없게 된다.

게임은 전 세계적으로 거의 유사한 양식으로 행해지고 있으며, 이는 특정 지역이나 문화에 따라 게임의 양상이 달라지기도 한다. 이와 같이 게임은 지역이나 집단의 문화를 대변한다고 할 수 있으며, 개인의 삶 자체를 반영한다고 할 수 있다. 또한 인간은 게임을 통해서 스트레스 해소, 휴식, 사고 등의 개인적인 심리적·신체적 혹은 사회적 욕구를 충족시킨다.

게임은 여가, 레크리에이션, 놀이와 유사한 개념을 가지고 있지만 그것들과 뚜렷하게 구분되는 것도 있다. 카이오와(Caillois, 1961)는 어린이의 게임과 성인의 게임은 완전히 다르다고 할 수 없으며, 정도의 차이라고 주장한다. 또한 개인의 욕구나 상황에 따라 선택하는 게임의 유형이 달라진다고 하였다. 그는 게임의 여러 가지 가능성을 검토한 결과 경쟁, 우연, 모방, 현기라는 네 가지로 구분하였다.

표 6-4. 게임의 유형

	경쟁 Agon	우연 Alea	모방 Mimicry	현기 Ilinx
아 동	달리기 축구 등	동전 던지기 숨바꼭질	소꿉장난 흉내내기 놀이	그네타기 제자리 돌기
성 인	각종 스포츠 바둑	카드, 화투 복권, 증권	연극 영화	암벽등반 래프팅
부정적 활동	폭력 술책	미신 점성술	이중인격	마약 알콜중독

4) 스포츠

스포츠의 어원은 라틴어의 deportare에서 유래되었으며, 이는 de(away)와 potare(carry)의 합성어이다. 이는 마음이 무거운 혹은 가라앉은 상태를 그렇지 않은 상태로 옮긴다는 뜻으로 일에서 지쳤을 때 기분전환을 위하여 무엇인가를 하는 것을 의미한다. 이러한 의미는 19세기에 들어와 운동경기를 의미하기 시작했으며, sports란 단어로 전 세계에 퍼지게 되었다. 스포츠란 건전한 오락 활동의 하나로서 어떠한 보수와 금전적인 이익과는 관계없는 것으로 즐거움을 추구하기 위한 신체적·경쟁적·제도화된 활동으로 정의되고 있다.

3 여가의 뉴 패러다임

최근 여가는 일과 여가의 균형적인 발전을 통한 개인의 삶의 질 향상으로 변화하고 있다. 한국인의 여가의식 실태조사(윤소영, 2007)에 의하면 이전에 추상적인 개념으로서의 여가를 인지하는 것과는 달리 학문적인 여가개념으로서 자유시간, 활동, 경험 등의 요소로 개념화 되어 나타나고 있다고 한다.

앞으로의 여가활동은 누가 언제 어디서 얼마만큼의 돈을 들여 여가활동을 즐겼느냐가 아니라 무엇을 어떻게 즐겼는가에 더 많은 만족과 행복을 느끼는 것으로 바뀌게 될 것이다. 특히 후기 산업사회에서 여가의 역할과 기대는 더욱 중요하게 자리잡아가고 있으며, 여가의 대중화 시대에 발맞춰 소극적이고 수동적인 여가의식에서 탈피하여 양적 질적으로의 수준 높은 변화가 요구된다고 하겠다.

따라서 각 개인이 여가시간을 잘 활용할 수 있도록 하기 위한 기술의 습득이 요구되며, 나아가 여가란 새로운 기술을 배우며, 즐거움을 주는 사회활동의 하나로서 배움의 과정 자체를 체험할 수 있는 기회를 제공해 주어야 한다. 최근 어떤 여가를 어떻게 보낼 것인가가 강조되면서 진지하게 여가를 보내는 방법에 대해 관심을 갖기 시작했다. 이에 여가의 새로운 패러다임으로 부각되고 있는 진지한 여가와 일상적 여가의 개념에 대해 알아보고자 한다.

1) 진지한 여가

최근 주목을 받고 있는 진지한 여가(serious leisure)라는 개념은 스테빈스(Stebbins, 1982)에 의해 처음 언급되면서 그 토대가 형성되어 여가 현상의 한 영역으로 자리잡게 되었다. 진지한 여가는 '참여하고 있는 분야에서 특정 기술의 습득과 지식의 추구 등 전문성을 얻기 위해 참여자들이 관심을 갖는 측면으로서 이에 충분한 실력이 있는(sufficiently substantial) 아마추어, 자원봉사활동, 취미가들이 체계적으로 수행하는 것(Stebbins, 1992a)으로 정의된다.

광의의 관점에서 스테빈스(Stebbins, 1997)는 진지한 여가 참여자들(취미가, 아마추어)은 장난으로 참가하는 사람과 프로들 사이인 중간 지점에 있다고 하였다. 진지한 태도로 참가를 지속하는 사람들로서 여가를 생활의 중심적인 관심사로 여기는 사람들이다(Stebbins, 1992a; Baldwin & Norris, 1999).

스테빈스(Stebbins, 1992b)는 진지한 여가의 특성을 다음의 여섯 가지로 요약하였다.

첫째, 인내심이 요구된다.

둘째, 전문성을 획득하려는 경향이 있다.

셋째, 참여에 있어서 특별한 지식, 훈련, 기술에 바탕을 둔 개인적 노력이 요구된다.

넷째, 지속적인 참여를 통해 자기실현, 자기표현, 자기 이미지 강화, 사회적 상호작용, 소속감 등이 실현된다.

다섯째, 독특한 특성이 존재한다. 마지막으로 참여자들은 그들의 선택된 수행을 강하게 확인하려 한다는 것이다.

또한 박수정(2002)은 진지한 여가체험의 요인을 다음과 같이 분류하였다.

첫째, 신체적 요인 : 건강함, 신체상, 활동감, 힘겨움, 극복감

둘째, 정서적 요인 : 희열감, 충만감, 편안함, 인내심

셋째, 인지적 요인 : 자신감, 도전감, 자기표현, 일상감

넷째, 사회적 요인 : 친밀감, 소속감

이와 같이 여가활동을 통해 개인이 어떤 체험을 하는가는 개인이 처해있는 내·외적 상황이나 개인의 인식의 정도에 따라 매우 다르게 해석될 수 있다. 특히 개인의 긍정적·전문적인 여가체험은 지속적으로 여가스포츠 활동에 참여할 수 있는 토대를 마련해주어 이후 여가스포츠 활동에의 적극적인 참여를 유도하게 된다.

2) 일상적 여가

일상적 여가(casual leisure)란 진지한 여가와는 달리 즉각적인 보상이 있고 특별한 기술이나 훈련이 요구되지 않는 즐거운 활동으로 주로 쾌락, 즐거움 등을 추구하며, 감각적인 자극을 추구하는 활동으로 정의된다(stebbins, 1997). 그 유형으로는 낮잠자기, 공원 거닐기, 오락성 추구, TV 시청 등을 들 수 있다.

일상적 여가는 다음과 같이 여섯 가지 유형으로 구분되며, 일반적으로 2-3가지의 요소가 함께 결합되어 나타난다.

첫째, 놀이의 형태로서 '어린이 같은' 측면의 제공, 표현적이고 본질적인 동기부여, 불확실한 결과와 현실세계의 반영 등이 있다. 예를 들면, 카누 타기, 연주자 등이 있다.

둘째, 기분전환(휴식)의 형태로서 정신적, 신체적 긴장으로부터의 해방을 특징으로 한다. 예를 들면, 낮잠 등이 있다.

셋째, 수동적 오락 활동의 형태로서 즐거움을 목적으로 하는 활동을 특징으로 하며, 예로는 TV시청, 영화 감상 등이 있다.

넷째, 능동적 오락 활동의 형태로서 기분전환, 기술, 지식, 경험이 필요한 활동을 특징으로 한다.

다섯째, 사교적 모임의 형태로서 즐거움 추구를 위한 모임 활동을 특징으로 한다.

여섯째, 감각자극 추구활동의 형태로서 인간의 본성을 자극하는 활동을 특징으로 한다. 예를 들면, 먹기, 자동차 경주, 약물사용 등이 있다.

이상과 같이 일상적 여가도 전문적 여가 못지않게 중요한 활동이다. 그 이유는 첫째, 대다수의 사람들이 재충전과 휴식을 위하여 일상적 여가를 즐기고 있다. 둘째, 일상적 여가는 대중여가(mass leisure)와는 달리 현대 후기 산업사회에서 독자적인 영역을 구축하고 있으며 이는 그 사회의 문화적, 구조적 배경에 기여하고 있다. 셋째, 일상적 여가는 비(非) 본질성의 발견이나 자발적인 창안의 원천이 된다는 것이다.

4 여가의 발전 전망

이제는 많은 사람들이 일보다는 여가가 강조되는 여가중심사회로 진입하게 되었고 그동안 여가 참여에 소외되어 왔던 저소득층, 노령자층, 여성층 등에 대해 보다 많은 관심을 기울이게 되는 여가복지 시책을 강조하였다. 과거 그리스시대의 여가에 대한 개념에서처럼 많은 사람들은 일 중심적인 사고방식에서 여가를 삶의 목적으로 인식하게 되었고 일은 여가를 좀더 잘 영위하기 위한 수단으로까지 인식하게 되었다.

21세기에 들어 한국의 여가문화에 가장 많은 영향을 미치게 된 것은 주 5일 근무제의 도입이라고 할 수 있다. 많은 사람들이 이에 대해 긍정적으로 평가하였고, 주5일 근무제 실시 후 휴일 활용 방안에 대해서도 ① 가족과 함께 하는 시간을 가진다(30.0%) ② 취미생활 및 여행 등 여가를 즐긴다(28.6%) ③ 공부/강습 등 능력개발에 투자한다(15.4%) ④ 휴식으로 육체적 피로를 푼다(5.9%) ⑤ 자원봉사 등 공익적 활동에 참여한다(3.1%) 순으로 나타났다.

이와 같이 어쩌면 여가문화의 홍수 속에 살아가고 있는 요즘 여가에 대해서 단지 소극적으로 인식하고 참여한다면 아리스토텔레스가 말한 진정한 자아개발, 자기휴양 등의 의미는 상실된 채 여가의 노예로 전락하게 될 것이다.

따라서 앞으로 21세기의 여가는 휴식, 기분전환이나 취미생활로서의 활동보다는 그 활동을 통해 자신의 참모습을 발견하고 그 자체로서의 진정한 행복을 느낄 수 있을 때, 개인의 삶은 더욱 풍요롭게 됨을 인식하고 여가를 단순히 남는 시간이라는 부차적인 수준의 것이 아니라 여가를 통해서 자아를 실현하고 그 활동에 전문인이 되기 위해 끊임없이 노력하여 참다운 여가를 체험할 수 있도록 해야 한다.

체육학개론

복습문제

1. 여가가 될 수 있는 기준은 무엇이며, 레크리에이션과 구분되는 가장 큰 특징은 무엇인가?

2. 모든 활동이 항상 즐거운 여가로 경험될 수 있는가? 만약 그렇지 않다면 그 이유는 무엇인가?

3. 수준 높은 여가환경을 제공해 주기 위한 방안은 무엇인가?

4. 진지한 여가와 일상적 여가의 관계에 대해 생각해 보자.

5. 놀이란 무엇이며, 그 특성은 무엇인가?

6. 카이오와가 주장하는 게임의 특성에 대해 설명하시오.

참고문헌

박수정(2002). 전문적 여가스포츠 참여자의 여가체험 분석, 이화여자대학교 대학원 박사학위논문.

윤소영(2007). 한국인의 여가생활. 국민여가생활 활성화를 위한 여가정책 심포지엄. 문화관광부, 한국문화관광연구원.

최의창(2000). 체육의 역연금술. 태근.

Baldwin, C. K., & Norris, P. A.(1999). Exploring the Dimension of Serious Leisure: "Love Me Love My Dog", *Journal of Leisure Research, 31(1)*, 1-17.

Huizinga, J.(1949). Homo ludens: A study of the play elements in culture. London: Routledge & Kegan Paul.

Stebbins, R. A.(1982). Serious leisure: A Conceptual statement. *Pacific Sociological Review, 25*, 251-272.

Stebbins, R. A.(1992a). *Amateur, professionals, and serious leisure*. Montreal: McGill Queen's University Press.

Stebbins, R. A.(1992b). Costs and rewards in barbershop singing. *Leisure Studies*, 11, 123-133.

Stebbins, R. A.(1997). Casual leisure: A Conceptual statement. *Leisure Sciences, 16*, 17-25.

Chapter 07 체육학의 교육 영역

조 미 혜

1. 스포츠 교육학
2. 체육 교수·학습
3. 운동학습
4. 특수체육
5. 무용교육
6. 학교보건

chapter 07 체육학의 교육 영역

1. 스포츠교육학

스포츠교육학은 체육에 관한 교육적 탐구를 주된 연구 활동으로 하는 체육학의 하위 학문 영역 가운데 하나이다. 스포츠교육학은 전문학술지가 발간된 해인 1980년대를 중심으로 한다면 태동한 지 이제 약 30여년이 된 비교적 신생 학문 분야라고 할 수 있다. 구체적으로는 1981년 미국의 Journal of Teaching in Physical Education 학술지 출간을 시작으로 하여 미국, 캐나다의 북미권과 영국, 독일 등의 유럽권 및 호주 등을 중심으로 각 지역에서 스포츠교육학과 관련된 연구들이 진행되었다. 이후 많은 관련 서적 출판 및 논문들이 발표되면서 이제 스포츠교육학은 다른 하위 학문분야들과 나란히 어깨를 견줄 정도로 급성장 하였다. 한국에서는 1980년대 말부터 공식적으로 학회가 창립되면서부터 전문학술지를 비롯하여 스포츠교육학에 대한 연구가 본격적으로 시작되었다고 할 수 있다.

본 장에서는 스포츠교육학이란 무엇인지 그 개념을 살펴보고, 스포츠교육학의 연구 분야 및 앞으로의 발전 방향에 대하여 탐구하고자 한다.

1 스포츠교육학이란

스포츠교육학은 "현장에 유용한 정보를 제공하고, 현장을 개선하는 목적으로 다양한 맥락 안에서 이루어지는 교수와 코칭을 다양한 관점에서 탐구하는 학문"(Pieron, Cheffers, & Barrette, 1990)이라고 정의할 수 있다.

스포츠교육학은 다음 〈그림 7-1〉과 같이 이론, 연구, 실천이라는 3차원으로 구성되어 있다. 스포츠교육학은 교육학, 심리학, 인류학, 사회학 등의 이론을 원천으로 하여 학교체육, 생활체육, 전문체육 전반에 걸친 이론 및 현장 개선과 실천에 관한 내용을 다루는 학문이다.

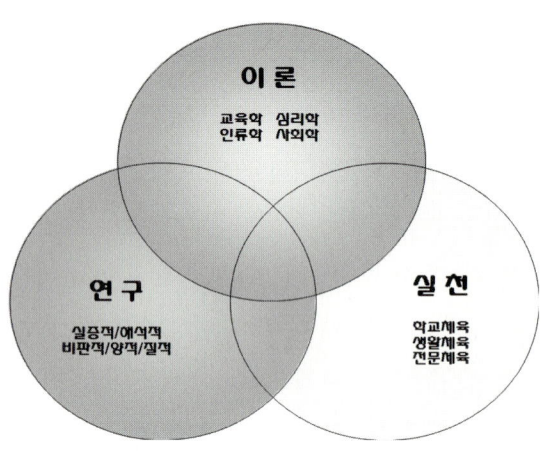

그림 7-1. 스포츠교육학의 3차원(최의창, 2003)

2 스포츠교육학 연구 분야

1) 학교체육 연구

스포츠교육학에서의 학교체육에 관한 연구는 주로 체육교육과정, 체육수업, 체육교사교육 등의 연구로 분류된다. 스포츠교육학에서 저명한 학자인 Silverman & Ennis(1996)는 스포츠교육학의 연구 영역을 체육교육과정, 체육수업, 체육교사교육으로 분류하고 있다. 이들 연구 영역간에는 중복되는 부분이 있지만, 각 각의 연구 영역마다 독특한 연구의 초점이 있다.

(1) 체육교육과정

체육교육과정이란 '계획적인 움직임을 통하여 인간의 행동을 신체적, 인지적, 정서적, 사회적으로 바람직한 방향으로 변화시키고자 하는 계획된 체육 활동'으로 정의하고 있다(조미혜, 오수학, 2004).

강신복(2009)에 따르면, 체육교육과정에 대한 연구는 교육과정분석 연구, 교육과정실행 및 실태연구, 교육과정 비교연구, 교육과정 문서분석연구, 교육과정모형개발연구, 교육과정과 관련된 교사와 학생 연구의 6가지로 구분된다.

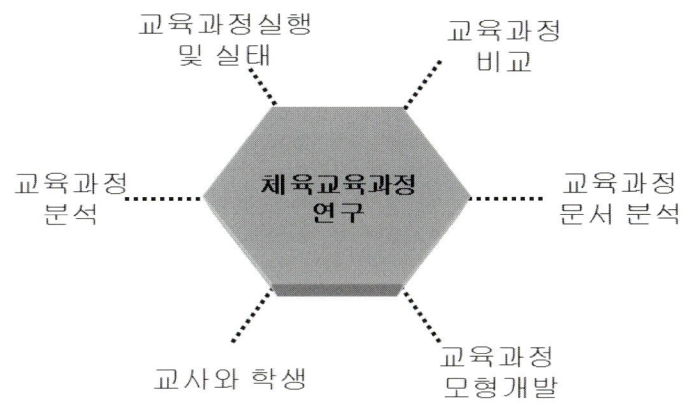

그림 7-2. 스포츠교육학의 체육교육과정 연구 동향(강신복, 2009)

(2) 체육수업

체육수업에 관한 연구는 교사, 학생, 교수행동 및 수업분석, 평가, 수업모형 등과 관련된 내용으로 이루어진다.

- 교사: 교사 및 교수의 교수방법, 교수행동 등과 관계된 내용을 다루는 것으로 체육수업의 실질적 개선에 대한 연구 및 교사의 인식, 교사신념 또는 교사사고과정과 관계되는 연구이다.
- 학생: 학생들의 체육수업 체험을 통해 나타나는 여러 현상과 학생들의 유형, 신체적 자기개념, 성취도 등 학생을 중심으로 한 연구이다.
- 교수행동 및 수업분석: 교수행동 및 수업을 분석하여 보다 질 높은 수업으로의 개선점을 모색하기 위한 연구이다.
- 평가: 학교체육 평가는 학부모와 학생들에게 있어 매우 중요한 관심사이다. 스포츠교육학에서는 학교체육 평가의 객관성 및 타당성 확보와 관련하여 다양한 평가방법 모색을 위한 계속적인 연구와 노력을 기울이고 있다.
- 수업모형: 스포츠교육학에서는 다양한 수업모형이 존재한다. 체육 수업 상황에 각 모형들이 적절히 적용될 때 수업의 효과를 높일 수 있다. 스포츠교육학에서는 여러 수업 모형을 체육 수업에 적용한 사례를 통한 모형의 효과성 검증에 대한 연구들이 진행되어 왔다.

그림 7-3. 체육수업에서의 8가지 수업 모형

- 직접교수모형

 교사중심의 의사결정과 교사 주도적 수업 형태로써 학생에게 많은 연습시간을 제공하고, 교사는 학생을 관찰하여 긍정적이고 교정적인 피드백을 제공하는 수업 모형이다. 교사는 학생의 연령과 발달 단계에 적합한 학습 목표와 학습 내용을 계획하여 학생들에게 학습해야할 내용(개념, 지식, 기능)을 분명하게 전달하며, 학생은 주어진 과제에 따라 연습을 시작한다. 주어진 학습과제에 학생들이 자신감을 가지고 높은 성공률에 도달할 수 있도록 많은 연습 시간이 제공된다.

- 개별화지도모형

 학생들이 미리 계획된 학습 과제의 계열성에 따라 자신에게 알맞은 수준에서 학습할 수 있도록 설계된 수업모형이다. 교사는 학생들 개개인의 수준에 알맞은 과제를 제시해 주어야 하는데, 과제 제시는 주로 교사가 미리 준비한 개별 '과제지'와 같은 문서와 시각 자료의 형태로 학생들에게 전달된다. 과제 구성을 학생들에게 제시하기 위해 문서, 사진, 삽화, 비디오테입, CD 등의 다양한 수업 매체를 만들고 학생들에게 제시하며, 학생들은 정보를 교재 혹은 비디오와 같은 다양한 수업 매체를 시청함으로써 얻게 된다. 개별화지도모형의 특성은 교사로 하여금 수업 중 학생들에게 직접 정보를 전달하는데 소요되는 시간을 줄이고, 이를 학생과의 상호작용에 투자하도록 하는데 있다(유정애 외 9인, 2007). 학생들은 과제지에 제시된 수행 기준에 따라 학습과제를 완수하게 되면 교사의 지시 없이도 바로 다음 수준의 과제로 넘어갈 수 있다.

chapter 07 체육학의 교육 영역

- 협동학습모형

팀원들이 서로 협동하여 공동의 학습 목표를 성취할 수 있도록 설계된 수업 모형이다. 협동학습모형은 학생들에게 학습 성공에 대한 동등한 기회를 제공해주며, 팀의 일원으로써 다른 팀원에게 가치 있는 존재로 느끼게 해 줄 가능성을 제공해 준다. 협동학습모형은 팀 보상, 개인적 책무성, 모든 학생의 성공적인 학습을 위한 평등한 기회를 제공하는 수업 전략의 특성을 가지고 있다(Slavin, 1983). 협동학습모형에는 팀별 성취 분배(Student Teams-Achievement Division: STAD), 팀 게임 토너먼트(Team Games Tournament: TGT), 팀협력 수업(Team-Assisted Instruction: TAI), 직소(Jigsaw)와 같은 여러 협동학습 방법들을 활용할 수 있다.

- 스포츠교육모형

학생들의 발달 단계에 적합한 스포츠 활동을 통하여 '모든 학생의 참여'를 목적으로 하여 학생들이 유능하고, 박식하고, 열정적인 스포츠인으로 성장하도록 설계된 수업모형이다(조미혜, 2002 ; 조미혜 외 8인, 2010). 스포츠교육모형은 시즌에 따라 수행되는데 시즌 전, 시즌 내 활동이 있다. 시즌 전에는 스포츠교육을 잘 수행하기 위한 스포츠교육의 이해, 팀 구성 등의 활동을 한다. 시즌 내 활동으로는 팀내 및 팀간의 연습과 경기가 이루어지며, 시즌은 결승전과 축제로 마무리된다. 시즌 기간 동안 학생들은 각자의 팀에 소속되어 스포츠 리그 운영에 필요한 심판, 주장, 기록원, 선수 등의 다양한 역할을 경험하며 책임감과 리더십을 배우게 된다. 스포츠 경기는 학생의 발달 수준에 맞는 변형게임 형태로 이루어진다. 시즌, 팀소속, 공식 경기 일정, 결승전 행사, 기록 보존, 축제화는 전통적인 체육 수업에서 볼 수 없는 스포츠교육모형만이 가지고 있는 특징이라고 할 수 있다.

- 동료교수모형

교사가 제시한 과제에 따라 학생이 교사와 학습자의 두 가지 역할을 교대로 수행하며 학습하는 수업 모형이다. 동료교수모형에서는 학생이 교사와 학습자의 서로 다른 두 가지 역할을 수행하기 때문에 교사는 학생에게 교사의 역할과 학생의 역할에 대한 설명을 명확하게 제공해 주어야 하며, 교사 역할을 맡은 학생이 임무를 잘 완수할 수 있도록 기준카드 등을 제공해야 한다. 학생들은 조(짝)를 이루어 제시된 과제에 따라 학습 과제를 완수한다.

- 탐구수업모형

체육 수업에서 교사가 주로 학생들에게 질문을 하고, 학생들로 하여금 올바른 답을 이끌어내는 방식을 활용하여 이루어지는 수업 모형이다. 교사는 학생의 사고를 이끌어 낼 수 있는 질문을 미리 준비하여 학생들이 다양한 형태와 깊이로 생각하고 활동할 수 있도록 유도한다. 탐구수업모형에서는 학생들의 창의적인 대답을 요구하기 때문에 학생의 사고력과 문제해결력, 창의력, 탐구력 등을 증진시키는데 활용되기도 한다. 교사의 질문이 교사가 의도하는 지식 수준을 충족시키는 동시에 학생의 학습을 증진시킬 수 있다면 그 질문은 적절하다고 할 수 있다.

- 전술게임모형

학생들의 발달 단계에 적합한 게임을 통하여 게임 수행에 필요한 전술적 지식과 게임 능력을 익히게 하는 수업 모형이다. 전술게임모형은 기능중심 게임수업 모형이 가지는 한계점을 극복하기 위하여 개발된 새로운 대안적 모형 중 하나이다. 이 모형은 부분적 기능(skill)의 학습 보다 게임에 대한 기본적인 이해를 바탕으로 변형된 게임을 직접 경험해보고, 게임에 대한 안목을 형성하며, 이를 바탕으로 기능 숙달과 함께 게임을 즐길 수 있도록 해야 한다. 이를 위하여 교사는 계획 단계에서 학생들이 이미 준비된 상태일 때는 변형 게임을 곧바로 해야 할지, 아니면 기능 연습을 해야 할 것이지를 결정한다. 또한, 사전에 학생들에게 제공할 전술 문제를 만든다. 과제의 제시는 직접교수의 과제 제시와 유사한데, 다만 각 과제가 시작되기 전에 전술문제를 해결하기 위한 연역적 질문이 준비되어야 한다.

- 개인적·사회적 책임감 모형

학생 자신과 타인에 대한 책임감을 어떻게 수행해야 하는지에 대한 방법을 배우고 연습하도록 계획된 모형이다. 체육수업에서 주된 학습 목표가 개인적·사회적 책임감과 관계가 깊을 때 사용하면 좋다. 책임감 수준은 0단계부터 5단계까지 총 6개 단계가 있다. 0단계는 무책임감, 1단계: 타인의 권리와 감정 존중, 2단계: 참여와 노력, 3단계: 자기 방향 설정, 4단계: 돌봄과 배려, 5단계: 전이로 구분된다. 교사는 학생 관찰을 통하여 학생의 현재 책임감 수준을 파악하고, 단계에 맞는 학습 과제를 제시하고, 참여 유형을 결정해주는 역할을 한다.

(3) 체육교사교육

스포츠교육학에서 체육교사교육 연구는 연구 주제별로 직전교사교육 연구, 교사연구자 연구, 현직교사교육 연구, 교사지식과 전문성 연구, 그리고 교사사회화 연구의 5가지로 구분된다(강신복, 2009).

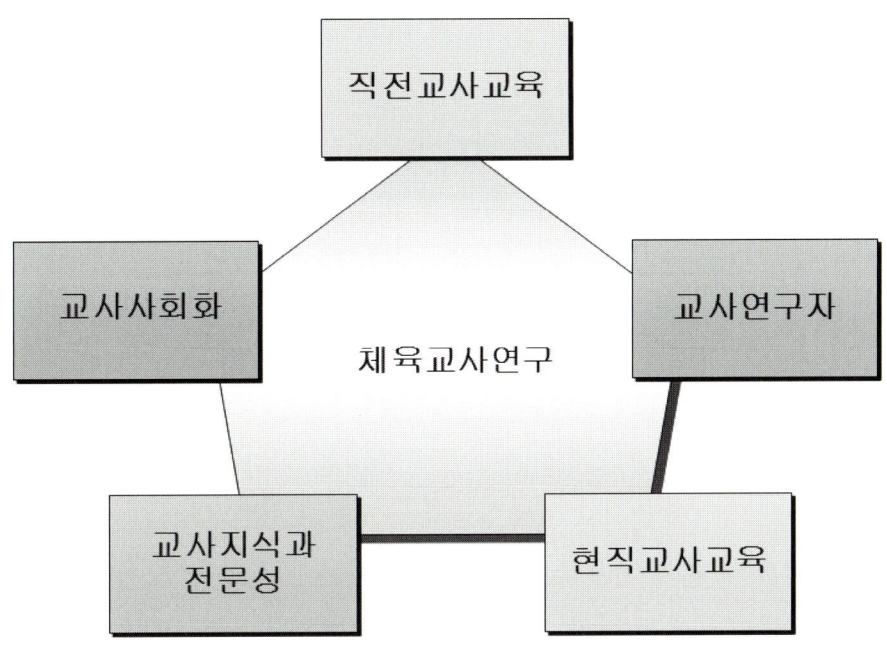

그림 7-4. 스포츠교육학의 체육교사연구 동향(강신복, 2009)

직전교사교육 분야는 직전교사교육의 실태와 개선 방향에 대한 내용을 주로 다루며 교수·학습전략 및 수업분석 등 다각적인 시각에서 탐구가 이루어지고 있다. 교사연구자 분야에서는 최의창(1995, 1996)이 교사연구자의 개념을 소개하는 이론적 연구들을 통해 교사교육 패러다임의 전환을 제시하고 있으며, 반성적이며 탐구적인 교사양성을 위한 교사교육프로그램 및 전략 등과 같은 연구들이 진행되고 있다. 현직교사교육 역시 직전교사교육과 마찬가지로 현직교사교육의 실태 및 개선을 위한 내용을 다루고 있다. 교사지식과 전문성 연구는 교사의 내용지식과 수업지식, 교사 전문성 등에 관한 내용으로 연구가 진행되고 있다. 교사사회화는 체육교사들의 교직사회화 과정, 교직적응과정, 교사정체성 등과 같이 체육교사들의 교직 사회에 관련된 내용에 관하여 다루고 있다.

2) 생활체육 연구

생활체육은 학교의 울타리를 벗어난 생활의 모든 곳에서 벌어지는 체육활동을 포괄하는 것으로 생활체육의 범주에는 가정체육, 직장체육, 도시 및 농촌체육 등이 포함된다. 그리고 학교체육이 청소년을 주된 대상으로 하는 반면, 생활체육은 전 연령층을 대상으로 하여 유아체육, 청소년체육, 성인체육, 여성체육, 노인체육, 장애자체육 등의 영역을 포괄적으로 다룬다.

요즈음 생활체육에 대한 관심이 점점 높아짐에 따라 최근에 들어 생활체육과 관계된 연구도 따라서 증가하고 있다. 스포츠교육학에서 생활체육과 관계되는 연구들은 생활체육지도자의 코칭행동, 가치관, 생활체육전문인 양성, 생활체육지도자에 관한 내용 등이다.

3) 전문체육 연구

지금까지 스포츠교육학에서는 전문체육과 관련하여 주로 엘리트 체육을 지도하는 코치에 관심을 기울여 왔으며, 코칭행동 관찰과 코칭행동 분석이 주로 연구되어 왔다. 코칭행동은 과학적 관찰 체계인 '코칭행동 관찰체계'(CBORS)를 이용하여 지도자의 코칭 행동을 분석하였다. 이밖에도 학생 선수, 엘리트 선수, 코치와 감독과 관계된 연구, 그리고 코치의 지도행동 유형 등의 연구들이 이루어지고 있다.

3 스포츠교육학의 발전

우리나라의 스포츠교육학은 체육학의 다른 학문 영역에 비하면 그 역사는 비록 짧지만 한국스포츠교육학회가 정식으로 발족된 이후 지금까지 외국 학자들과의 활발한 국제 교류 및 국제·국내 학술대회의 적극적 개최, 학술지 발간 등을 통하여 급성장 하였다. 또한, 각 대학에서는 체육학 전공 학생들 중 스포츠교육학 전공 석·박사학생들이 꾸준하게 증가하고 있으며, 이에 따라 학술논문 및 박사학위 논문 수의 증가, 학회회원 수의 증가 등으로 지속적으로 발전해 가고 있는 추세이다. 스포츠교육학 연구는 궁극적으로 현장 개선을 목적으로 하기 때문에 앞으로도 계속하여 연구자들과 현장 실천가들이 이론과 실제간의 거리가 좁혀질 수 있도록 보다 협력적이며 지속적인 연구를 적극적으로 수행해야 할 것이다

 복습문제

1. 스포츠교육학은 어떠한 학문인지 설명해 보자.

2. 스포츠교육학에서 이론, 연구, 실천의 3차원에 대해서 이야기해 보자.

3. 스포츠교육학에서 학교체육과 관련된 연구들이 어떠한 내용으로 이루어져왔는지 연구들을 조사해보자.

4. 최근의 국가 체육교육과정 문서를 교육과학기술부 홈페이지에서 찾아보고, 어떠한 방향과 내용을 담고 있는지 조사해보자.

5. 체육수업모형 8개를 열거해 보고, 각 각의 특징을 발표해 보자.

6. 스포츠교육모형에서 학생들의 팀 소속은 왜 중요한지, 그리고 전통적인 체육수업과 어떠한 점에서 차이가 있는지 비교해 보자.

7. 동료교수모형에서처럼 친구와 짝을 이루어 한사람은 교사가 되고, 한 사람은 학생이 되어서 주어진 과제를 수행해 보도록 하자.

8. 체육 교사교육 연구의 다섯 가지 분야와 각 분야에서 다루는 내용이 무엇인지 요약해보자.

9. 학교체육, 생활체육, 전문체육 분야 중 미래에 자신이 종사하고 싶은 분야와 자신이 맡을 역할에 대하여 구체적으로 계획해보고 실천 일지를 만들어보자.

참고문헌

강신복외 12인(2009). 현대 스포츠교육학의 이해. 서울: 도서출판 레인보우 북스.

조미혜(2002). 스포츠교육. 서울: 도서출판 대한미디어.

조미혜, 김무영, 류춘옥, 박갑준, 방명환, 이선호, 이세환, 조용인, 홍희정 공역 (2010). 교사와 학생이 함께하는 스포츠교육. 서울: 도서출판 대한미디어.

조미혜, 오수학(2004). 체육교육과정과 평가. 서울: 도서출판 무지개사.

유정애, 이충원, 신기철, 김선희, 최희진, 김윤희, 김원정, 조남용, 김종환, 문도순 공역(2007). 체육수업모형. 서울: 도서출판 대한미디어.

최의창(1995). 교사 현장개선연구. 한국스포츠교육학회지, 2(1). 91-101.

최의창(1996). 교사연구와 체육교사교육. 한국스포츠교육학회지, 3(1). 1-20.

최의창(2003). 스포츠교육학. 서울 : 도서출판 무지개사

Pieron, M., Cheffers, J., & Barrette, G. (1990).An Introduction to the terminology of sport pedagogy. Liege, Belguim: International Committee of Sport Pedagogy and Association International des Ecoles Superieures d'Education Physique.

Silverman, S., & Ennis, C. (1996). Enhancing learning: An introduction. In S.J. Silverman & C.D. Ennis(Eds.). Student learning in physical education: Applying research to enhance instruction(pp.3-8). Champaign, IL: Human Kinetics.

Slavin, R. E. (1983). Cooperative learning. New York: Longman.

2. 체육 교수·학습

　체육 교수·학습이란 과거에는 '체육지도법'으로 불렸는데 체육수업에서 "어떻게 하면 보다 더 잘 가르칠 수 있는가?"와 관련되어 체육수업의 전 과정과 수업환경 등에 초점을 맞추어 연구하는 것이다. 예를 들면, "교사는 체육수업을 어떻게 구조화하며, 수업 중에 교사와 학생은 무엇을 하는가?", 또는 운동장이나 체육관과 같은 역동적인 수업환경 내에서 "누가 누구와 상호작용을 하는가?", "운동기능, 태도, 지식, 사회적 책임감, 체력 등과 같은 학습 내용은 어떻게 학습 과제로 제시되며, 효과적으로 학생들에게 전달할 수 있는 방법은 무엇인가?" 등과 같은 체육 수업의 전 과정에서 일어나는 여러 가지 사항과 관련되어 있다.

　본 장에서는 체육 교수·학습의 여러 이론적 틀 가운데에서 모스턴의 체육 교수스타일에 대하여 설명하고, 이어서 페어플레이를 가르치기 위한 체육 교수전략을 소개하고자 한다.

1 체육교수 스타일

　모스턴과 애쉬워스(Mosston & Ashworth, 2002)는 "교수(teaching)는 연속되는 의사결정의 과정이다"라고 하는 교수 스펙트럼 이론을 개발하였으며, 과제활동 중 학생과 교사 중 누가 의사결정을 하느냐에 따라 **체육교수 스타일**을 A~K로 구분하였다.

체육교수 스타일

- **지시형 스타일(Style A)**
지시형 스타일은 교사의 지시에 대해 학습자가 정확하고 일사불란하게 반응하는 것이다. 교사는 최대의 의사결정권을 가지고 과제활동 전·중·후의 모든 사항을 의사결정하며 피드백을 학습자 전체에게 제공한다.

- **연습형 스타일(Style B)**
연습형 스타일은 교사가 학습자 개개인에게 과제를 스스로 연습할 수 있는 시간을 제공하고, 피드백을 학습자에게 개별적으로 제공한다. 연습형 스타일에서는 교사로부터 9가지의 의사결정권이 학생에게로 이양된다.

- **상호학습형 스타일(Style C)**
상호학습형 스타일에서 학습자는 두 명이 짝을 이루어 과제를 수행하는데 한명의 학습자(수행자)는 주어진 과제를 수행하고 연습형 스타일에서와 같이 과제활동 중에 9가지의 의사결정을 내려야 한다. 다른 한 명의 학습자(관찰자)는 교사가 미리 준비한 기준 용지를 사용하여 수행자에게 피드백을 제공하는 역할을 한다. 과제를 수행한 후에는 수행자/관찰자로서의 역할을 서로 교대한다.

- **자기점검형 스타일(Style D)**
자기점검형 스타일은 학습자가 과제를 수행하고 자기 스스로 평가한다는 특징이 있으며, 이전 보다 학습자의 책임감이 커져서 개인 연습과 자기 평가를 강조한다.

- **포괄형 스타일(Style E)**
포괄형 스타일의 본질은 기술 수준이 다양한 학습자가 자신들이 수행할 수 있는 난이도를 스스로 선택하면서 과제에 참여하는 것이다. 교사는 과제의 난이도 선정, 교과 내용과 수업 운영 절차에 대한 의사결정을 하며, 학습자는 자신이 성취 가능한 수준을 이해하고, 시작점을 선택하여 과제를 연습하며, 필요에 따라 과제 수준을 수정하고, 평가기준에 맞추어 자신의 수행을 점검한다.

- **유도발견형 스타일(Style F)**
학습자를 발견의 과정으로 끌어들이는 행동을 유도발견이라고 부른다. 유도발견형 스타일은 교사에 의해 부과되는 연속적인 질문을 통해 그에 알맞은 해답을 학생들이 스스로 발견하도록 유도하는 것이다.

체육교수 스타일

- 수렴발견형 스타일(Style G)

수렴발견형 스타일은 미리 결정되어 있는 정확한 반응을 수렴적 과정을 통해 학습자가 스스로 발견 하도록 하는 것이다. 학습자는 추리력, 호기심, 논리적 사고 등의 인지 작용을 거쳐 문제에 대해 논리적으로 연결된 해답을 발견하게 된다. 교사는 탐색되어야 할 목표 개념을 포함한 교과 내용을 결정하며, 학습자에게 던져 줄 단일 질문을 계획하고 구성한다.

- 확산발견형 스타일(Style H)

확산발견형 스타일은 이전의 스타일들과는 달리 학습자가 처음으로 교과내용에 관해 선택권을 갖게 된다. 즉, 약간의 한계 내에서 학습자가 주어진 교과내용과 관련된 세부 과제에 대한 결정을 내릴 수 있으며, 알고 있는 것 이상을 창조하는 능력과 다양하게 뻗어나가는 확산적인 사고 능력을 개발하는 데 주 목적을 둔다.

- 자기설계형 스타일(Style I)

자기설계형 스타일은 어떤 문제나 쟁점의 해결을 위한 학습 구조의 발견에 대해 독립성을 확립하는 것이다. 이 스타일은 발견 학습의 시점을 넘어서는 한 단계 진보된 스타일이며, 학습자에게 더 많은 책임을 부여하는 측면으로의 변화라고 할 수 있다.

- 자기주도형 스타일(Style J)

자기주도형 스타일은 학습의 설계에 대한 책임과 학습경험 등이 학습자의 주도하에 있으며, 학습자들이 매우 다양한 형태의 에피소드 내에서 학습 활동을 경험하게 된다. 교사는 학습자가 학습 경험을 통해 스스로 결정한 사항들을 가능한 한 최대로 수용해 주며, 학습자들을 지원해 주며, 학습자의 요청이 있을 때에만 교수·학습 활동에 참여한다.

- 자기학습형 스타일(Style K)

자기학습형 스타일은 학교 현장에서는 존재하지 않는 스타일로써 학습에 대한 개인적 열망 및 개별적인 학습 집중력에 한정한다. 자기학습형 스타일의 구조는 각 개인이 교수·학습 활동에 교사나 학습자로 참여하여 모든 의사 결정 과정-즉, 과제활동전, 과제활동중, 과제활동후-에 참여하는 것이다.

chapter 07 체육학의 교육 영역

교수 스타일에서 교사(T)와 학습자(L)의 의사결정 권한을 중심으로 한 다이아그램은 다음과 같다.

A Style인 지시형에서는 과제활동 전·중·후의 모든 의사결정이 교사(T)에게 있으나, K Style인 자기학습형에서는 과제활동 전·중·후의 모든 의사결정이 학습자(L)에게 있음을 볼 수 있다.

체육교수스타일 가운데 A(지시형)~E(포괄형)은 모사(모방)중심의 스타일, F(유도발견형)~K(자기학습형)은 창조형 스타일로 나뉜다.

	지시형	연습형	상호학습형	자기점검형	포괄형	유도발견형	수렴발견형	확산발견형	자기설계형	자기주도형	자기학습형
전	(T)	(T)	(T)	(T)	(T)	(T)	(T)	(T)	(T) →	(T) →	(L)
중	(T) →	(L)	(L_d)	(L) →	(L) →	(T_L) →	(L) →	(L) →	(L) →	( ) →	(L)
후	(T)	(T) →	(L_o) →	(L) →	(L) →	(T_L) →	(L_T)	(L_T) →	(L)	(L) →	(L)

교수스타일의 구조는 다음과 같이 과제활동 전·중·후에 이루어지는 의사결정의 범주로 설명된다.

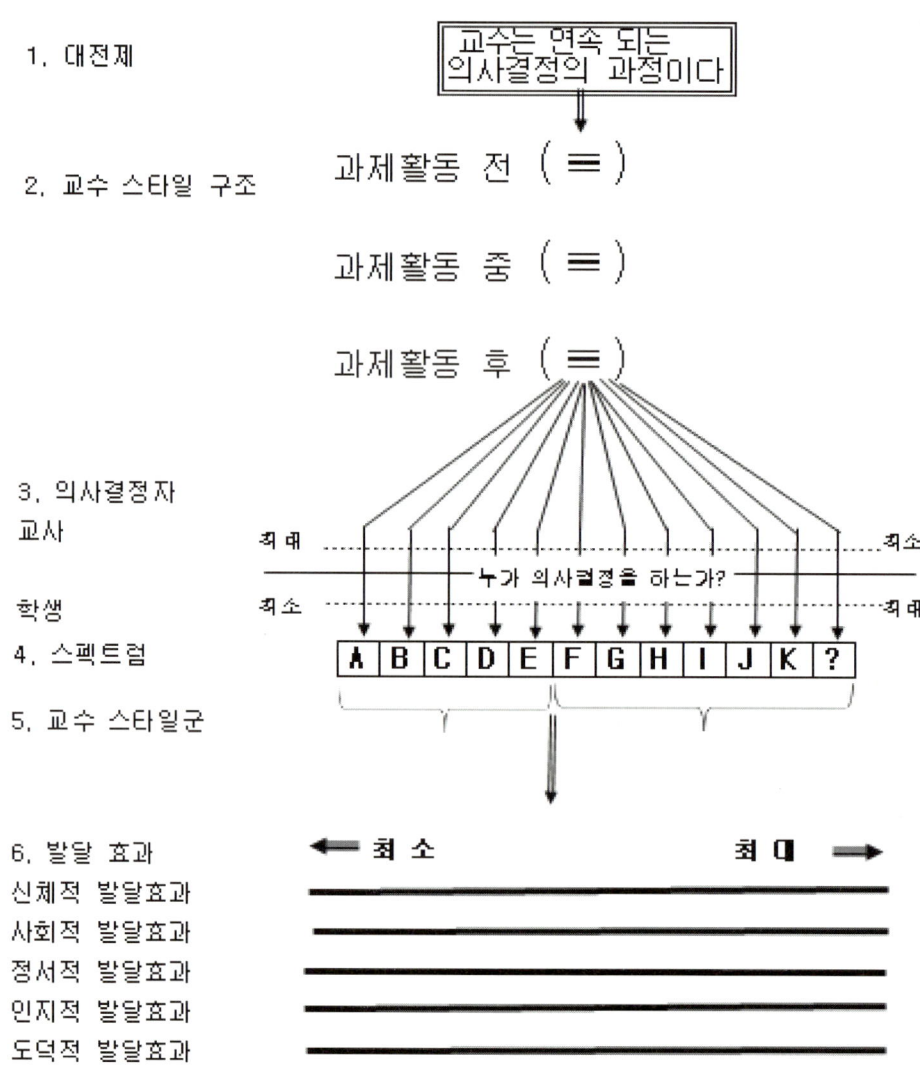

그림 7-5. 교수스타일에 따른 의사결정(조미혜 외 4인, 2004)

표 7-1. 교수 스타일 구조에 대한 의사결정(조미혜 외 4인, 2004)

의사결정군	의사결정 범주
과제활동 전 (계획)	1. 에피소드의 목표 2. 수업 스타일의 선택 3. 학습 스타일의 예측 4. 지도 대상 5. 교과 내용 6. 지도 시기 7. 의사소통 방식 8. 질문의 처리 9. 수업 운영 10. 수업 장소 11. 자세 12. 복장과 외모 13. 제한점 14. 수업 분위기 15. 평가 절차와 자료 16. 기타 사항
과제활동 중 (실행과 수행)	1. 과제 활동 전 결정사항(1~14)의 실행과 추진 2. 수정 사항 3. 기타 사항
과제활동 후 (평가와 피드백)	1. 과제 활동 중 수행에 관한 정보 수집 (관찰, 청취, 촉각, 후각 등) 2. 평가 기준 정보에 대한 평가(도구, 절차, 자료, 규준, 가치 등) 3. 학습자에게 피드백 제공 4. 질문의 처리 5. 선택한 수업 스타일의 평가 6. 예측한 학습 스타일의 평가 7. 수정 사항 8. 기타 사항

2 페어플레이를 가르치기 위한 교수 전략

스포츠교육에서 학생의 행동 발달은 페어플레이 정신에 기초를 둔다. 페어플레이는 아동 및 청소년 스포츠의 사회성 발달의 중심 개념으로 취급받고 있다. 페어플레이는 단지 규칙에 따라 경기하는 것 외에 훨씬 많은 개념을 담고 있다. 타인을 존중하는 것, 바른 정신과 바른 태도로 경기에 참가하는 것, 동일한 기회를 얻는 것, 팀 구성원과 선수로서 책임감 있게 경기에 임하는 것 등이다. 스포츠교육에서 페어플레이를 사회 발달 및 행동 발달의 중심 포커스로 활용하면 페어플레이의 태도 및 행동의 변화를 더 쉽고 완벽하게 만들 수 있다(조미혜 외 8인, 2010).

표 7-2. 페어플레이와 비페어플레이 선수의 특징(조미혜 외 8인, 2010)

페어플레이 선수의 특성	비페어플레이 선수의 특성
규칙을 잘 지킨다. 심판 판정에 따른다. 다른 선수를 칭찬한다. 동료를 격려한다. 자기 위치를 지키며 경기에 임한다. 운동기술이 부족한 동료를 도와준다. 경기 결과에 승복한다. 운동 기술을 적용하기 위해 노력한다. 자신을 컨트롤 하며 경기한다. 모든 사람이 경기하고 성공하기를 원한다. 공정하게 열심히 경기에 임한다.	다른 선수들을 비난한다. 심판에게 무조건 항의한다. 다른 선수를 비난한다. 다른 선수들에게 주로 명령한다. 다른 사람들의 자리를 침범하고 경기를 멋대로 이끌어 간다. 운동기술이 부족한 동료를 비웃는다. 승리하면 거만해지고, 패배하면 의기소침해 한다. 경기의 중심이 되지 않으면 경기하지 않으려고 한다. 자주 침착함을 잃는다. 몇 몇 친구들하고만 친하다. 이득을 얻기 위해서만 규칙을 사용한다.

페어플레이 가르치기

- 페어플레이 행동 지침을 만들어서 지켜나간다.

미리 행동지침을 만들어 놓는다. 페어플레이를 하는 선수와 그렇지 못한 선수의 차이점을 구분해 놓은 행동지침 및 코치와 심판을 위한 페어플레이 행동 지침도 만들어서 활용할 수 있다.

- 페어플레이 서약서를 활용한다.

페어플레이를 하겠다는 서약서를 선수용, 코치용, 심판용 등 각 대상에 알맞도록 페어플레이 서약서를 만들어서 시합 시작 전에 미리 배부하고, 각자 사인하도록 한다. 이를 통해 학생들은 페어플레이의 의미를 새롭게 새기고 서약함으로써 이를 지켜나가려고 노력하게 된다.

- 페어플레이를 주제로 한 토론시간 개최

학생들이 페어플레이에 대한 논의를 적극적으로 할 수 있도록 주제별 토론 시간을 갖도록 한다.

- 페어플레이 행동 지침을 어기는 행동에 대한 대처 절차를 개발한다.

학생들이 학급 관리 규칙을 어기거나 페어플레이 행동 지침을 어기는 등의 부적절한 행동에 대한 대처 절차를 개발한다. 이러한 대처법에는 페어플레이 점수 감점, 타임 아웃, 권리 빼앗기 등이 있다.

- 분쟁 해소 절차를 개발한다.

분쟁이 일어날 경우 이를 해소할 수 있는 절차를 미리 마련하여 활용한다. 작은 분쟁을 해결하는 효과적인 방법으로는 홀짝 맞추기나 가위바위보 등과 같은 것이 있다. 이러한 방식을 도입하면 사소한 분쟁은 빠르게 해결할 수 있다. 다소 큰 수준의 문제를 해결하기 위하여 미리 '분쟁해결위원회'를 구성하여 운영하는 것도 좋은 방법이다.

- 페어플레이 챔피언십 제도를 운영한다.

경기 중 좋은 경기를 펼친 선수나 성실하게 연습한 학생, 방과 후의 활동성과에 따라서 페어플레이 점수를 부여하고 챔피언을 뽑는 제도를 만들어서 운영한다.

 **복습문제**

1. 체육 교수・학습론이란 무엇을 의미하는지 그 개념을 설명해보자.

2. 모스턴과 애쉬워스의 체육 교수스펙트럼 이론에서 가장 중심되는 "교수(teaching)는 연속되는 의사결정의 과정이다"의 의미를 친구에게 설명해 보자.

3. 연습형 스타일에서 교사로 부터 학생에게 이관되는 의사결정 9가지가 무엇이 있는지 조사해보자.

4. 체조 뜀틀 수업을 포괄형 스타일로 한다고 가정하고 수업지도안을 만들어보자.

5. '운동과 호흡과의 관계', '안정성의 원리'와 같은 과학적 지식 관련 유도발견형 질문을 만들어 보자. 친구와 함께 짝을 이루어 한명은 교사가 되고, 한명은 학생이 되어서 서로 묻고 답하면서 문제를 해결해 보도록 하자.

6. 수렴형 질문과 발산형 질문의 차이점이 무엇인지 설명해 보자.

7. 스포츠 장면에서 페어플레이가 왜 중요한지 이야기해 보자.

8. 페어플레이 행동과 비페어플레이 행동을 우리 주변에서 찾아보고 분류해 보자.

9. 페어플레이 행동 지침을 만들어보자.

10. 학생들을 효과적으로 가르치기 위한 교수・학습 전략에는 무엇이 있는지 조사해서 발표해 보자.

 **참고문헌**

강신복(2009). 현대 스포츠교육학의 이해. 서울: 도서출판 무지개사.

조미혜, 김무영, 류춘옥, 박갑준, 방명환, 이선호, 이세환, 조용인, 홍희정 공역 (2010). 교사와 학생이 함께하는 스포츠교육. 서울: 대한미디어.

조미혜, 황현자, 유정애, 김윤희, 최희진 공역(2004). 모스톤의 체육교수스타일. 서울: 대한미디어.

chapter 07 체육학의 교육 영역

3. 운동학습

운동학습(motor learning)은 운동기술이 어떻게 학습되며, 최적의 학습을 위한 연습 조건이 무엇인지를 연구하는 체육학의 하위 영역이다. 운동학습에 관한 연구는 운동제어(motor control), 운동발달(motor development)과 관련성이 매우 높아 이 세 분야를 합쳐 운동행동(motor behavior)으로 정의되기도 한다. 운동제어는 운동기술이 제어되는 메커니즘을 밝히는데 초점을 두며, 운동발달은 운동기술의 학습과 제어가 인간의 전 생애에 걸쳐 어떻게 변하는지를 연구한다.

1 운동학습의 성격

운동학습은 1967년 북미스포츠심리학회(North American Society of Sports and Physical Activity, NASPSPA)의 창설과 함께 학문적인 발전이 본격화되었다. 당시에는 스포츠심리학이 학문적으로 세분화되어 있지 않아 운동학습, 운동제어, 운동발달, 스포츠심리학 분야의 학자들이 같은 학회에서 활동했었다. 1969년 Schmidt가 Journal of Motor Behavior를 발간하면서 운동학습은 운동제어, 운동발달과 함께 운동행동 분야를 결성하고 스포츠심리학과는 차별화 되는 양상을 보이기 시작했다.

한국의 경우 운동학습, 운동제어, 운동발달 분야는 한국스포츠심리학회에 소속되어 있다. 한국스포츠심리학회는 1989년에 창립되었으며 스포츠심리학, 운동학습, 운동제어, 운동발달, 운동심리학을 전공하는 회원으로 구성되어 있다. 따라서 한국스포츠심리학회는 운동학습, 운동제어, 운동발달을 포함하는 운동행동 분야뿐만 아니라 스포츠심리학을 모두 다루고 있다.

자연과학 배경이 강한 운동학습, 운동제어, 운동발달이 사회과학적 성격의 스포츠심리학과 잘 어울리지 않는다는 주장도 제기되고 있다. 또 스포츠심리학이라는 학회 명칭이 운동행동의 3개 분과와 스포츠심리학 분과를 포괄하는 개념으로 설정되어 넓은 의미의 스포츠심리학과 좁은 의미(분과)의 스포츠심리학 개념이 혼동을 일으키기도 한다.

운동학습은 체육학의 여러 전공 영역 중에서 스포츠심리학, 운동역학, 스포츠교육학, 특수체육과 밀접한 연관을 갖고 있다. 운동학습과 스포츠심리학은 운동기술의 수준을 동일한 방식으로 측정한다는 측면에서 연관성이 높다. 하지만 스포츠심리학은 신체활동이나 운동기술의 수행과 관련된 인지적, 성격적, 정서적 특성을 주로 다룬다. 또 스포츠심리학은 경쟁적인 상황을 주로 다루므로, 선수뿐만 아니라 기술 수준이 다른 여러 계층의 일반인을 다루는 운동학습과는 연구 대상에서 차이가 난다.

운동학습의 지식은 스포츠교육학, 특수체육 분야에도 도움을 준다. 예를 들어 스포츠교육학 전문가 중에는 운동학습의 지식(피드백, 연습방법 등)을 활용하여 체육 수업 지도 전략을 마련하거나 운동기술을 평가하는 방법을 구상하기도 한다. 장애인에게 체육을 지도하는데 관심을 두는 특수체육 전문가도 운동학습의 지식과 원리를 이용하여 최적의 학습 조건을 찾기도 한다.

운동학습은 운동제어, 운동발달과 함께 운동행동이라는 체육학의 전공분야를 형성하고 있다. 운동학습은 엘리트 선수를 위한 트레이닝, 학교 체육 수업의 지도, 물리치료나 재활치료, 생활체육 현장의 지도 등의 분야에서 신체활동과 운동기술을 향상시키는데 활용되고 있다. 학문적으로도 운동학습은 스포츠심리학, 스포츠교육학, 운동역학 분야와 협력한다. 특히 운동학습은 운동기술의 교육과 학습을 최적화하는 조건이 무엇인지 밝히는 데 중점을 두고 있어 엘리트 스포츠, 학교체육, 재활, 생활체육 분야에 공헌한다.

2 운동학습의 이론 변화

1960년대 이후에 학문적 성장이 본격화된 운동학습은 지금까지 여러 이론의 영향을 받았다. 1960년대와 1970년대에 걸쳐 운동학습에 결정적인 영향을 준 이론은 인지적 정보처리이론이라 할 수 있다. 이 이론은 인간의 운동을 컴퓨터의 정보처리에 비유하여 설명하고자 한 이론이라 할 수 있다.

인지적 정보처리이론을 바탕으로 폐쇄회로이론, 개방회로이론, 일반화된 운동프로그램이론과 도식이론이 나왔다. 하지만 이들 이론으로 인간의 복잡한 운동을 설명하는데 한계가 있다는 지적이 계속되었다. 인지적 정보처리이론에 대한 대안으로 새로운 패러다임인 다이나믹 시스템 이론과 생태학적 이론이 제시되어 상당한 호응을 얻었다. 결국 운동학습분야의 이론은 인지적 정보처리이론이 초기에 주도를 했고, 최근에는 다이나믹 시스템 이론과 생태학적 이론이 새로운 관점을 제공하고 있다.

인지적 정보처리이론이란 운동이 일어나기까지 뇌와 신경계에서 무슨 일이 일어나는가에 주목하는 이론이다. 가장 먼저 제시된 이론은 폐쇄회로 이론(closed-loop theory)이다. 이 이론은 인간의 모든 운동은 정확한 동작에 대한 정보가 기억에 저장되어 있는데 실제로 이루어진 동작의 오류를 수정하기 위하여 피드백(feedback)을 사용할 수 있도록 피드백회로가 포함되어 있다고 본다. 피드백을 활용하기 때문에 동작을 수정하는 과정을 설명할 수 있지만, 아주 빠른 동작은 피드백으로 수정하지 못하는 문제는 설명하지 못하는 한계를 가졌다.

폐쇄회로 이론의 한계를 극복하기 위하여 피드백이 없어도 인간의 운동이 가능하다는 개방회로 이론(open-loop theory)이 제시되었다. 대뇌에 동작을 가능하게 해주는 운동 프로그램(motor program)이 저장되어 있어 빠른 운동은 피드백이 없어도 가능하다고 설명했다. 하지만 인간의 수많은 동작에 대한 각각의 운동 프로그램을 대뇌에 모두 기억해 놓을 수 있는 저장 용량에 의문이 제기되었다.

폐쇄회로 이론과 개방회로 이론의 한계를 극복하고 두 이론의 특징만을 통합한 일반화된 운동프로그램이라는 개념도 도입된다. 이 개념을 근거로 도식이론(schema theory)이 제안되었는데, 도식이론에서는 빠른 움직임은 개방회로 이론으로, 느린 움직임은 폐쇄회로 이론으로 설명하고자 했다.

운동 프로그램으로 복잡한 운동행동을 설명하기 어렵다는 문제가 제기되면서 Bernstein(1967)이 제안한 다이나믹 시스템 이론이 운동행동 연구에 접목되기 시작했다. 다이나믹 시스템 이론은 인간 움직임의 원리를 인체가 갖고 있는 물리적 특성을 중요하게 고려하고 환경에서 제공되는 정보가 운동을 일으키고 변화시키는데 중요한 역할을 한다고 본다.

다이나믹 시스템 이론에서는 환경, 유기체, 과제가 인간의 운동을 제한하는 요소라고 간주하며, 이들 요소가 상호작용하여 운동이 생성된다고 본다. 이들 요소가 상호작용하여 특정 조건이 갖춰지면 운동이 저절로 일어난다는 자기조직의 원리도 다이나믹 시스템 이론의 핵심이다. 또 어떤 상황에서 조건이 달라지면 운동 형태가 갑작스럽게 달라진다는 비선형성 원리도 운동 행동의 변화를 설명하는 중요한 개념이다(김선진, 2009).

마지막으로 생태학적 관점도 다이나믹 시스템 이론과 함께 운동을 설명하는 새로운 관점으로 등장하게 된다. 생태학적 관점에 따르면 수행자가 환경을 어떻게 지각하는가에 따라 동작이 발생한다고 본다. 움직임에 필요한 정보는 환경에서 전달되는 빛의 흐름을 지각하여 얻게 되며, 이 정보는 인지적 처리 과정을 거치지 않고 직접적으로 동작과 연결된다고 주장한다. 생태학적 관점은 인지적 정보처리의 역할을 강조했던 이전의 이론과 크게 대조된다.

운동기술의 분류

운동기술(motor skill)이란 어떤 목적을 달성하기 위해 의도적으로 수행하는 효율적인 신체 움직임을 말한다. 여기에는 걷기, 글쓰기, 피아노치기와 같은 일상 생활의 기술과 함께 테니스 서브, 축구 드리블과 같은 스포츠 기술이 모두 포함된다.

1. 근육크기에 따른 분류

동작을 수행하기 위해 큰 근육을 사용하는 대근운동 기술(gross motor skill)과 정밀한 동작을 위해 작은 근육을 사용하는 소근운동 기술(fine motor skill)이 있다. 걷기나 슈팅을 할 때에는 큰 근육이 이용되므로 대근운동 기술에 해당한다. 글쓰기나 피아노치기에는 세밀한 움직임이 요구되므로 작은 근육을 사용하게 된다.

2. 연속성에 따른 분류

계속 연결되는 운동인지 혹은 동작이 시작되면 짧은 시간에 끝나버리는 운동인지에 따라 불연속 운동기술(discrete motor skill), 계열 운동기술(serial motor skill), 연속 운동기술(continuous skill)로 구분한다. 야구의 타격이나 볼링의 투구 동작은 시작과 종료시점이 분명하고 짧은 시간에 끝나는 불연속 기술이다. 불연속 운동기술 몇 개가 연속적으로 연결되면 계열 운동기술이라고 하는데, 야구에서 공을 받아서 던지기까지 연결되는 동작이 여기에 해당한다. 자전거타기, 수영, 스키, 달리기 동작 등은 계속해서 반복되는 연속 운동기술이다.

3. 환경 안정성에 따른 분류

환경이 얼마나 안정적인가에 따라 폐쇄운동기술(closed motor skill)과 개방운동기술(open motor skill)로 구분한다. 양궁, 볼링, 사격, 체조 등은 동작이 이루어지는 환경이 변하지 않은 종목으로 대표적인 폐쇄운동기술이다. 반면 농구 수비, 축구 드리블, 배구 리시브 등은 상대방 또는 공의 움직임에 따라 자신의 동작을 계속해서 조정해야 하는 종목으로 개방운동기술에 해당한다.

3 운동기술의 연습법

운동학습 분야에서는 운동기술을 학습하기 위해 어떻게 연습하는 것이 좋은지에 대한 연구가 많이 이루어졌다. 연습법을 어떻게 설계하느냐에 따라 운동기술을 빠르게 습득하고 오랫동안 기억할 수 있게 된다.

첫째, 구획연습(block practice)과 무선연습(random practice)의 효과를 비교한 연구 결과 구획연습은 획득단계(기술을 연습해서 배우는 시기)에는 효과가 좋지만, 장기적으로 배운 내용을 기억하는 정도인 학습에서는 효과가 떨어지는 것으로 나타났다. 구획연습이란 특정 기술을 주어진 특정시간에 변화 또는 간섭 없이 연습하는 것을 말한다. 예를 들어 배구에서 60분 수업을 하는 동안 20분간 오버헤드 패스, 20분 언더핸드 패스, 20분 스파이크를 연습했다면 구획연습을 한 것이다.

반면 무선연습은 배워야할 동작을 무선적으로 섞어서 연습하는 것을 말한다. 배구에서 오버헤드 패스, 언더핸드 패스, 스파이크를 무작위로 섞어서 연습하면 무선연습을 하는 것이다. 무선연습은 획득단계에서 수행은 낮지만 장기적으로 학습에는 오히려 도움이 되는 것으로 나타났다.

둘째, 집중연습(mass practice)과 분산연습(distributed practice)을 비교한 연구도 많다. 집중연습이란 휴식시간에 비해 연습시간이 상대적으로 긴 연습 방법(예, 계절수업)을 말한다. 분산연습은 휴식시간이 연습시간에 비해 상대적으로 긴 연습 방법(예, 학기중 수업)이다. 불연속 운동기술은 분산연습보다 집중연습이 효과가 있다는 연구결과 제시되었다. 하지만 피로가 누적되는 경우라면 불연속 기술이라도 집중연습보다는 분산연습을 하는 것이 바람직하다.

셋째, 전습법(whole practice)과 분습법(part practice)도 효과가 다르게 나타난 것으로 알려졌다. 전습법은 운동기술 과제를 한꺼번에 전체적으로 학습하는 방법을 말한다. 높이뛰기를 연습할 때 처음부터 도움닫기, 도약, 공중동작, 착지를 한꺼번에 배운다면 전습법에 해당한다. 반면에 분습법은 운동기술 요소를 몇 개의 하위 단위로 나누어 학습하는 것을 말한다. 도움닫기를 먼저 숙달시킨 다음 도약을 배우고, 그 후에 도약과 공중동작, 착지를 연결해서 배우면 분습법을 적용하는 것이다.

분습법에는 부분 동작을 각각 떼어내서 연습 한 후에 마지막에 부분 동작을 모두 합쳐 연습하는 순수분습법, 먼저 배운 부분 동작에 다음 부분 동작을 합쳐서 단계적으로 연습하는 점진적 분습법이 있다. 분습법을 적용하기 위해서는 동작을 하위 요소로 분리시키는 것이 용이해야 한다.

Bernstein의 운동학습 단계

Fitts와 Posner는 인지단계, 연합단계, 자동화단계로 운동학습의 단계를 구분했다. 인지단계란 배워야할 동작의 특성을 파악하는 초보 단계로 스스로 오류를 수정하는 능력을 갖고 있지 못하는 단계를 말한다. 연합단계는 중급자 단계로 오류에 대한 해결책을 찾기 시작하고 동작 형태를 바꾸는 방법을 인식하는 시기이다. 자동화단계는 의식적인 주의가 없어도 거의 자동적으로 수행 가능하며 오류 수정 능력 갖춘 상급자 단계이다.

Bernstein은 자유도 개념을 포함시켜 운동학습의 단계를 자유도 고정 단계, 자유도 풀림 단계, 반작용 활용 단계로 구분했다. 자유도 고정 단계는 처음 동작을 배울 때 자유도 수를 줄여 동작을 단순화시키는 시기에 해당한다. 자유도 풀림 단계란 자유도를 다시 풀어서 자유도를 결합하거나 관절의 상호 움직임을 다양하게 만드는 단계로 중급자 단계에 해당한다. 반작용 활용 단계는 신체 내외에서 발생하는 힘을 활용하는 단계로 자유도 풀림 단계보다 더 많은 자유도를 활용하는 시기이다.

4 피드백과 운동학습

운동학습 분야에서는 피드백도 운동기술을 학습하는데 영향을 준다는 사실이 밝혀졌다. 피드백(feedback)이란 동작 수행 후에 목표와 실제 수행 사이의 차이에 관한 정보를 수행자에게 되돌려 줌으로써 운동수행 결과에 대한 정보를 주는 것을 말한다.

피드백은 감각 피드백(내재적 피드백)과 보강 피드백(외재적 피드백)으로 구분된다. 감각 피드백은 인체의 감각기관을 통해 외부의 도움 없이 받는 피드백이다. 시각, 청각, 자기수용감각, 촉각은 감각 피드백에 해당한다.

보강 피드백은 학습자가 스스로 받아들일 수 없는 정보로 교사나 코치가 제공해 주거나 영상 장비를 이용해 외부로부터 받는다. 보강 피드백에는 동작 수행의 결과에 대한 정보(예, 양궁 점수)를 의미하는 결과지식(knowledge of results, KR)과 운동 형태(예, 백스윙이 느리다)에 관한 정보인 수행지식(knowledge of performance, KP)이 있다.

Thorndike의 효과의 법칙에 따르면 피드백의 제공빈도를 높이면 높인 만큼 학습이 향상된다. 하지만 운동학습의 연구결과는 Thorndike의 주장과 다르게 나타났다는 사실이 흥미롭다. 즉 피드백을 자주 제공하면 피드백에 '의존'하는 현상이 나타난다. 피드백을 자주 주는 것 보다는 피드백의 양을 감소시키면 장기적으로 학습에 더 효과가 나타난다는 사실이 운동학습 분야의 여러 실험에서 밝혀졌다.

피드백의 양을 감소시켜 학습을 향상시키는 피드백 제시 방법도 개발되고 검증되었다. 여기에는 점감 피드백(faded feedback), 수용범위 피드백(bandwidth feedback), 요약 피드백(summary feedback), 평균 피드백(average feedback), 자기통제 피드백(self-controlled feedback) 등이 있다.

특히 자기통제 피드백(self-controlled feedback)은 학습자가 스스로 필요하다고 생각되는 정보를 교사에게 요구하여 획득하는 피드백을 말한다. 교사가 미리 정한 피드백 정보를 주는 것이 아니라 학습자가 스스로 판단해서 교사에게 요구하기 때문에 학습자의 요구에 맞는 정보를 제공할 수 있는 방법이다. 학습자와 교사의 상호작용 측면에서 효율적인 피드백 제시 방법으로 피드백의 새로운 형태로 관심을 끌고 있다.

5 운동학습 전문가의 진로

 운동학습, 운동제어, 운동발달로 구성된 운동행동 분야의 전문가가 되면 대학에서 관련 과목을 강의하고 연구를 수행할 수 있다. 또 대학 이외의 연구 기관이나 산업체(예, 교통안전, 재활 등)에서 활약할 수 있다.

 운동학습 분야의 연구는 교육, 산업, 재활, 군대 등에 적용이 가능하다. 예컨대 비행기 조정사의 시각적 주의 집중 훈련에 관련 지식이 응용될 수 있고, 재활 환자를 위한 최적의 트레이닝 방법을 설계해 낼 수 있다. 또 파킨슨병 환자의 동작 특성을 규명해서 도움을 주는 방법을 찾아 주기도 한다.

chapter 07 체육학의 교육 영역

 복습문제

1. 운동행동(motor behavior) 분야에 포함된 세 가지 전공분야에 대해 설명해 보자.
2. 운동학습 분야에서 다루는 연구 주제의 예를 제시해 보자.
3. 여러 가지 연습법을 구분하고 장단점을 논의해 보자.
4. 피드백의 제공 빈도를 낮추는 방법을 제시하고 구체적인 사례를 찾아보자.

 참고문헌

Bernstein, N.A. (1967). The coordination and regulation of movements. Oxford: Pergamon Press.

김선진(2009). 운동학습과 제어(개정판). 도서출판 대한미디어.

4. 특수체육

1 특수체육의 정의

특수체육은 장애인체육이라고 표현하기도 하는데, 장애를 가지고 있어서 일반인들이 행할 수 있는 신체활동을 할 수 없는 사람들을 위한 특별한 체육 프로그램을 말한다. 즉 특수체육이란 장애인을 위한 체육교육을 의미하며, "장애인"이란 신체적·정신적 장애로 오랫동안 일상생활이나 사회생활에서 상당한 제약을 받는 자를 말한다. 한편, 현 교육과정에서의 특수체육은 「장애인 등에 대한 특수교육법」에 근거하고 있으며 이 법은 2007년 5월 25일 법률 제8483호로 제정·공포된 특수교육에 대한 법률이다. 이 법률로 인하여 1977년 12월 31일에 법률 제3043호로 제정되었던 「특수교육진흥법」은 폐지되었다. 「장애인 등에 대한 특수교육법」은 「교육기본법」 제18조에 따라 국가 및 지방자치 단체가 장애인 및 특별한 교육적 요구가 있는 사람에게 통합된 교육 환경을 제공하고 생애 주기에 따라 장애 유형·장애 정도의 특성을 고려한 교육을 실시하여 이들의 자아실현과 사회 통합을 목적으로 한다.

2 특수교육 대상자

장애인 등에 대한 특수교육법 시행령에 따른 특수교육대상자는 시각장애, 청각장애, 정신지체, 지체장애, 정서·행동장애, 자폐성 장애(이와 관련된 장애를 포함), 의사소통장애, 학습장애, 건강장애, 발달 지체, 그 밖에 대통령령으로 정하는 장애를 가진 자들로서 다음과 같다.

1) 시각장애를 지닌 특수교육대상자

시각계의 손상이 심하여 시각기능을 전혀 이용하지 못하거나 보조공학기기의 지원을 받아야 시각적 과제를 수행할 수 있는 사람으로서 시각에 의한 학습이

곤란하여 특정의 광학기구·학습매체 등을 통하여 학습하거나 촉각 또는 청각을 학습의 주요 수단으로 사용하는 사람

2) 청각장애를 지닌 특수교육대상자

청력손실이 심하여 보청기를 착용해도 청각을 통한 의사소통이 불가능 또는 곤란한 상태이거나, 청력이 남아 있어도 보청기를 착용해야 청각을 통한 의사소통이 가능하여 청각에 의한 교육적 성취가 어려운 사람

3) 정신지체를 지닌 특수교육대상자

지적 기능과 적응행동상의 어려움이 함께 존재하여 교육적 성취에 어려움이 있는 사람

4) 지체장애를 지닌 특수교육대상자

기능·형태상 장애를 가지고 있거나 몸통을 지탱하거나 팔다리의 움직임 등에 어려움을 겪는 신체적 조건이나 상태로 인해 교육적 성취에 어려움이 있는 사람

5) 정서·행동장애를 지닌 특수교육대상자

장기간에 걸쳐 다음 각 항목의 어느 하나에 해당하여, 특별한 교육적 조치가 필요한 사람
- 가. 지적·감각적·건강상의 이유로 설명할 수 없는 학습상의 어려움을 지닌 사람
- 나. 또래나 교사와의 대인관계에 어려움이 있어 학습에 어려움을 겪는 사람
- 다. 일반적인 상황에서 부적절한 행동이나 감정을 나타내어 학습에 어려움이 있는 사람
- 라. 전반적인 불행감이나 우울증을 나타내어 학습에 어려움이 있는 사람
- 마. 학교나 개인 문제에 관련된 신체적인 통증이나 공포를 나타내어 학습에 어려움이 있는 사람

6) 자폐성장애를 지닌 특수교육대상자

사회적 상호작용과 의사소통에 결함이 있고, 제한적이고 반복적인 관심과 활동을 보임으로써 교육적 성취 및 일상생활 적응에 도움이 필요한 사람

7) 의사소통장애를 지닌 특수교육대상자

다음 각 항목의 어느 하나에 해당하여 특별한 교육적 조치가 필요한 사람
가. 언어의 수용 및 표현 능력이 인지능력에 비하여 현저하게 부족한 사람
나. 조음능력이 현저히 부족하여 의사소통이 어려운 사람
다. 말 유창성이 현저히 부족하여 의사소통이 어려운 사람
라. 기능적 음성장애가 있어 의사소통이 어려운 사람

8) 학습장애를 지닌 특수교육대상자

개인의 내적 요인으로 인하여 듣기, 말하기, 주의집중, 지각(知覺), 기억, 문제해결 등의 학습기능이나 읽기, 쓰기, 수학 등 학업 성취 영역에서 현저하게 어려움이 있는 사람

9) 건강장애를 지닌 특수교육대상자

만성질환으로 인하여 3개월 이상의 장기입원 또는 통원치료 등 계속적인 의료적 지원이 필요하여 학교생활 및 학업 수행에 어려움이 있는 사람

10) 발달지체를 보이는 특수교육대상자

신체, 인지, 의사소통, 사회·정서, 적응행동 중 하나 이상의 발달이 또래에 비하여 현저하게 지체되어 특별한 교육적 조치가 필요한 영아 및 9세 미만의 아동

3 특수체육의 분류 및 목적

특수체육은 그 목적과 대상에 따라 프로그램을 달리하며 재활체육, 치료체육, 의료체육, 교정체육, 특수교육체육, 적응체육, 그리고 발달체육으로 분류한다. 특수체육의 목표는 1) 장애학생들의 신체적 장애 상태를 호전시키기 위해 실시하며, 2) 장애학생들의 인간으로서의 본성이 갖는 생리학적 욕구를 충족시킬 수 있는 기능과 능력을 키워 주는 것이다. 이를 위하여 최소한의 일반적 신체활동에 필요한 기능을 배양하여 실제생활에서 갖는 한계성을 줄여주고, 이를 통하여 활동의 자립성을 기를 수 있도록 해야 할 것이다.

4 특수체육 프로그램 설계

특수체육 프로그램은 그 적용 대상의 장애특성에 따라 달라져야 하며 심동적 영역, 인지적 영역, 그리고 정의적 영역을 고루 발달시킬 수 있도록 설계되어야 한다. 프로그램은 신체활동을 통해 체력을 강화하고 기본운동 기술을 습득할 수 있는 내용들을 포함해야 한다.

1) 시각장애

시각장애인들의 체력은 일반인들에 비해 대략 20-30% 정도 낮다. 그러나 이동에 따르는 어려움으로 일상생활을 위해 더 강한 체력이 요구된다. 따라서 체육프로그램은 근력과 심폐지구력을 강화할 수 있는 활동들로 구성되어야 한다. 시각장애인들은 공간개념이 부족하므로 이를 발달시킬 수 있는 간단한 활동들을 포함시켜야 한다.

2) 청각장애

청각장애인은 사회활동부족과 비활동적 특성 때문에 신체조성에 있어 일반인들보다 비만일 가능성이 높으며 체력은 일반인과 비슷하나 평형성, 근지구력 그리고 심폐지구력은 상대적으로 약한 것으로 알려져 있다. 청각장애인을 위한 체육프로그램은 운동기술 발달 및 체력, 평형성을 발달시킬 수 있는 신체활동을 위주로 구성되어야 한다.

3) 정신지체

정신지체는 경도, 중도(中度), 중도(重度)로 구분하는데 증상의 경중과 상관없이 정신지체장애인의 대부분은 체력이 약하고 과체중 경향을 보인다. 따라서 모든 체육프로그램에 적절한 식이요법을 포함할 필요가 있다. 경도 정신지체장애의 경우에는 일반인들과 유사한 체육프로그램을 꾸준하게 적용할 필요가 있으며, 중도(中度) 지체장애인의 상당수는 다운증후군이며, 심동적 능력이 가장 뒤떨어지는 중도(重度)장애인의 경우에는 많은 학생들이 지적손상이 크기 때문에 음식먹기, 옷입기, 소변가리기 등 일상생활의 기초가 되는 활동을 제대로 하지 못하기 때문에 이를 훈련시킬 수 있는 가장 초보적인 활동으로 구성해야 한다.

4) 지체장애

지체장애인은 뇌성마비, 외상성 뇌손상, 척수장애, 이분척추, 절단 그리고 기타 장애를 지니고 있어 신체활동에 극히 제한을 받게 된다. 다양한 병변과 더불어 장애 특성을 잘 파악할 필요가 있으며 그에 맞는 체육프로그램을 개발하여야 한다.

5) 정서, 행동장애

정서, 행동장애는 흔히 ADHD(Attention Deficit / Hyperactivity Disorder)라고 알려진 주의력결핍 과잉행동장애와 자폐성장애를 가진 장애인들이 갖는 장애를 의미한다. 이들은 신체적으로 일반적인 성장을 보이지만 그에 비해서 지각능력과 체력수준은 낮다. 또한 운동기능과 건강체력 수준도 다양하기 때문에 개별화된 체육프로그램이 요구된다.

6) 학습장애

학습장애인들은 학습기능과 학업 성취 영역에서 현저하게 어려움을 겪을 뿐만 아니라 서투른 행동과 움직임 때문에 신체적 발달도 뒤쳐진다. 그러나 신체적인 이동과 움직임에는 큰 제한을 받지 않는다. 따라서 근력, 유연성, 심폐지구력을 포함한 균형있는 체육프로그램이 제공되어야 한다.

5 장애인 스포츠 경기대회

1) 전국장애인체육대회

스포츠 활동을 통한 장애인 선수들의 경기력 향상을 도모하며 체전을 통한 신인 우수선수 발굴 및 사회적응 능력 배양하기 위한 대회이다. 또한 지역 순회개최를 통하여 장애인과 일반인이 함께하는 사회분위기 조성하고 장애인에 대한 국민의 이해증진을 목적으로 한다.

경기 종목은 골볼, 농구, 당구, 댄스스포츠, 론볼, 배드민턴, 보치아, 볼링, 사격, 사이클, 수영, 양궁, 역도, 요트, 유도, 육상, 조정, 좌식배구, 축구, 탁구, 파크골프, 휠체어럭비, 휠체어테니스, 휠체어펜싱 등 24개 종목이다.

2) 국제장애인올림픽(Paralympics)

국제장애인올림픽위원회(IPC : International Paralympic Committee)가 주최하며 신체적·감각적 장애가 있는 운동선수들이 참가하여 펼치는 경기대회로 4년마다 올림픽이 끝난 뒤 개최된다. 패럴림픽(Paralympic)이라는 명칭은 1964년 일본 도쿄에서 열린 제2회 대회부터 사용되었다. 동계, 하계 올림픽대회를 유치하고자 하는 국가는 반드시 장애인올림픽을 동반 개최하여야 하는 것을 명문화되어 있으며 하계대회는 2008년 북경올림픽대회부터, 동계대회는 2010벤쿠버 동계올림픽대회부터 장애인올림픽을 반드시 개최하도록 되어 있다.

표 7-3. 패럴림픽 종목

시기	종목			
하계 올림픽	골볼	승마	육상	휠체어 테니스
	뇌성 축구	시각 축구	조정	휠체어 펜싱
	보치아	양궁	좌식 배구	수영
	사격	역도	탁구	유도
	사이클	요트	휠체어 농구	휠체어 럭비
동계 올림픽	노르딕 스키		아이스 슬레지 하키	
	바이애슬론		알파인 스키	
	크로스컨트리 스키		휠체어 컬링	

chapter 07 체육학의 교육 영역

1. 특수체육이란 무엇인가?

2. 장애유형과 증상정도에 따른 개별 체육프로그램을 작성해 보자.

3. 장애인 스포츠 종목은 어떤 것이 있는지 알아보자.

박기용, 강병일, 최경훈, 김한철 공저(2004). 특수체육의 이해, 영남대학교 출판부.

William L. Heward, Exeptional Children: An Introduction to Special Eduaction, 6/e, Prentice Hall, Inc, 2000.

David Auxter, Jean Pyfer, Carol Huettig, Principles and Methods pf Adapted Physical Education and Recreation, 9th/e, McGraw-Hill, 2001

5. 무용교육

 무용은 인류의 역사와 함께 시작된 가장 오래된 예술 중 하나로 인간의 본능적인 표현 욕구에서 시작되었다. 혼자서 살아갈 수 없는 인간은 어떤 방식으로든 표현하지 않으면 고독으로 인해 건강한 삶을 살 수 없다. 1954년 창립된 한국여성체육학회에서 정기적으로 무용지도자 강습회를 열기는 하였으나 본격적으로 무용 전문가들이 교육 부분에 관심을 가진 것은 1989년 무용교육연구회가 창립되면서부터이다. 이후 무용교육 전문 학술지 발간, 학술세미나 개최, 무용지도자 강습회 등을 하면서 더욱 활발해지기 시작하였다.

 무용교육이란 예술 무용에서 교육적 관점을 가지고 인문학적, 사회학적, 과학적으로 다양한 연구와 실천을 하는 학문적, 실천적 영역이다. 무용교육은 학생들이 신체적, 정신적, 사회적으로 건강한 사람으로 성장할 수 있도록 예술로서의 무용이 지닌 기능 가운데 교육적 기능을 가지고 전인교육에 공헌하는데 그 목적이 있다.

 본 장에서는 먼저 무용의 역사 및 움직임 요소를 살펴보고, 무용교육을 중심으로 우리나라의 국가 교육과정 내에서 무용교육은 어떠한 내용을 담고 있는지 탐색해 보고자 한다.

1 무용의 역사 및 움직임 요소

1) 무용의 역사

 인류가 언어를 사용하기 이전부터 인간은 자신의 생각이나 감정을 손짓 혹은 몸짓을 이용하여 서로의 의사를 전달하였다(한국무용교육학회, 2003). 무용 발생 초기에는 인간의 의사전달을 위한 신체 언어 표현수단으로서 사용되었지만 점차 동물의 동작이나 사물을 모방하는 움직임으로 움직임의 종류와 방법이 다양하게 발전되었다(배소심, 김영아, 1985). 이렇게 시작된 무용은 제례의식이나 치료의 기능뿐만 아니라 사회적, 문화적, 교육적 측면에서 다양한 기능들을 표출해 왔으

chapter 07 체육학의 교육 영역

며, 이후 무용은 종교무용, 오락무용, 교육무용, 궁정무용(궁중무용), 민속무용 등 다양한 종류의 무용이 발생하게 되었다. 과거의 선사시대무용에서 현대의 무용에 이르기까지 무용의 변천과정을 시대별로 정리하면 다음과 같다.

- 선사시대의 무용

: 선사시대 벽화 및 그림에는 동물 박제를 쓰고 각종 동물의 특징적인 동작을 모방하여 추는 춤이나 여러 가지 형태로 인간이 춤을 추는 듯한 동작들이 묘사되어 있다(배소심,김영아, 1985). 또한 선사시대에는 창과 활 등과 같은 무기를 들고 추는 수렵무용, 전쟁에서 승리를 기원하는 전쟁무용, 각종 신에게 숭배하는 종교무용 등이 행해졌다.

- 고대시대의 무용

: 고대시대의 무용으로 이집트의 종교무용, 귀족들의 연회에서 노예들이 고용되어 추었던 오락적인 무용과 히브리인들의 예배무용 등이 행해졌던 것으로 추측하고 있다. 한편 그리스는 이집트인들처럼 무용을 대단히 중요하게 생각하였다. 종교무용뿐만 아니라 그리스인들은 무용의 교육적 가치를 인정하였다(배소심, 김영아, 1985). 고대의 유명한 철학자 소크라테스, 플라톤, 아리스토텔레스는 무용에 많은 관심을 보였다고 한다. 특히 플라톤은 "노래와 춤을 잘하는 것은 교육을 잘 받은 것이다"라고 주장할 정도로 무용을 중요시 여겼다고 한다(한국무용교육학회, 2003). 이러한 영향으로 고대 그리스 사람들은 무용을 건강한 인간을 교육시키기 위한 수단으로 적극 활용하기도 하였다. 비록 고대시대의 무용이 지금 예술무용과 같이 완전한 무용의 형태는 아니었지만 고대시대의 무용은 당시의 사회적, 문화적 뿐만 아니라 교육적 가치를 지닌 활동이었다.

- 중세시대의 무용

: 중세시대에는 교회가 발달함에 따라 교회 안에서 예배 의식으로써 무용을 적극 활용하였다. 또한 귀족무용과 함께 이 시대는 어지러운 정치 상황과 어두운 사회적 분위기의 영향으로 민중들에 의해 생성된 민속무용이 많이 행해지기도 하였다. 또한 중세시대의 '르네상스'는 사람들의 관심이 '신'에게서 '인간'으로 되돌아

오는 새로운 시대였다. 예술이 사람들에게 즐거움을 가져다준다고 생각하여 예술에 대해서도 큰 관심을 갖게 되었다. 이러한 영향으로 발레가 탄생되었다.

- 근대시대의 무용

: 근대시대에는 미국, 독일 등 서구 각 나라들이 학교 교육에 무용을 본격적으로 도입하기 시작하였던 때이다. 근대시대에 접어들어 무용은 과거 체조로부터 점차 분리되었으며 이후 많은 발전을 이루어 독자적인 영역으로 확립되기 시작했다(한국무용교육학회, 2003). 이 시대의 무용은 귀족들의 궁정무용, 농민들의 민속무용 및 교육무용과 예술 무용 등이 행해져 춤의 사용 목적에 따라 무용의 종류가 다양화 되었다.

- 현대시대의 무용

: 현대시대로 접어들면서 무용은 기존의 형식적인 표현에서 탈피, 자유로운 표현을 강조하였다. 이 시대에는 사교춤이 성행하였으며, 극장무용이 발달되기도 하였다. 한편, 개인적 표현을 강조하는 새로운 사상에 의하여 무용의 혁신이 이루어지기도 하였다. 기존의 정형적인 무용에서 탈피, 새로운 유형의 무용 움직임이 발생되었다. 지금의 현대무용이 바로 이러한 사상을 가지고 있는 대표적인 무용가인 이사도라 던컨(Isadora Duncan)에 의해 비롯된 것이다.

이후 무용은 이전 보다 더 예술적이고 창의적으로 발달하여 무용의 종류가 다양해졌으며, 무용의 창의적이고 예술적 표현 가치로 인하여 초·중·고 학교 수업 현장에서 민속무용, 창작무용, 현대무용, 발레 등 다양한 무용이 교육되고 있다.

2) 무용의 움직임 요소

무용은 인간의 생각이나 감정, 경험 등을 자신의 신체를 통하여 자유롭게 움직임으로 표현하는 시간적·공간적 예술이다. 무용의 이론을 체계적으로 확립한 인물로서 루돌프 폰 라반(Rudolf von lavan)을 들 수 있는데, 그는 모든 움직임은

chapter 07 체육학의 교육 영역

시간, 공간, 무게, 흐름의 특성을 지니고 있다고 하였다. 라반에 의해 정립된 4가지 움직임 기본 요소를 통하여 무용은 다양한 움직임으로 구성, 표현될 수 있다.

- **무용 움직임의 기본 요소**

  - 시간

  : 움직임의 속도, 박자, 리듬 등의 변화에 따라 움직임의 느낌이 달라진다. 예를 들어 빠른 움직임은 경쾌함 느낌을, 느린 움직임은 슬픔이나 근심의 느낌을 준다. 또한 규칙적으로 반복되는 리듬은 움직임의 단조로움을 주며, 불규칙적인 리듬은 생동감을 주게 된다.

표 7-4. 시간 변화에 따른 움직임의 느낌

시간 요소	동작	느낌
박자	빠르게 움직임 느리게 움직임	밝음, 진취적 안정감, 여유
리듬	규칙적인 움직임 불규칙적인 움직임	안정감 불안감
속도	빠르게 움직임 느리게 움직임	경쾌함 권태로움

또한 시간의 형식에 따라 움직임을 다양하게 변화시킬 수 있다. 시간 형식은 2단위 형식, 3단위 형식, 4단위 형식, 론도 형식, 카논 형식 등이 있는데 무용 작품을 창작할 때 이러한 시간 구성을 사용하여 단조롭지 않은 움직임을 연출할 수 있다〈그림 7-6〉.

  - 공간

  : 무용은 공간에서 행해지는 예술이다. 따라서 무용에서의 모든 동작은 한 지점에서 다른 한 지점으로 이동하며 표현된다. 그러므로 무용에서는 공간의 영역, 움직임 범위, 대형, 높낮이, 방향, 면 등의 변화가 다양하게 이루어질 수 있다.

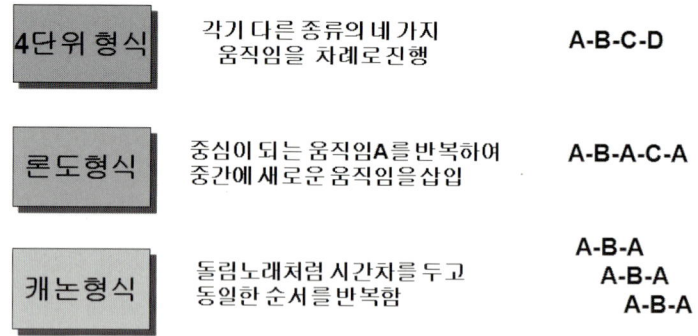

그림 7-6. 시간 구성

- 무게

: 동작의 강하고 약함, 가볍고 무거움 등을 표현하는데 관계되는 요소이다. 움직임의 주제나 작품의 한 부분을 강화하고, 확장하고 강조하는데 이를 '힘'이라고 표현하기도 한다. 다양한 움직임을 표현하기 위해 무게와 시간을 다양한 비율로 조합할 수 있다.

표 7-5. 무게의 변화에 따른 움직임의 느낌

힘 요소	동작	느낌
힘	움직임의 범위와 강도가 크다. 움직임이 작고 약하다.	강함 약함
무게	움직임이 크고 느리게 움직인다. 움직임이 작고 빠르게 움직인다.	무거움 가벼움

- 흐름

: 흐름(flow)은 움직임의 진행을 나타내고 있는 것으로 절제적인 흐름과 자유로운 흐름으로 나뉜다. 동작의 연결에서 계속 흐르는 에너지 흐름을 볼 수 있는데 절제적인 흐름의 에포트는 멈춤과 같은 동작의 움직임을 나타낸다.

표 7-6. 흐름의 변화에 따른 움직임의 느낌

흐름의 요소	동작	느낌
절제된 흐름	움직임이 정적이며 절제되어 있다.	무거움 긴장감
자유로운 흐름	움직임이 역동적이며 빠르게 움직인다.	가벼움 역동적

2 무용교육

무용교육은 신체 움직임이 정서와 감성에 깊게 관련되면서 아울러 지적 활동을 동반하는 창조적인 표현 활동이다(김화숙, 2003). 또한 무용교육은 학생들의 신체적·인지적·정서적인 발달을 도모할 수 있는 움직임 활동이다. 무용교육의 궁극적인 목표는 이러한 무용 경험을 통하여 학생들의 창의적인 잠재력을 자극하여 창조적 표현능력을 기르고, 움직임 예술의 미적 체험과 문화에 대한 이해를 높이는 데 있다.

초·중·고등학교 무용교육으로는 주로 한국무용, 현대무용, 발레, 민속무용, 창작무용 등의 내용이 다루어져 왔다. 학생들은 각각의 활동을 통하여 움직임의 예술적 특성을 이해하고, 다양한 표현 문화를 체험할 수 있는 기회를 가질 수 있다.

학교에서의 무용교육을 살펴보기 위하여 우리나라 국가 교육과정의 내용을 구체적으로 알아보도록 한다. 우리나라 국가 교육과정은 1954년 제1차 교육과정부터 2007년 개정 체육과 교육과정까지 총 8차례의 변화를 거쳐 왔다. 무용도 1차 체육과 교육과정부터 2007년 개정 체육과 교육과정에 이르기까지 체육과 교육과정 내용의 한 부분을 차지하며 다양한 교육적 가치를 구현하여 왔다. 우리나라 중학교 체육과 교육과정에서 다루고 있는 무용교육 내용을 교육과정 시기별로 정리하면 다음과 같다.

그림 7-7. 학교 무용 교육 내용

1) 제 1차 체육과 교육과정의 무용교육(1954~1963)

: 1차 체육과 교육과정의 무용교육 내용을 살펴보면, 학년별로 내용이 구분되어 있지 않지만 무용의 본질, 교육적 가치, 무용의 종류와 특징 및 기본 동작과 표현, 구성형식(시간적 구성/공간적 구성)과 같은 무용 이론과 우리나라 및 외국의 민속무용, 창작무용 등과 같은 움직임 실기 등 비교적 무용의 다양한 내용을 제시하고 있다.

표 7-7. 제1차 체육과 교육과정에서의 무용교육

1차 무용 교육 내용

1. 무용의 본질
2. 무용의 교육적 가치
3. 무용의 발달
   가. 고대 무용
   나. 중세 무용
   다. 현대 무용
4. 무용의 종류와 특성
5. 무용의 기본 동작과 표현
   가. 몸 익히기
   나. 리듬 훈련
   다. 옮겨가기
   라. 나타내기
   마. 춤추기
6. 무용의 구성 형식
   가. 4단계 형식
   나. 론도 형식
   다. 카논 형식
7. 민속 무용
   가. 우리 나라의 민속 무용
    (1) 우리 나라 민속 무용의 특성
    (2) 기본 동작과 표현 방법
      ㉮ 대형과 조 편성
      ㉯ 기본적인 걸음걸이
      ㉰ 회전과 선회
      ㉱ 몸짓
    (3) 춤추기
      ㉮ 농악무
      ㉯ 강강술래
   나. 외국의 민속 무용
    (1) 아시아 여러 나라 민속 무용의 특성과 표현 방법
    (2) 유럽 여러 나라 민속 무용의 특성과 표현 방법
    (3) 남·북미 여러 나라 민속 무용의 특성과 표현 방법
    (4) 아프리카 여러 나라 민속 무용의 특성과 표현 방법
8. 창작 무용
   가. 창작 무용의 특성과 효과
   나. 창작 무용의 기본 동작
    (1) 중심의 이동
    (2) 긴장과 해리

    (3) 걷기, 달리기, 뜀뛰기
    (4) 굽혀 펴기, 구르기, 돌기, 비틀기
    (5) 평균잡기
    (6) 진동과 파동
 다. 창작 무용의 제재 선택과 표현
    (1) 자연 현상의 표현
    (2) 생물의 생활상의 표현
    (3) 인간의 생활상의 표현
    (4) 인간의 이상, 감정, 의지, 상상 등의 표현
    (5) 국가 발전상의 표현
 라. 작품 구성과 감상
    (1) 창작의 순서와 표현 방법
    (2) 감상

2) 제 2차 체육과 교육과정의 무용교육(1963~1973)

 2차 체육과 교육과정의 무용교육 내용은 움직임 기본, 이동 기본 스텝, 움직임의 강약, 창작 표현과 민속무용, 이론 및 감상에 대한 내용을 제시하고 있다. 1차 체육과 교육과정과 다른 점은 학년별로 무용교육의 목표와 내용을 제시하고 있다.

표 7-8. 제2차 체육과 교육과정에서의 무용교육

2차 무용 교육 내용	
	목표: 무용의 기초적 기능을 길러, 표현 운동에 흥미를 가지도록 한다.
중학교 1학년	(1) 몸 익히기: 운동의 기본, 진동, 굴신, 회전, 염전, 평균운동 등, 응용운동 (2) 리듬훈련: 리듬감의 기초 훈련, 속도감, 강약감, 액센트감 (3) 옮겨가기: 전 후진, 측진, 방향 높이의 변화, 각종 기본 스텝, 워킹스텝, 러닝 스텝, 스키핑 스텝, 갤러핑 스텝, 호핑 스텝, 투우스텝, 힐 앤 토 폴카스텝, 팔로우 스텝, 왈츠 스텝, 밸런스 스텝, 슬라이드 스텝, 스케이팅 스텝 등 (4) 나타내기: 자연동물, 기계 생활, 사람 등의 주제에 의한 표현, 음악에 의한 즉흥 (5) 춤추기 　· 주제에 따르는 구성(꽃, 팽이치기, 하이킹, 봄, 눈) 　· 음악에 의한 구성: 구성의 기초 　· 민속무용: 베다비이트, 흐라아가다치 (6) 이론·감상: 무용의 의의, 무용의 역사, 무용의 가치, 무용의 감상

chapter 07 체육학의 교육 영역

중학교 2학년	목표: 계속적으로 각종 요소를 익혀 더욱 아름다운 표현을 할 수 있게 한다. (1) 몸 익히기: 운동의 기본, 진동, 굴신, 회전, 염전, 평균운동 등, 응용운동 (2) 리듬훈련: 리듬감의 변화 훈련, 속도감, 강약감, 액센트감 (3) 옮겨가기: 거리와 면의 변화, 기본스텝의 결합, 팔운동과 이동의 결합, 우리나라의 무용 걷기, 우리나라의 무용의 팔운동과 이동의 결합 (4) 나타내기: 자연 생활 현상의 표현 (5) 춤추기 · 주제에 따르는 구성(낙엽, 스케이팅, 가을, 아침, 저녁 노을) · 음악에 의한 구성(구성의 기초) · 민속무용: 페어필드팬시, 마임 (6) 이론·감상: 무용의 종류와 특징, 무용의 발달, 무용의 감상
중학교 3학년	목표: 무용의 기능을 한층 더하여 창작적 표현을 할 수 있도록 한다. (1) 몸 익히기: 운동의 기본, 응용운동의 결합 (2) 리듬훈련: 리듬꼴의 훈련, 속도감, 강약감, 액센트감 (3) 옮겨가기: 거리와 면의 변화, 기본스텝의 결합, 팔운동과 이동의 결합, 우리나라의 무용 걷기, 우리나라의 무용의 팔운동과 이동의 결합, 경로의 변화 (4) 나타내기: 생활감정의 표현, 상상 표현 (5) 춤추기 · 주제에 따르는 구성(보기): 바람, 물결, 희망, 꿈, 기쁨, 슬픔 · 음악에 의한 구성: 좋아하는 곡에 의한 구성 · 존슨스 스페셜 콘드라, 강강술래 (6) 이론·감상: 무용의 본질과 작품, 구성법, 의상 조명의 효과

3) 제 3차 체육과 교육과정의 무용교육(1973~1981)

: 3차 교육과정 시기의 무용교육과정 내용은 여학생을 교육대상으로 하여 무용의 특성과 표현방법 및 효과를 이해하고 창의적 표현능력, 평형성, 유연성, 민첩성을 높이는데 중점을 두었다. 2차 체육 교육과정과 다른 점은 우리나라의 민속무용과 외국의 민속무용의 내용이 강조된 것을 알 수 있으며, 창작무용과 창작과정이 새롭게 추가된 점이다.

표 7-9. 제3차 체육과 교육과정에서의 무용교육

	3차 무용 교육 내용
중학교 1학년	목표: 무용의 특성과 표현 방법을 이해하고, 명랑한 태도로 창의적으로 표현할 수 있는 능력을 높이며, 평형성, 유연성, 민첩성을 기르기 위하여 다음과 같이 무용을 한다.
	(1) 우리나라 민속무용 　㉮ 강강술래 (2) 외국의 민속무용 나. 창작무용 (1) 기초과정 　㉮ 몸 익히기 　㉯ 운동의 방법과 변화 　㉰ 시간과 공간적 변화 　㉱ 우리나라의 무용의 기초
중학교 2학년	목표: 무용의 표현 방법과 효과를 이해하고 창작적인 표현능력과 평형성, 유연성, 민첩성을 높이기 위하여 다음과 같은 무용을 한다.(여자)
	(1) 민속무용 　① 우리나라 민속무용- 농악무(소고놀이) 　② 외국 민속무용 (2) 창작무용 　① 응용과정(동작의 응용, 즉흥 표현법, 작품구성) 　② 감상
중학교 3학년	목표: 무용의 표현 방법과 효과를 이해하고 명랑성, 창의적인 표현 능력, 평형성, 유연성, 민첩성을 높이기 위하여 다음과 같은 무용을 한다.
	가. 민속 무용 (1) 우리나라 민속 무용 　㉮ 농악무 (2) 외국 민속 무용 나. 창작 무용 (1) 창작과정 　㉮ 무용 창작법 　㉯ 즉흥무 (2) 작품구성

4) 제 4차 체육과 교육과정의 무용교육(1981~1987)

: 우리나라 민속무용과 외국의 민속무용, 창작무용, 감상 교육내용으로 구성되어 있으며, 4차 체육과 교육과정에서는 (여)라고 표기 되어 있는 것이 특징이다.

표 7-10. 제4차 체육과 교육과정에서의 무용교육

	4차 무용 교육 내용
중학교 1학년	(1) 여러 가지 리듬 동작을 익힌다. (2) 우리 나라와 외국의 민속 무용을 익힌다. (3) 창작 무용의 여러 가지 기본 과정을 익힌다(여).
중학교 2학년	(1) 우리나라와 외국의 민속무용을 익힌다. (2) 창작무용의 여러 가지 응용과정을 익힌다(여). (3) 무용을 감상한다(여).
중학교 3학년	(1) 우리나라와 외국의 민속 무용을 익힌다. (2) 창작 무용의 창작 과정을 이해하고, 작품을 구성한다(여). (3) 무용을 감상한다(여).

5) 제 5차 체육과 교육과정의 무용교육(1987~1992)

: 5차 체육과 교육과정의 무용 교육 내용은 교과의 목표를 심동적·인지적·정의적 내용 영역으로 나누어 제시하고 있는 것이 특징이다. 무용은 이 가운에 심동적 영역에 제시되어 있다.

표 7-11. 제5차 체육과 교육과정에서의 무용교육

5차 무용 교육 내용
(1) 심동적 영역(육상운동, 체조, 수영, 개인 및 단체 운동, 무용, 체력 운동) (2) 인지적 영역(이론, 보건) (3) 정의적 영역

6) 제 6차 체육과 교육과정의 무용(1992~1997)

: 무용 활동을 통한 표현능력을 개발하는데 초점을 두어 무용 기본 움직임, 무용의 역사 및 무용원리, 다양한 표현기능, 무용 형식에 대한 교육내용을 강조하

고 있다. 6차 체육과 교육과정에서의 무용은 학년별로 교육내용이 제시되어 있지만 지도 내용을 구체적으로 제시되어 있지 않다.

표 7-12. 제6차 체육과 교육과정에서의 무용교육

	6차 무용 교육 내용
중학교 1학년	(가) 기본 움직임을 결합한 기능 익히기 (나) 무용의 역사 및 원리 이해하기 (다) 적극적이고 창의적으로 표현하는 태도 기르기
중학교 2학년	(가) 소재에 따른 다양한 표현 기능 익히기 (나) 무용의 가치와 특성 이해하기 (다) 소재의 특성을 창의적으로 표현하는 태도 기르기
중학교 3학년	(가) 다양한 형식으로 표현하는 기능 익히기 (나) 무용의 형식과 양식 이해하기 (다) 움직임을 아름답게 표현하는 태도 기르기

7) 제 7차 체육과 교육과정의 무용(1997~2007)

: 7차 체육과 교육과정에서는 무용교육의 내용이 학년별로 구체적으로 제시되어 있으며, 학년별로 필수 내용이 지정되어 있다. 1학년은 창작무용, 2학년은 민속무용, 3학년은 외국의 민속무용을 필수 내용으로 지정되어 있다. 창작의 기본 원리와 표현방법, 특성과 효과를 인식하고 창의적 표현 능력을 기르도록 하기 위한 교육내용으로 구성되어 있다.

표 7-13. 제7차 체육과 교육과정에서의 무용교육

	7차 무용 교육 내용
중학교 1학년	무용 영역에는 창작 무용과 민속 무용 등이 포함된다. 이 중에서 창작 무용을 필수 내용으로 하며, 그 밖의 내용을 선택으로 할 수 있다. (1) 창작 무용 및 선택 내용의 다양한 표현 방법을 이해하여, 기능을 익힌다. (2) 창작무용 및 선택 내용의 특성과 효과를 알고, 창작의 기본 원리를 이해한다. (3) 창작무용 및 선택 내용의 가치를 인식하고, 창의적으로 표현하려는 태도를 기른다.

중학교 2학년	무용 영역에는 창작 무용과 민속 무용 등이 포함된다. 이 중에서 우리 나라의 민속 무용을 필수 내용으로 하며, 그 밖의 내용을 선택으로 할 수 있다. (1) 우리나라의 민속무용 및 선택내용의 다양한 표현 방법을 이해하며, 기능을 익힌다. (2) 우리나라의 민속무용 및 선택내용의 특성과 효과를 알고, 우리나라 민속무용의 역사를 이해한다. (3) 우리나라의 민속무용과 선택내용의 가치를 인식하고, 적극적으로 표현하려는 태도를 기른다.
중학교 3학년	무용 영역에는 창작 무용과 민속 무용 등이 포함된다. 이 중에서 외국의 민속 무용을 필수 내용으로 하며, 그 밖의 내용을 선택을 할 수 있다. (1) 외국의 민속 무용 및 선택 내용의 다양한 표현 방법을 이해하며 기능을 익힌다. (2) 외국의 민속 무용 및 선택 내용의 특성과 효과를 알고, 각 나라 민속 무용의 역사를 이해한다. (3) 외국의 민속 무용 및 선택 내용의 가치를 인식하고, 적극적으로 표현하려는 태도를 기른다.

8) 2007년 개정 체육과 교육과정의 무용

: 2007년 개정 체육과 교육과정에서는 그동안의 교육과정 개정에서 볼 수 없었던 커다란 변화를 가져왔다. 특히, 무용교육 부분에서 그동안 '무용'이라고 한 대영역의 명칭이 '표현활동'으로 바뀌었고, 그 내용도 기존의 발레, 현대무용, 민속무용과 같은 무용뿐만 아니라 음악줄넘기, 피겨스케이팅, 댄스스포츠와 같은 예술적 표현이 가능한 스포츠 활동을 포괄하고 있다. 표현활동에서는 창작, 표현, 감상의 교육내용을 강조하여, 학년별로 1학년 심미표현과 창작, 2학년 현대표현과 창작, 3학년 전통표현과 창작으로 내용 영역을 구분하였다.

표 7-14. 2007년 개정 체육과 교육과정에서의 무용교육(표현활동으로 개정됨)

창작 표현		
7학년	8학년	9학년
○ 심미 표현과 창작 · 특성과 유형 · 표현 방법, 창작, 감상 · 심미적 태도	○ 현대 표현과 창작 · 역사와 유형 · 표현방법, 창작, 감상 · 대인관계	○ 전통 표현과 창작 · 역사와 유형 · 표현방법, 창작, 감상 · 전통 의식과 예절

지금까지 살펴본 무용교육은 제 1차 체육과 교육과정부터 2007년 개정 체육과 교육과정에 이르기까지 체육의 한 영역으로써 창의성과 예술성, 표현능력을 강조하는 교육적 가치를 구현하여 왔다. 2007년 개정 체육과 교육과정에서는 기존의 스포츠 기능뿐 아니라 인문적, 과학적, 예술성 측면의 균형 및 통합적 교육을 강조하고 있는데 무용교육은 다른 어떤 영역보다 스포츠의 예술적 측면의 교육을 담당하는데 가장 적합한 분야라고 할 수 있다.

또한, 무용교육은 미래 사회에 필요한 창의성과 인성을 고루 발달시키는 데 매우 좋은 영역으로 학교 교육에서는 물론 평생교육의 장에서도 매우 유용하게 학습될 수 있다.

chapter 07 체육학의 교육 영역

 복습문제

1. 선사시대부터 현대의 무용에 이르기까지 각 시대에 행해졌던 무용의 종류와 의미에 대하여 서로 이야기해보자.

2. 라반의 움직임 4가지 요소를 제시하고 설명해보자.

3. 현대에 유행하고 있는 무용에는 어떠한 것이 있는지 살펴보고, 움직임의 특징에 대하여 발표해보자.

4. 우리나라 체육과 교육과정 1차~7차 교육과정에 제시된 무용의 종류는 무엇이 있는지 조사해보자.

5. 교육과학기술부 홈페이지에서 2007년 개정 체육과 교육과정 '표현활동' 영역의 내용을 찾아보고, 초·중·고등학교 급별로 표현활동의 내용을 찾아보자.

6. 무용 교육을 통하여 얻을 수 있는 교육적 효과는 무엇인지 토론해보자.

7. 과거 무용을 배워본 경험에 대하여 서로 이야기해보고 긍정적, 부정적 체험은 무엇이었는지 서로 이야기해보자.

8. 무용과 관련된 영화나 시 한편을 선정하여 감상해보고 감상문을 작성해보자.

9. 우리나라 민속 무용과 외국의 민속 무용 종류는 어떠한 것들이 있는지 조사해보고, 특징에 대하여 간단히 설명해보자.

10. 발레나 현대무용 등 무용 공연을 감상하고 감상문을 작성해보자.

 참고문헌

강신복 외 20명(2009). 중학교 체육 1학년 교과서. 서울: 두산동아 출판사.
김양신(1979). 무용지도의 연구. 서울: 도서출판 학문사.
배소심, 김영아 (1985). 세계무용사. 서울: 도서출판 금광.
한국무용교육학회(2003). 무용교육이란 무엇인가. 서울: 도서출판 한학문화.
 http://www.mest.go.kr

6. 학교보건

'웰빙, 잘 먹고 잘 살기' 등 건강과 관련된 사회적 요인이 부각되면서 '어떻게 하면 질병 없이 건강하게 잘 살 수 있을 것인가'에 대해 관심이 쏠리고 있다. 특히 사람들의 건강에 대한 인식이 변화되면서 이제는 치료적 차원의 보건과 복지가 아닌 예방적 차원에서의 보건과 복지에 그 의미를 두고 있다. 즉, 이미 발생한 질병을 관리하고 치료하기 위한 목적이 아닌 질병이나 질환이 발생하기 전에 운동을 통해서 열심히 건강을 유지, 증진하기 위한 목적으로 스포츠 프로그램이 활용되고 있다.

이에 본 장에서는 보건의 의미와 질환의 유형 및 예방에 대해 설명하고자 한다.

1 보건의 정의

보건(保健)은 말 그대로 건강을 지켜 나가는 일이라고 할 수 있다. 즉, 개인의 질병을 예방하고 생명을 연장시키며, 신체적, 정신적 효율을 증진시키고자 건강에 장애가 되는 요소를 찾아내어 이를 제거하는 데 중점을 두고 있다.

우리나라의 국민들의 보건과 복지를 담당하고 있는 보건복지부의 탄생은 보건, 후생, 노동, 주택 및 부녀문제에 관한 사무를 관장하기 위해 1948년 사회부가 신설되었다. 이후 국민보건, 위생, 의정, 방역 및 약정에 관한 사항을 분장하기 위해 1949년 보건부를 신설하였으며, 1955년에는 보건부와 사회부를 통합하여 보건사회부를 설립하였고 이를 통해 의무, 방역, 보건, 위생, 약무, 구호, 원호, 후생, 주택, 부녀문제 및 노동에 관한 사무를 관장하였다. 이는 보건위생, 방역, 의정, 약정, 생활보호, 자활지원, 여성복지, 아동(영유아보육 제외), 노인, 장애인 및 사회보장에 관한 사무를 관장하기 위해 1994년 보건사회부를 '보건복지부'로 개편하여 현재에 이르게 되었다(보건복지부, 2007).

보건복지부 시행의 주요 부문별 투자방향은 다음과 같다.

- 인적·사회적 자본에 대한 사회투자 강화
 - 아동의 건강·복지·교육, 자산형성지원 등 인적자본투자 확대
 - 돌봄 서비스 등 국민 삶의 질 향상을 위한 사회서비스 확대
 - 바우처 지급 등 사회서비스 시장 활성화를 통한 일자리 창출

- 저출산, 고령사회에 대한 선제적 대응
 - 출산 및 자녀양육을 위한 사회적 기반 조성
 - 고령사회 삶의 질 향상을 위한 기반 구축
 - 국내 입양 활성화 및 입양 사후관리 강화

- 사회안전망 확대 및 복지 사각지대 완화
 - 기초수급자에 대한 생계급여, 의료급여제도의 내실화
 - 아동, 장애인 등 취약계층 지원 강화
 - 사회적 일자리 확충을 통한 탈 빈곤 지원 강화

- 건강사회를 위한 예방적 보건서비스 강화
 - 건강한 생활습관 함양 및 사전·예방적 건강증진서비스 확대
 - 심뇌혈관질환, 국가 필수예방접종 등 국가 건강관리체계 구축

- 미래 성장잠재력 확보기반 구축
 - 보건의료산업의 지속적인 발전체계 구축
 - 보건의료기술 개발투자 효율성 강화, 공공 보건의료기반 확충

2 건강

세계보건기구(W.H.O: World Health Organization)는 건강이라는 개념에 대해 '단순하게 질병이 없는 상태로서가 아니라 완전한 육체적·정신적, 그리고 사회복지의 상태' 라고 하는 적극적 의미로 규정하고 있다. 즉, "건강이란 단순히 몸에 병이 없다거나 몸이 허약하지 않다는 것뿐만 아니라 육체적·정신적·사회적으로 완전히 조화가 이루어진 양호한 상태" 로 정의하고 있다.

세계보건기구는 1948년 보건상태의 향상을 위한 국제적 협력을 촉진시키기 위해 설립된 국제연합특별기구로서, 스위스의 쥬네브에서 발표된 세계보건기구 헌장에서 건강에 대해 "Health is a state of complete physical, mental and social well-being, and not merely absence of disease or infirmity" 라고 정의 내렸다. 1923년에 설립된 국제연맹 산하 보건기구와 1909년 파리에 설립된 국제공중보건 사무소의 전염병 통제, 격리조치, 약물표준화 등에 관련된 특수한 업무를 담당하고 있으며, 모든 사람들이 최상의 건강상태를 달성할 수 있도록 하는 정책을 추진하기 위해 노력하고 있다.

우리말에서 건강이라는 용어는 "굳세고 병이 없으며 편안하고 즐거움" 을 뜻하는 반면, 건강에 해당하는 영어의 'Health'는 신체조건이 양호하다는 뜻의 고어인 'Hal'에서 유래된 것으로 신체상태가 완전하고 양호하며 굳세다는 어원적 의미를 갖는다(전태원, 현무성, 정영수 편저, 2001).

건강의 척도에 영향을 주는 요소로는 다음과 같다(추건이·공창빈·김원현·신충식·유미림, 2004).

- 질병이 없고 신체의 기능장애가 없어야 한다.
- 일상생활에서 삶의 보람을 느끼고 적당한 정력과 쾌활감이 있어야 한다.
- 좋은 식욕과 안정된 몸무게를 유지해야 한다.
- 충분한 수면과 안락한 생활이 있어야 한다.
- 정서적 안정과 사회생활이 조화있게 이루어질 수 있어야 한다.

이와 같이 건강이란 시대적 변화에 따라 다양하게 정의되고 있다. 의식주를 자신의 힘으로 해결해야했던 원시시대에는 건강을 강건한 육체에 국한시켜 생각했으며, 사회가 복잡해지기 시작한 중세에 이르러서는 건강의 이론적 개념을 몸과 마음의 양면에서 생각하게 되었다. 그리고 인구가 폭발적으로 증가한 현대사회에 이르러 건강은 사회적 측면까지 포함하는 의미로 해석되고 있다(3급 생활체육지도자 연수, 2005).

과거의 건강에 대한 개념에 웰니스(wellness)라는 개념이 추가됨으로써 건강에 대한 새로운 개념이 형성되었으며, 여기에는 삶의 질 향상과 잠재적 능력을 극대화하기 위한 제반활동까지 포함하고 있다. 즉, 다음과 같이 요약할 수 있다.

① 일과 업무를 효과적으로 수행할 수 있는 신체적 능력
② 최상의 삶의 질을 추구할 수 있는 도전적인 정신력
③ 주위 환경과 성공적으로 상호작용할 수 있는 사회적 능력
④ 스트레스 조절 및 감정을 적절히 표현할 수 있는 정서적 능력
⑤ 지속적인 발전을 추구하고 새로운 도전을 효과적으로 수행할 수 있는 지적 능력을 갖춘 상태

마지막으로 오레곤 대학의 앤더슨이 주장하는 건강의 정도에 대한 분류(추건이 외, 2004)를 제시하고자 한다. 이를 통해 자신의 건강 정도는 어디에 속해 있으며, 추후 어떠한 방향으로 건강을 유지·증진 시킬 것인가에 대한 논의가 요구된다.

- 제 1도 건강

: 완전무결하게 건강한 사람은 아니지만 최고 수준의 건강을 소유하고 있다. 병이 없고 기능 장해를 초래할만한 결함을 찾아볼 수가 없다. 그러나 때때로 두통이나 경미한 감염증과 같은 사소한 질병에 걸리는 수도 있으나 일시적으로 발생한다.

- 제 2도 건강

: 보통 우리가 말하는 건강이 여기에 속하며, 병이 없고 기능장애를 초래할만한 결함을 찾아낼 수 없는 것이 그 특징이다. 정력, 쾌활, 인생을 살아가는데 보람을

느끼는 사람들이 대부분이다. 여기에 속하는 사람들은 건강을 높여주는 다양한 규칙을 자신에게 적용함으로써 최고 수준의 건강에 도달할 수 있다.

- 제 3도 건강

: 정상적인 범위에 들면서 병이 없고 신체기능 장해를 일으킬 만한 결함은 없다 할지라도 하급에 속한다. 여기에 속하는 사람은 일상생활을 하는데 별 지장이 없다고는 하지만 활동적인 사회생활에 필요한 신체적인 생활력과 힘이 부족하다. 이렇다할 이유 없이 피로를 느끼며, 하고자 하는 일이나 할 일을 다 할 수 없다고 생각한다.

- 제 4도 건강

: 정상적인 건강 범위를 벗어나서 만성 감염증이나 기질적 장해를 갖고 있으므로 각자의 생활력이 낮아진 것뿐만 아니라 심리적인 부담까지 갖고 있다. 건강을 회복하기 위해서 우선적으로 해야 할 일은 근본적으로 병적 상태를 명백히 밝히는데 있으며, 필요한 진찰과 치료를 받아야 한다.

- 제 5도 건강

: 다양한 질병이나 기능장애로 인하여 일상생활을 제대로 수행하지 못한다. 여기에 속하는 사람들은 환자임이 틀림없으므로 의사의 치료를 받아야 한다.

표 7-15. 건강과 체력의 연속체 개념

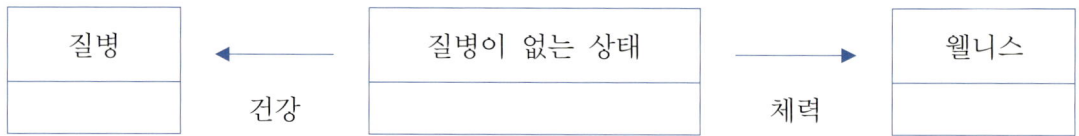

3 고혈압과 건강

1) 고혈압의 원인

고혈압의 원인은 다양하게 나타나지만 일반적으로 가족력을 제외하고는 본인의 부주의에 의해서 발생하는 경우가 대부분이다. 특히 운동부족으로 인한 비만, 염분의 과다섭취, 스트레스, 과음, 흡연 등은 고혈압을 발병시키는 주요 원인이다. 때문에 자신의 생활환경을 뒤돌아보고 내 주변에 잠재되어 있는 고혈압 발병 원인이 무엇인가에 대해 진지하게 생각해 보아야 한다. 고혈압은 "완치"할 수 있는 질병이 아니라 본인이 스스로 자신의 건강 상태를 조절하는 질환이다. 따라서 꾸준한 운동과 식사 조절, 스트레스 완화 등의 자기 조절을 통해 고혈압을 미연에 예방하는 것은 무엇보다도 중요하다.

2) 고혈압의 증상

일반적으로 고혈압은 일상생활에 그다지 커다란 불편이 없고 증상이 나타나지 않기 때문에 간과하기 쉽다. 주요 증상으로는 뒷머리가 띵함, 어지러움, 쉽게 피곤함, 부종, 호흡곤란, 가슴통증, 구토 등이 있다. 그러나 조그만 증상이라도 그냥 지나치는 일이 반복되면 추후 심각한 문제를 초래하게 된다. 따라서 평상시 자신의 평상시 혈압, 운동 시 혈압, 스트레스 받았을 때 혈압 등 다양한 조건에서 혈압을 측정해 두고 추후 자신의 혈압이 어떻게 변화되는가에 대한 지속적인 관찰을 해야 하며, 혈압 관찰 일지, 운동일지 등을 함께 작성하는 것도 자신의 혈압 관리에 매우 중요하다. 평상시 조절 혈압 목표는 130/80mmHg 이하로 한다.

3) 고혈압과 식사

고혈압의 주요 원인으로 과다한 염분섭취, 자극적인 식사, 고열량 섭취 등이 있다. 고혈압을 예방하기 위해서 음식은 싱겁게 먹고, 인스턴트 식품이나 패스트푸드, 술안주, 팝콘, 튀김류, 버터, 가공식품 등은 피해야 한다. 또한 술이나 안주 등은 고열량에 속하므로 피하는 것이 좋다.

4) 고혈압과 운동

고혈압과 운동은 아무리 강조해도 지나침이 없다. 딱히 고혈압이 아니라도 평소의 꾸준한 운동은 개인의 건강함을 보장하는 보증수표임은 누구나 알고 있는 사실이다. 그러나 모든 운동이 고혈압에 도움이 되는 것은 아니다. 특히 혈압과 관련이 있는 질환일수록 아령 들기와 같은 중량운동이나 빨리 달리기와 같이 일시에 혈압을 올리는 운동은 삼가는 것이 좋다.

추천하는 운동으로는 힘을 써서 하는 운동이 아니고 가볍게 실시하는 운동이면 무엇이든 가능하다는 것이다. 특히 천천히 걷기, 체조, 수영, 자전거 타기, 산책 등으로 꾸준히 규칙적으로 운동해야 한다. 다만, 주의할 점으로 무리한 운동은 오히려 고혈압을 악화시킬 수도 있으며, 고혈압 이외의 질환을 가지고 있는 경우 운동에 더욱 주의를 해야 한다.

적절한 운동 시간으로는 매일하는 것이 가장 좋고, 시간이 없을 경우 일주일에 3회 이상, 즉 하루걸러 가볍게 운동을 실시해야 한다. 운동량은 하루 30-40분 정도면 충분하다. 운동량이 많을수록 운동효과가 높아지는 것은 절대 아니므로 운동을 한 후 심한 피로감이 느껴지지 않도록 자신의 운동량을 체크하는 것이 좋다.

또한, 혈압이 160/105mmHg 이 넘는 사람은 스포츠의학센터에서 전문의로부터 운동처방을 받아 운동을 하는 게 좋다. 반면 혈압이 175/105mmHg 이상인 사람들은 운동을 하지 않는 것이 좋다. 무리한 운동은 나쁜 결과를 초래할 수도 있기 때문이다. 가장 중요한 것은 운동을 할 때 절대로 스트레스를 받지 않고 즐겁게 함께 어울려서 즐길 수 있는 마음의 여유를 갖는 것이 중요하다.

5) 고혈압에 좋은 운동

- 적합한 운동 : 평지에서 걷기, 물속에서 걷기, 체조 등 가볍게 실시하는 운동
- 부적합한 운동 : 축구, 배드민턴, 웨이트 운동 등 혈압을 급격히 상승시키는 운동

아래에 제시하고 있는 고혈압에 좋은 운동은 적어도 주 3회 이상, 매회 최소 30분 정도, 가볍게 혹은 운동 후 피로감이 느껴지지 않을 정도의 강도가 효과적이다. 중요한 것은 운동 기간이 3개월 미만, 주 3회 미만 일 경우 운동 효과는 거의 없다.

(1) 가볍게 걷기

자신의 혈압상태에 맞는 강도와 속도로 운동을 조절한다. 일반적인 걷기 속도로는 1분 동안에 60m 정도가 적당하다. 걷기에 익숙해진 후 속도를 높여야 한다.

(2) 가볍게 달리기

매일, 하루 30분을 넘지 않는다. 특히 초기 고혈압일 경우 추천하는 운동이다.

(3) 수영

수영은 혈압을 낮추는 데 가장 좋은 운동이다. 매일, 하루 30분을 넘지 않아야 하며, 수영을 못할 경우 물속에서 걷거나 몸을 움직이는 것만으로도 효과가 있다.

(4) 발바닥 자극 운동

발바닥 밑에 나무토막이나 병, 발바닥 자극기구 등을 하루에 3-4번씩 한번에 5-10분 동안 밟는 것이 효과적이다.

(5) 발목펌프운동

발목펌프운동은 다리 아래 부분의 정맥근 펌프작용을 촉진해 정맥혈의 순환이 잘 되게 하여 혈압을 조절하는데 효과적이다. 하루 10-20분 정도 실시한다. 이 운동은 발목침을 다리 아래에 놓고 눕거나 기대앉은 자세에서 오른발, 왼발 10번씩 교대로 평면에서 약 20-30센티 정도 발을 들어 올렸다가 발목침 위에 떨어뜨린다. 양발 합해서 500-600번 정도, 하루 2-3회 아침 공복 때와 취침 전에 실시하면 혈압을 조절하는데 좋다.

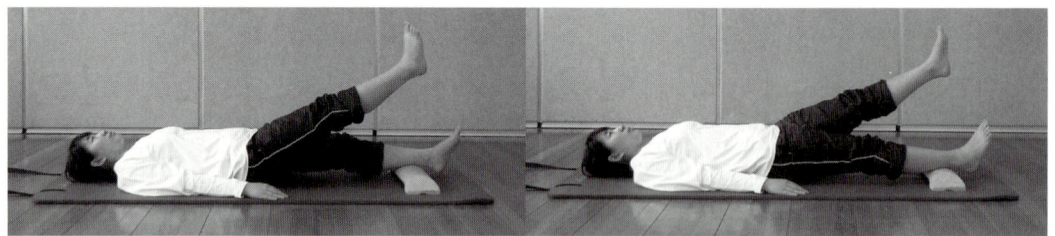

(6) 누워 손과 다리 흔들기

바닥에 누운 후에 손발을 심장보다 높게 들고 흔들어 주는 운동은 혈액순환을 좋게 하여 고혈압은 내리고 저혈압은 높이는데 큰 효과가 있다.

(7) 스트레칭

가벼운 스트레칭으로 몸의 긴장을 풀어준다.

4 당뇨병과 건강

1) 당뇨의 원인

당뇨의 원인은 혈당을 조절해주는 인슐린이라는 호르몬에 이상이 있는 경우가 대부분이다. 인슐린은 영양소가 원활한 역할을 하도록 도와주는 호르몬으로 이상이 생길 경우 섭취한 영양소가 신체에 골고루 퍼지지 못하게 되며, 이로 인해 혈관 내 혈당이 높아져 소변으로 배설되거나 혈액 중의 콜레스테롤 혹은 중성 지방으로 변하게 된다. 당뇨는 비만과 직접적인 관계가 있으며, 특히 30세 이후 비만인에게 많이 나타난다. 최근에는 정신적인 스트레스를 강하게 받았을 경우에도 종종 발생하고 있다.

2) 당뇨의 증상

일반적으로 당뇨를 스스로 느끼는 최초의 증상은 다음, 다식, 다뇨의 3가지 현상으로 요약된다. 즉, 많은 양의 소변, 심한 갈증, 잦은 공복감 등의 증상이 나타난다. 또한 피로와 권태가 쉽게 오며, 매사가 나른하고 귀찮게 느껴지는 것이 자주 반복될 때 당뇨를 의심해 볼 필요가 있다.

3) 당뇨와 식사

당뇨의 경우 '무엇을 먹어야 하는가' 보다 '무엇을 어떻게 먹어야 하는가' 가 더욱 중요하다. 때문에 운동과 함께 적절한 열량, 균형 잡힌 영양소 섭취 그리고 규칙적인 식사로 요약되는 적절한 식사요법을 실시할 때 당뇨를 이겨낼 수 있다. 또한, 하루에 필요한 열량을 적절히 섭취하는 것도 중요하지만 일정한 양을 일정한 시간에 먹는 것도 중요하다. 어느 한 끼에 과식을 한다면 혈당의 균형이 깨져 정상적인 혈당조절에 오랜 시간이 걸린다.

4) 당뇨와 운동

당뇨 질환자에게 운동은 꼭 필요한 활동이다. 왜냐하면, 당뇨병은 혈당 자체도 문제지만 여러 합병증을 일으킨다는데 문제점이 있기 때문이다.

운동을 시작하기 전에 측정한 혈당이 290mg/dl 이상이거나 60mg/dl 이하면 혈당수치가 안정적으로 조절될 때까지 운동을 하지 않는 것이 좋다. 공복 시 혈당 160mg/dl 이하, 식후 혈당 250mg/dl 이하인 사람들에게는 운동이 더욱 효과적이다. 특히 자신의 건강상태를 잘 파악한 후 자신에게 맞는 강도의 운동을 선택하는 것은 매우 중요한 문제이다. 공복상태에서의 운동은 절대 금물이며, 식후 2~3시간이 지난 후에 운동을 하는 것이 적당하고, 운동 중에 적절한 수분섭취로 탈수를 예방해야 한다. 또한, 저혈당에 대비해 항상 사탕이나 당분이 든 음식을 지니고 다니도록 한다.

운동요법으로 효과를 보기 위해서는 일정한 칼로리를 소비하는 운동량을 결정하고, 꾸준히 지속적으로 참여하는 것이 중요하다. 그러나 혈당이 너무 높은 사람은 식사나 약물요법을 우선적으로 시작해야 하므로 운동을 시작하기 전 과학적인 운동처방을 받는 것이 바람직하다.

5) 당뇨에 좋은 운동
- 적합한 운동 : 하체에 부담이 적은 걷기, 맨손체조, 수영, 계단운동, 근육강화 운동
- 부적합한 운동 : 강도가 강한 운동

아래에 제시하고 있는 당뇨에 좋은 운동은 적어도 주 3회 이상, 매회 최소 30분 정도, 하루 3-4회로 나누어 운동시간을 계획하는 것이 중요하다. 처음부터 운동 강도가 너무 강할 경우 혈당치와 인슐린 수치가 모두 상승해서 오히려 역효과를 가져올 수 있으므로 옆 사람과의 대화가 가능할 정도의 숨이 차거나 콧등에 땀이 송글송글 맺힐 정도의 운동 강도가 효과적이다. 중요한 것은 운동 기간이 3개월 미만, 주 3회 미만 일 경우 운동 효과는 거의 없다.

(1) 가벼운 파워워킹
자신의 혈압상태에 맞는 강도와 속도를 운동을 조절한다. 일반적인 걷기 속도로는 1분 동안에 80m가 적당하다. 걷기에 익숙해진 후 속도를 높여야 한다.

(2) 다리 들었다 내리기
바닥에 눕거나 비스듬히 앉은 상태에서 다리를 45도 각도로 들어올리기를 반복하되 양발 번갈아 실시한다.

(3) 스쿼트 운동
양발을 어깨너비로 넓힌 뒤 양팔은 서로 굽혀 반대쪽 팔꿈치를 잡고 어깨높이로 들어올린다. 이 자세를 유지하되 양쪽 무릎을 천천히 굽혔다 펴기를 반복한다.

5 관절염과 건강

1) 관절염의 원인

일반적으로 관절염은 염증성 질환으로 관절이 퇴화하는 질병이다. 초기에는 관절이 붓고 열이 나며, 심한 경우 관절 변형을 일으키기도 한다. 여성의 발병률이 남성보다 3배 정도 높지만 나이가 들어감에 따라 남녀차가 감소된다. 원인으로는 관절연골이 약해지고 관절표면이 거칠어진 경우, 관절의 손상, 과다한 체중 등에 기인한다.

2) 관절염의 증상

무리한 일을 한 후 갑자기 아프고 움직이기 힘들어지는 것이 일반적인 증상이다. 특히 아침에 자고 일어나서 관절의 뻣뻣함이 30분 동안 지속될 때, 갑작스런 계단 오르기, 등산이 힘들어지는 경우 관절염을 의심해 봐야 한다.

3) 관절염과 운동

관절을 움직이지 않고 주위 근육을 강화시키는 운동이 가장 적절하다. 그러나 잘못된 운동 상식으로 인한 운동은 무릎 관절에 무리를 줘 오히려 관절염이 악화되기도 한다. 체중 1kg이 늘어날 때마다 무릎 관절이 받는 하중은 그 3배에 이르는 3kg이므로 특히 비만한 사람이 등산이나 계단 오르기 같은 운동을 하는 것은 무릎 관절에 치명적이다.

관절이 약한 사람들은 관절을 움직이지 않은 근육운동을 2~3주 정도 실시한 후 수영, 등산, 자전거 타기 등과 같이 운동 강도를 점차 높이는 것이 좋다. 중요한 것은 운동 후 느껴지는 통증이 2시간 이상 지속되는 운동은 실시하지 않는 것이 좋다.

아프다고 무조건 약물에 의존해 누워서만 생활한다면 오히려 근육이 위축되고 관절염이 악화될 수 있으므로 관절에 부담이 덜 가는 운동을 조금씩 실시하는 것이 바람직하며, 운동으로 한 번에 관절염을 뿌리 뽑겠다는 생각보다는 지속적인 운동요법을 통해 관절염을 다스리는 것이 더욱 중요하다.

4) 관절염에 좋은 운동

- 적합한 운동 : 실내자전거 타기, 물 속 걷기, 수영, 가벼운 체조 등
- 부적합한 운동 : 계단 오르내리기, 조깅, 달리기 등

관절염에 좋은 운동은 적어도 하루에 20~30분 정도, 일주일에 3~4일 규칙적으로 하는 것이 좋다. 처음부터 운동 강도가 너무 강할 경우 관절에 무리를 줄 수가 있다.

특히 운동으로 걷기를 선택할 경우 딱딱한 아스팔트나 시멘트 바닥보다는 학교 운동장, 흙길을 걷는 것이 가장 좋으며, 급경사를 오르내리는 것은 금물이다. 짬짬이 스트레칭을 실시하는 것도 효과적이다. 또한 가능하면, 운동시간은 짧게, 운동 횟수는 많게 하는 것이 좋다.

chapter 07 체육학의 교육 영역

 복습문제

1. 보건의 의미는 무엇인가 설명해 보자.

2. 보건복지부의 부문별 투자방향에 대해 설명해 보자.

3. 건강의 다양한 정의에 대해 요약해보자.

4. 세계건강기구(W.H.O)의 역할은 무엇인가 논의해 보자.

5. 건강의 척도 5가지에 대해 설명해 보다.

6. 자신의 건강상태에 대해 평가해보고 다른 사람과 비교하여 설명해 보자.

7. 정신적 건강의 의미는 무엇인가 ?

8. 고혈압의 증상 및 운동요법은 무엇인가 ?

9. 당뇨병의 원인은 무엇이며, 운동요법은 무엇이 있는가 설명해 보자.

10. 관절염의 원인 및 증상은 무엇이며, 어떠한 운동요법이 시행되어야 할 것인가에 대해 설명해 보자.

 참고문헌

전태원, 현무성, 정영수 편저(2001). 현대사회와 건강. 도서출판 무지개사.

추건이, 공창빈, 김원현, 신충식, 유미림(2004). 21세기 공중보건학. 도서출판 지식시대.

3급 생활체육지도자 연수(2005). 트레이닝방법론. 생활체육지도자 연수원. 보건복지부(2007). http://www.mohw.go.kr/

3부

체육학 분야 진로

Chapter 08 체육분야 전문진로

정 태 욱

1. 체육환경의 변화

2. 산업으로서의 스포츠

3. 체육분야별 진로

1. 체육환경의 변화

우리나라는 '88서울올림픽 개최와 함께 1990년대의 경제발전과 국민생활수준의 향상, 그리고 2002한일월드컵대회를 치루면서 체육에 대한 인식이 새롭게 변화되었다. 즉 체육이 국위를 선양함은 물론이거니와 국민 누구나가 건강증진과 삶의 질 향상을 위해 참여할 수 있는 여가활동이라는 가치관이 형성되었다. 이로 인해 스포츠는 우리들의 삶 속에 깊숙이 침투해 있다. 우리는 단 하루라도 스포츠의 영향력을 벗어나기 힘들다.

스포츠가 이와 같이 대중화·보편화되면서 하나의 사회현상으로 자리 잡게 된 계기는 산업혁명이라고 할 수 있다. 산업혁명 이후 경제적·시간적으로 여유를 갖게 된 현대인은 주요한 여가활동으로서 스포츠를 즐길 수 있게 되었다. 따라서 다가오는 미래사회에서 스포츠가 현재와 같이 지속적인 발전을 이룩하고 사회발전에 이바지하기 위해서는 무엇보다도 먼저 스포츠를 둘러싸고 있는 다양한 사회환경의 변화를 이해할 필요가 있다.

- 지식정보화사회의 도래

현대사회를 흔히 정보화 사회라고 부른다. 이는 정보가 우리의 삶에 있어서 차지하는 비중이 과거와는 비교할 수 없을 정도로 중요한 의의를 지니고 있다는 것을 의미한다. 특히 디지털혁명으로 인한 새로운 차원의 정보기술은 기업의 경영방식을 바꾸어 놓았을 뿐만 아니라 기업에서 일하는 사람들의 업무방식에 있어서도 많은 변화를 초래하였다. 이와 같은 변화는 컴퓨터 가격의 하락으로 인한 구입의 용이성, 통신 인프라의 구축, 그리고 컴퓨터 사용의 편이성 등과 같은 정보환경의 변화로 인해 가능해졌으며, 이러한 정보환경의 변화는 사회의 모습을 과거 산업사회와는 매우 다른 양태로 변화시키고 있다.

- 건강 및 레저스포츠에 대한 관심 증대

주 40시간 근무제가 확대되고 소득수준이 높아짐에 따라 건강 및 레저스포츠

에 대한 관심이 증대되고 있다. 주 40시간 근무제의 확산으로 인해 종전에 비해 여가활동이 다양해졌으며, 자기계발 및 취미활동에 보다 많은 투자가 이루어지고 있다. 이로 인해 규칙적으로 운동을 하는 사람들의 수가 증가하였으며, 유아체육 및 실버스포츠를 포함한 다양한 레저스포츠에 대한 관심이 증대하고 있다.

- 스포츠의 세계화

스포츠의 세계화란 스포츠영역에서 일어난 세계화로서 일종의 동질화이자 세계 지역간에 상호의존성이 증대되는 과정을 말한다. 스포츠는 제도화된 신체활동으로서 다른 어느 분야보다 세계화되는데 유리한 속성을 내포하고 있다. 올림픽이나 월드컵과 같은 대규모 스포츠행사는 스포츠가 세계화되는데 많은 기여를 하고 있다.

- 뉴미디어 시대의 도래

뉴미디어란 전자기술과 통신기술의 혁신으로 창출된 새로운 정보 전달매체를 말한다. 뉴미디어의 종류에는 인터넷 매체를 비롯하여 CATV, 비디오텍스, 텔레텍스, 화상응답시스템, HDTV 등이 있으며, 앞으로 더욱 새로운 형태의 매체가 등장할 것으로 예상된다. 뉴미디어는 기존의 대중매체에 비하여 쌍방향적, 분산적, 복합적 성격을 지님으로써 종래의 송신자 주도에서 수신자 주도의 정보유통체계로 변모하게 되었다. 이러한 뉴미디어의 등장은 스포츠산업의 발전에 긍정적인 요인으로 작용하고 있다.

2. 산업으로서의 스포츠

현대사회에서 체육환경은 삶의 목표가 일을 위한 여가에서 여가를 위한 일로 변모함에 따라 일상생활 속에 깊숙이 침투하여 현대인의 삶에 없어서는 안 될 하나의 사회적 촉매제로서의 역할을 담당하고 있다. 더욱이 최근 들어서는 스포츠에 대한 산업적 가치가 증대됨에 따라 체육분야와 관련된 직업환경은 더욱 다양해지고 있다.

스포츠의 수요와 공급을 위한 시장의 범위가 사회 전반으로 확대되고 있으며, 스포츠 시장은 단순한 경제적 의미의 시장 개념을 뛰어 넘어 자체의 논리와 법칙에 따라 움직이는 하나의 거대한 산업으로 발전하고 있다. 이로 인해 국가의 경제력을 가늠하는 잣대로 중시되어 온 GNP나 GDP개념과 함께 한 국가의 스포츠와 관련된 경제력을 나타내는 GNSP나 DGSP와 같은 용어가 새롭게 부각되고 있다. 이러한 현상은 금세기에 들어 경제발전과 함께 스포츠 분야가 급속한 성장을 이룩했다는 사실에서 신뢰감을 더해 주고 있다.

1 스포츠산업의 대두

88서울올림픽으로 대표되는 1980년대를 엘리트체육의 전성기, 1990년대는 생활체육의 전성기라고 말한다. 지식정보사회로 일컬어지는 21세기는 스포츠산업의 전성기라고 할 수 있다. 스포츠산업은 제조업, 서비스업, 유통업 등 기존 산업과 정보기술, 멀티미디어 등 지식산업이 연계된 복합산업으로서 무한한 성장잠재력을 가진 21세기 유망산업으로 성장하고 있다.

최근 들어 스포츠산업의 규모가 커지고, 전체 산업구조 속에서 스포츠산업이 차지하는 비중이 점차 증가하고 있다. 우리나라에서는 아직까지 스포츠산업의 전체적인 규모나 내용에 대한 구체적인 보고가 제대로 이루어지지 않고 있지만, 2007년 기준 국내 스포츠산업의 규모는 연간 매출규모와 소비시장 규모를 기준으로 하여 산정할 때 23조 2,698억원으로 국내총생산(GDP)의 4.26%를 차지하였다. 이는 2002년의 14조 751억 1,000만원보다 9조 1,9469억원 이상 증가한 규모이다.

스포츠산업은 스포츠활동과 관련된 경제활동을 하나로 묶은 것으로서 스포츠활동에 필요한 용품과 설비, 그리고 스포츠경기, 이벤트, 강습 등과 같은 유·무형의 재화나 서비스를 생산·유통시켜 부가가치를 창출하는 산업이다. 따라서 스포츠산업의 영역은 스포츠활동과 스포츠활동을 지원하거나 스포츠활동의 경제적 가치를 확장시키려는 다양한 경제활동을 포함하여 광범위하다.

2 스포츠산업의 분류

스포츠산업은 크게 제공된 재화나 서비스의 특징과 사업단위가 수행하는 경제활동의 특성에 따라 스포츠시설업, 스포츠용품업, 스포츠서비스업 등으로 분류할 수 있다.

스포츠시설업은 생활체육에서부터 올림픽 또는 월드컵 같은 국제대회를 치를 수 있는 경기장 건설 및 운영업에 이르는 범위를 포함한다. 스포츠용품업은 스포츠용품제조업과 스포츠용품유통업으로 구분되며, 특히 스포츠용품업은 엘리트선수, 순수 아마추어 및 생활체육 동호인의 시장을 대상으로 스포츠활동에 필요한 장비, 의류 그리고 신발 등의 생산에서 유통에 이르는 범위를 포함한다. 스포츠서비스업은 스포츠경기업, 스포츠마케팅업, 스포츠정보업으로 세분화되어 있으며, 관람스포츠를 중심으로 이뤄지는 업종으로 스포츠경기업과 스포츠마케팅, 이벤트 기획 및 관리, 선수 사업 등이 있으며, 미디어를 매개로 하는 스포츠정보업이 포함된다.

chapter 08 체육분야 전문진로

자료: 문화체육관광부(2007).

그림 8-1. 국내 스포츠산업 분류

3 스포츠산업의 전망

　스포츠산업은 복합적인 성격의 산업으로서 성장 잠재력이 매우 큰 산업분야이다. 스포츠는 세계적으로 표준화된 기술과 규칙을 공유하고 있는 전지구적인 성격의 공통문화로서 확산 속도가 매우 빠를 뿐만 아니라 최근 들어서는 IT분야의 급속한 성장으로 인해 중요한 비즈니스 콘텐츠로 부각되고 있다. 또한 스포츠와 관련된 소비 증대로 인해 문화나 관광 등의 연관 산업과 스포츠 서비스산업이 빠른 속도로 발전하고 있다. 미국의 경우 스포츠산업의 규모는 2,555억 달러로서 자동차 산업보다 두 배나 크며, 영상산업의 일곱 배에 달하고 있다. 일본은 스포츠산업을 21세기 유망산업으로 선정하여 이 분야에 대한 대규모 투자와 지원을 아끼지 않고 있다.

앞으로 우리나라의 스포츠산업은 타 분야의 산업과 연관되어 국내 산업발전에 기여할 뿐만 아니라 새로운 사업영역의 개발을 통해 신규직종에 많은 고용을 창출할 것이다. 그리고 국민 복지 부문에 있어서도 건강한 복지사회 건설에 크게 기여할 것으로 예상된다.

표 8-1. 한국 · 미국 · 일본의 스포츠산업 규모 비교

구 분 \ 국 가	한국(2006년)	미국(2005년)	일본(2002년)
GDP	847조 9,000억원	12조 4,872억달러	3조 9,767억달러
스포츠산업	22조 3,632억원	2,130억달러	805억달러
GDP대비 스포츠산업비율	2.64%	1.71%	2.02%
비 고		레저스포츠 부문 제외	

자료: 문화체육관광부(2007).

최근 들어 취업난이 심해지면서 대학을 비롯한 학계 전반의 방향은 산업계가 요구하고 있는 실용적 학문을 향해 나아가고 있다. 즉 생산성을 중시하는 학문적 풍토가 중시되고 있는 것이다. 이러한 점을 감안할 때 스포츠산업에 대한 연구와 관심은 앞으로 더욱 주목받는 영역이 될 것으로 예상된다.

3. 체육분야별 진로

과거에는 대학에 있는 체육계열 학과의 명칭이 체육학과나 체육교육과가 대부분이었다. 이로 인해 졸업을 한 후에도 체육교사나 경기지도자 이외에는 특별하게 진출할 수 있는 분야가 많지 않았던 것이 사실이다. 그렇지만 88서울올림픽 이후 생활체육에 대한 관심이 증대되고, 스포츠산업이 활성화됨에 따라 체육계열 학과의 명칭이 다양해졌으며, 스포츠와 관련된 전문직업의 범주가 다양해지고 있다.

표 8-2. 대학교 체육계열 학과명칭

학 과 명 칭			
건강과학전공	생활체육전공	동양무예학과	운동처방학전공
건강관리전공	생활체육정보학과	레저스포츠과	유도학과
건강관리학과	생활체육지도학과	레저스포츠전공	유아,시니어스포츠 전공
건강생활학부	생활체육학과	레저스포츠학부	체육,레포츠학부
건강스포츠전공	생활체육학전공	무도체육학과	체육과학부
건강스포츠학과	스포츠건강과학과	무도학과	체육과학전공
격기지도학과	스포츠건강관리학과	무도학과전공	체육대학
격기학과	스포츠건강복지학부	체육무용학부	체육레포츠학부
경기지도과	스포츠경호비서학전공	체육전공	무용스포츠학부
경기지도전공	스포츠과학과	체육학과	바둑학과
경기지도학전공	사회체육학전공	체육학부	사회체육과
경찰무도학과	체육학전공	태권도학전공	사회체육전공
경호무도학과	스포츠과학부	사회체육학전공	사회체육학과
경호무도전공	스포츠과학전공	산업스포츠학과	특수체육학과
경호비서학과	스포츠레저전공	생활무용학과	한방스포츠의학과
경호비서학부	스포츠레저학과	생활스포츠학부	항공해양스포츠학과
경호정보전공	스포츠레저학부	체육학전공	해양스포츠학과
경호학과	스포츠미디어학과	태권도경영학전공	헬스케어정보전공
경호학전공	스포츠산업과학부	태권도학전공	태권도전공
골프시스템학과	스포츠의학과	운동과학전공	태권도체육대학
골프지도전공	스포츠의학전공	댄스스포츠학과	태권도학과
골프지도학과	스포츠지도전공	우수학과	태권도학부
골프학과	스포츠지도학과	운동기능학과	헬스케어학부
국선도전공	스포츠학부	운동처방학과	스포츠전공

스포츠와 관련된 직업분야는 교육 및 연구분야, 건강관리분야, 언론분야, 행정 및 경영관리분야, 스포츠마케팅 및 이벤트 기획분야, 지도분야, 그리고 해양스포츠 분야를 포함한 새로운 분야 등으로 구분할 수 있다. 체육 전공자는 정부, 지방자치단체, 체육단체, 협회, 영리/비영리/공공체육시설, 프로스포츠조직, 기업, 병원, 보건소 등에서 활동할 수 있다. 체육분야와 관련된 구체적인 직업분야는 〈표 8-3〉과 같다.

표 8-3. 체육분야의 주요 직업

분야	주요 직업	주요 기관
교육	교수, 교사, 특수체육교사, 강사	초중고등학교, 대학교, 학원
연구	연구원	연구소
건강관리	운동처방사, 트레이너, 레크리에이션 치료사	병원, 공사기업, 시구청보건소
언론	스포츠신문기자, 스포츠방송기자, 프로듀서, 스포츠해설자, 아나운서, 평론가	방송국, 신문사
행정관리	체육관련기관 공무원, 경기단체 행정 및 사무원, 공공체육시설 관리자	정부조직, 공사기업
경영관리	스포츠센터 경영자, 프로 및 아마추어 팀 관리자	공사기업
스포츠마케팅	스포츠시설 운영관리 대행사, 스포츠 에이전트, 스포츠용품 디자인 및 판매, 스포츠마케터	사기업
이벤트 기획	유관 기업체 체육문화행사 대행, 스포츠테마 여행기획자, 레저스포츠여행 가이드	사기업
지도	경기지도자(코치, 감독, 선수트레이너), 생활체육지도자, 레크리에이션 지도자, 노인체육지도자, 유아체육지도자, 특수체육지도자, 경호요원	각 시·도 실업팀 및 프로팀
해양 스포츠	요트 디자이너, 마리나 건설시공, 계류장 시설 관리, 산업잠수사, 수중영화촬영기사, 보험, 리스	사기업

chapter 08 체육분야 전문진로

1 교육 및 연구분야

1) 체육교수

• 하는 일

대학에서 체육에 대한 전문지식과 기능을 연마시켜 유능한 체육인을 양성하기 위하여 체육학, 건강, 레크리에이션 분야의 이론과 지식을 강의하고 관련 학문을 연구한다. 체육교수는 이론 및 실기강의 뿐만 아니라 연구와 사회활동에 대한 업무를 모두 수행해야 한다.

• 주요 업무

① 교육분야
- 학부 및 대학원에서 체육학의 이론분야에 대한 강의 담당
- 학부전공이나 교양강좌의 실기과목에 대한 강의 담당

② 연구분야
- 교내외 프로젝트 수행
- 학회지에 논문 투고
- 학술대회 참가 및 논문발표

③ 봉사분야
- 학과장, 학장, 처장, 각종 위원 등 교내 보직 수행
- 학회에서 이사, 회장직 수행
- 방송출연이나 언론에 기고문 투고

2) 체육교사

• 하는 일

중고등학교에서 학생들에게 건강한 체력과 다양한 운동능력을 육성시키기 위하여 건강관련 과목을 전문적으로 교육한다. 또한 지덕체(운동지식, 정서순화, 건강 및 체력증진)의 조화로운 인간을 육성하는 전인교육을 담당한다.

- 주요업무

① 교육분야
- 정규수업, 보충수업, 방과후 수업, 특기적성수업 담당
- 창의재량수업(진로, 환경, 성교육 등) 담당

② 연구분야
- 각종 연구대회 참가(전국학교체육연구논문발표대회, 전국교육자료전, 전국현장교육연구대회 등)
- 직무연수 수강
- 교육청별 체육교과연구회 활동 참여

③ 봉사분야
- 학급담임, 부장 등 보직 수행
- 승진을 통한 관리직(교감, 교장) 및 전문직(장학사, 연구사) 수행
- 운동부 지도 및 감독직 수행

3) 연구원

- 하는 일

각종 체육관련 단체에 재직하면서 체육정책지원분야, 스포츠과학지원분야, 스포츠산업지원분야, 체육학술진흥사업분야, 학술분야지원사업분야, 스포츠산업기술개발사업분야 등을 연구하여 체육 현장에 보급하는 역할을 담당한다.

- 주요업무

① 체육정책지원분야
- 체육정책 수립 및 지원
- 정책 평가 및 기초 데이터 산출
- 법안 제정 및 국회 입법활동 지원

② 스포츠과학지원분야
- 국가대표팀 경기력 향상을 위한 연구

- 각종 국제대회 참가에 따른 집중 전략종목 육성 및 지원
- 각종 국제대회 대비 경쟁국 및 선수 정보자료 구축 및 지원
③ 스포츠산업지원분야
- 스포츠용품 업체 대상으로 기술지원 및 자문
- 스포츠용품 품질에 관한 연구 및 관리
- 스포츠용품 신기술 및 제품 분석 평가

2 건강관리분야

1) 운동처방사

• 하는 일

개인의 체력수준, 건강상태, 연령 등을 고려하여 운동의 종류와 운동의 형식을 선택해 주고 그 질과 양을 어떻게 실시하여야 하는가를 제시하며, 이를 토대로 개인에게 알맞은 운동프로그램을 작성하여 실시하는 방향을 제시한다.

• 주요 업무
- 체력검사 및 평가
- 운동기능검사 및 평가
- 운동처방(운동의 종류, 내용, 강도, 시간, 빈도, 기간 등을 포함하는 운동프로그램 구성)
- 건강증진을 위한 운동지도 및 관리
- 스포츠손상의 예방 및 관리, 재활 등 운동선수 건강관리
- 운동관련 세부시설 프로그램의 관리 및 운영, 안전지도

2) 트레이너

• 하는 일

신체의 건강상태를 진단하고 아마추어나 직업운동선수들에게 경기에 참가할 수

있는 최대한의 신체적 적성을 유지할 수 있도록 조언을 하고 훈련을 시킨다.

- **주요업무**
  - 감독이나 코치와 협의하여 종목, 포지션, 선수 개인에 따라 필요한 근육을 단련시키고 규칙적 운동이나 교정운동 지시
  - 체력을 증진시키거나 체중을 조절하도록 식이요법 권고
  - 선수의 상처의 통증이나 근육긴장을 풀어주기 위하여 마사지 실시
  - 선수 부상 시 의사에게 치료를 의뢰하고 진단결과에 따라 재활훈련 계획·실시
  - 훈련 프로그램의 진행상황 점검

3 언론분야

1) 기자, 아나운서

- **하는 일**

기자는 사진, 방송, 잡지, 신문기자가 있으며, 스포츠와 관련된 전 부분에 걸쳐 뉴스를 보도하고 현장을 배경으로 경기내용을 설명하며 보도자료를 만든다. 아나운서는 경기진행에 대한 일반적인 진행을 맡게 되고, 국내·외 각종 스포츠정보 및 경기 분석과 전문적인 설명을 해준다.

- **주요 업무**
  - 국내·외 각종대회 또는 선수에 대한 정보 제공 및 분석
  - 뉴스 앵커, 교양 MC, 오락 MC, 다큐멘터리 내레이션, 스포츠 중계방송 캐스터 등 방송 전 분야에 참여

4 행정관리분야

1) 협회사무직원

- **하는 일**

경기단체가 관장하는 종목을 보급하여 국민체력을 향상케 하며, 건전하고 명랑한 기풍을 진작하는 한편 경기인 및 그 단체를 통할·지도하고 우수한 경기자를 양성하여 국위선양을 도모하며, 각종 대회 유치 및 선수관리를 담당한다.

- 주요 업무
  - 전국규모연맹체와 지부의 관리 및 감독
  - 경기대회의 개최 및 주관
  - 경기시설에 관한 연구와 설치 및 관리
  - 경기에 관한 자료수집 및 조사통계
  - 소속 선수단 관리

5 경영관리분야

1) 스포츠경영 관리사

- 하는 일

스포츠이론, 산업, 시설, 이벤트에 대한 지식을 바탕으로 기관·부처·산업체·시설·단체 등 다양한 스포츠 관련 분야에서 행정, 기획, 운영, 마케팅, 관리 조직 등의 제반 업무를 수행한다.

- 주요 업무
  - 스포츠이벤트의 기획 및 운영
  - 스포츠스폰서 및 광고주 유치
  - 프로 및 아마스포츠 구단 스포츠 마케팅 기획 및 운영
  - 스포츠콘텐츠 확보 및 상품화
  - 스포츠시설 회원모집·관리 등 회원서비스
  - 스포츠시설 설치 및 경영 컨설팅
  - 공공 및 민간체육시설 관리 운영 등의 업무 수행

6 스포츠마케팅분야

1) 스포츠에이전트

• 하는 일

프로선수가 구단이나 대기업과 입단연봉 계약 또는 스폰서 계약을 할 때 선수에게 최대의 이익을 확보해 주기 위해 계약 테이블에 나서는 선수 대리인이다. 이들은 선수의 잠재 능력을 파악, 상품 가치를 높여주는 것에서 부터 계약을 맺은 선수의 잠재 능력을 파악, 상품 가치를 높여주는 것에 이르기까지 계약을 맺은 선수의 훈련 프로그램과 의료 혜택 지원은 물론 법률 서비스를 지원한다. 뿐만 아니라 선수의 재테크와 팀을 옮길 경우 팬과의 교류, 새 주거지 알선은 물론 은퇴후 대비책 등 각종 도움을 준다.

• 주요 업무
- 선수의 소속팀 이동 및 수입 관리
- 선수의 사생활 관리
- 각 종목의 운동선수 경기에 관한 전반적인 사항 운영, 계획
- 시합이나 경기에 관한 정보 수집 및 훈련과정 설계

2) 스포츠마케터

• 하는 일

기업이 스포츠마케팅을 통해 회사의 인지도 향상 및 이미지 개선을 할 수 있도록 스포츠와 관련된 각종 행사지원, 선수지원, 스포츠용품 판매 등을 대행한다.

• 주요 업무
- 소비자의 의식과 행태를 분석하여 각 매체(TV, 라디오, 신문, 잡지, 옥외광고, 전광판, 포스트 등)를 통해 스포츠와 관련된 홍보 및 마케팅.
- 각종 스포츠의 개최, 후원, 진행 등의 방법으로 기업명 혹은 단체명, 상품명 등이 유료광고 이외의 방법으로 수용자에게 노출될 수 있도록 하여 대중적 인지도를 상승시키거나 유지시킬 수 있도록 기획

7 이벤트기획분야

1) 스포츠테마여행 기획자

- 하는 일

국내외에서 개최되는 각종 스포츠관련 이벤트에 참가하는 사람들을 위한 프로그램을 제공한다.

- 주요 업무
- 체험활동으로서 직접 스포츠활동에 참가하고자 하는 사람들을 위한 편의 제공(예: 해외 유명지역으로의 스쿠버다이빙 투어, 에베레스트 등산체험 등).
- 관광활동으로서 국내외에서 개최되는 각종 스포츠이벤트에 참가하는 사람들을 위한 편의 제공(예: 윔블던테니스대회 관람, 올림픽관람, 월드컵관람 등).

8 지도분야

1) 운동경기감독 및 코치

- 하는 일

훈련계획이나 시합계획을 수립하고 선수들에게 작전을 지시하거나 기술을 지도하고 선수의 추천과 계약에 관련된 업무를 수행한다.

- 주요 업무
- 선수의 기량을 평가하여 적절한 위치에 배치
- 시합에 임하기 전에 자기팀이나 상대팀의 전력 평가 및 분석
- 가르칠 운동기술의 시범을 보여주면서 선수를 개인적으로 또는 집단적으로 지도
- 유능한 선수를 발굴하기 위하여 관련 경기에 참가

2) 스포츠강사

• 하는 일

일반인들을 대상으로 신체의 건강상태를 유지하도록 다양한 형태의 레저, 스포츠를 가르치는 업무를 수행한다.

• 주요 업무
- 근육을 단련시키고 규칙적 운동이나 교정운동 지시
- 체력을 증진시키거나 체중을 조절하도록 식이요법 권고
- 상처의 통증, 근육긴장 등을 풀어주거나 응급조치 실시

3) 레크리에이션 진행자

• 하는 일

캠프, 사교모임 등에서 오락프로그램을 계획하고 진행하거나, 일반인들을 대상으로 신체의 건강상태를 유지하도록 다양한 형태의 레저, 스포츠를 가르치는 업무를 수행한다.

• 주요 업무
- 모임의 성격, 인원, 배정시간 등에 따라 프로그램 준비
- 오락프로그램의 사회를 보며 노래, 율동, 게임 등 지도
- 고아원, 양로원, 군부대, 단체교육 등에 참가하여 오락프로그램 진행

9 새로운 분야

스포츠에 대한 수요가 증대되면서 이와 관련된 분야도 다양해지고 있다. 즉 경제소득이 증대됨에 따라 해양스포츠가 새로운 산업분야로 등장하고 있으며, 노인이나 장애인에 대한 사회적 관심이 증대됨에 따라 이들 분야가 새로운 직업분야로 각광을 받고 있다.

1) 해양스포츠

21세기 들어 해양에 대한 국제환경은 급격하게 변화하는 추세에 있다. 우리나라를 비롯한 세계 각국이 경쟁적으로 해양산업의 경쟁력을 높이기 위한 방안을 마련하여 실시 중에 있다. 특히 우리나라의 해양 관련 산업의 육성은 국가적 차원에서 핵심과제로 추진되고 있어 앞으로 많은 해양 전문가를 양성하기 위한 인적 인프라의 구축이 절실히 요청되고 있다.

앞으로 국내 해양스포츠는 선진국 수준의 국민소득 향상과 주 5일 근무제 정착에 힘입어 지금은 비록 초기단계에 머물러 있지만 머지않아 성장단계, 도약단계를 거쳐 성숙단계까지 이르는 등 성공적인 발전을 할 것으로 전망되고 있다.

해양스포츠산업은 사회적 경제적 가치가 날로 높아짐으로 고용창출효과는 물론 창조성, 재능, 의지를 갖추고 있는 해양인력을 국가성장 동력으로 활용하는데도 효과적이다. 국내의 3-4개 대학에서 해양스포츠관련 졸업생이 배출되고 있으나 취업 선택에 어려움이 있으며, 실제로 해양스포츠 관련 직업에는 거의 취직이 안 되고 있는 실정이다.

해양스포츠 중에서 대표적인 종목으로는 요트를 들 수 있다. 요트산업은 요트 건조와 함께 요트대회의 경제적 파급효과도 주목받고 있다. 150년 전통의 아메리카컵을 3년 전에 개최한 뉴질랜드의 오클랜드는 4억 7000만달러에 이르는 경제적 수익을 거두고 세계적인 해양관광명소로 부상했을 만큼 고부가가치 산업이다. 선진국을 보면 국민소득 1만 5000달러를 계기로 '육상레저'에서 '해양레저'로 패러다임이 바뀌고 2만달러에는 '마이 요트' 시대가 도래 할 것으로 전망된다.

앞으로 해양스포츠와 관련되어 창출될 주요 직업영역은 제작, 관광, 마케팅, 교육, 관리 분야 등 다양할 것으로 예상되며, 이와 관련된 주요 직업분야는 〈표 8-4〉와 같다.

표 8-4. 해양스포츠 분야의 진로

> 해양장비 및 보트 요트 디자이너, 요트 실내 인테리어 디자이너, 요트 및 보트 제작 설계사, 엔진 수리사, 보트 요트 전용 부두 및 리조트 건설시공, 장비 대여업체, 계류장 시설 관리, 산업 잠수사, 수중 영화 촬영기사, 요트 및 보트 판매, 장비 및 용품 판매, 리조트 분양 시행사, 해양레저 스포츠 전문 관광사, 보험, 리스, 대부(loan), 수중사진작가, 해양레저스포츠 전문기자, 저널리스트, 해양 레저 스포츠 이벤트사, 여행 및 수중 가이드, 해양 레저 스포츠 강사, 해양 119 구조대 등

자료: 유흥주(2007)

2) 노인체육

노인체육 또는 이를 포함한 실버스포츠는 실버산업과 동일한 맥락에서 그 전망이 매우 밝다고 할 수 있다. 우리나라의 경우 이미 고령화 사회를 넘어 고령사회, 초고령 사회로 접어들고 있고, 실버타운을 비롯한 실버산업이 급속도로 팽창하고 있다. 실버세대의 등장에 따른 실버산업의 팽창은 웰빙에 대한 최근 트랜드와 맞물려서 운동처방, 실버스포츠, 실버용품, 실버타운 등 건강하고 행복한 삶에 대한 관심으로 귀결되고 있다. 따라서 실버세대의 건강한 삶을 보증하는 가장 확실한 처방인 실버스포츠에 대한 전망은 매우 밝다고 볼 수 있다.

노인체육분야와 관련된 주요 직업으로는 노인체육지도자가 있다. 노인체육지도자는 지역별로 경로당이나 노인복지시설 등을 방문하여 생활체육 프로그램을 지도, 보급하며, 지역 클럽 가입을 유도하여 지속적인 생활체육참여기회를 제공해 주는 업무를 담당하고 있다. 노인체육지도자는 2005년에 처음 시행되었으며, 국민생활체육회에서는 노령화 사회에 따른 노인층의 건강하고 활력있는 생활을 도모하기 위하여 문화체육관광부와 지방자치단체의 지원으로 노인전담 생활체육지도자를 전국에 지속적으로 배치, 운영할 계획이다.

표 8-5. 노인체육지도자 배치현황

지역	지도자수	지역	지도자수	지역	지도자수	지역	지도자수
서울	32	광주	8	강원	22	전남	28
부산	19	대전	8	충북	16	경북	28
대구	13	울산	7	충남	20	경남	24
인천	14	경기	37	전북	18	제주	6

자료: 문화체육관광부(2007).

3) 장애인체육

미래사회에서는 사회의 안정화 교육의 기회균등에 대한 관심의 증가로 사회의 소외집단인 장애인에 대한 의식이 변화되고 이에 따라 특수체육의 진흥을 위한 요구도 확대될 전망이다. 특수체육을 통하여 장애인의 신체적, 정신적, 사회적, 정서적인 발달을 도모하여 사회활동에 적극 참여하고, 심신의 불리한 조건을 극복하여 경제적 자립을 이룰 수 있도록 함으로써 장애인에게 신체활동을 더욱 권장하고 장애로 인한 신체기능의 악화를 예방하고 체력 향상을 도모할 수 있도록 그 중요성이 증대되고 있다. 따라서 특수체육에 대한 중요성이 대두되면서 이에 대한 전문 인력의 양성이 발 빠르게 움직일 전망이다.

장애인체육분야와 관련된 직업으로는 재활교육 지도자, 특수학교 체육교사, 장애인 체육지도자 등이 있다.

 복습문제

1. 스포츠를 둘러싸고 있는 다양한 사회환경의 변화에 대해 설명하시오.
2. 우리나라 스포츠산업의 규모에 대해 알아보자.
3. 국내 스포츠산업을 스포츠시설업, 스포츠용품업, 스포츠서비스업 등으로 분류하여 설명하시오.
4. 체육계열의 주요 직업분야에 대해 알아보자.
5. 건강관리분야와 관련있는 직업에 대해 알아보자.
6. 체육행정 및 경영관리분야와 관련있는 직업에 대해 알아보자.
7. 해양스포츠분야의 진로에 대해 알아보자.
8. 스포츠에이전트의 주요 업무에 대해 알아보자.
9. 스포츠마케터의 주요 업무에 대해 알아보자.
10. 새로운 산업분야로 등장하고 있는 노인체육과 관련된 직업에 대해 알아보자.

 참고문헌

대한상공회의소 검정사업단(2010). http://licensekorcham.net
문화체육관광부(2007). 2007체육백서.
장승규(2009). 국가자격시험 스포츠경영관리사 길라잡이 2010. 서울: 지식닷컴.
최미란(2006). 체육계열 대학생의 진로장벽과 진로결정자기효능감의 관계. 한국 스포츠사회학회지, 19(2), 289-300.
체육지도자연수원(2010). http://www.insports.or.kr
체육인재육성재단(2010). http://www.nest.or.kr
한국교육개발원(2009). http://www.kedi.re.kr
한국산업인력관리공단(2010). www.hrdkorea.co.kr
행정안전부(2010). http://www.mopas.go.kr

Chapter 09 체육분야 진로설계

박 수 정

1. 공통준비사항

2. 학년별 준비사항

1. 공통준비사항

 진로를 선택하고 결정하는 일은 개인의 생애에 있어 다른 어떤 것보다 중요한 일이다. 더구나 대학생 시기는 새로운 진로에 대한 탐색과 선택이 이루어지는 시기로서 진로에 대한 자신의 선호도를 구체화하고 직업에 대한 선택을 보다 명확하게 하며, 그 선택을 실행하게 되는 시기이다. 따라서 이 시기에는 효율적인 진로선택과 결정을 할 수 있도록 다양한 분야에 대한 준비가 필요하다.

 이를 위해서는 먼저 어떤 직업분야를 선택할 것인가에 대해 진지하게 생각해야 한다. 다음 단계로는 자신의 진로에 필요한 각종 자격증을 취득해야 하며, 어학능력과 함께 컴퓨터 실력을 배양해야 한다. 그리고 기회가 되는대로 인턴십을 통해 현장을 자주 방문하여 미래에 근무하게 될 직업환경과 친숙해질 필요가 있다.

1 진로준비 시 고려사항

 학업이나 직업과 관련하여 자신의 진로에 대해 장래계획을 세우는 것은 인생 전체를 좌우할 만큼 매우 중요한 일이므로 신중한 결정이 요구된다. 이러한 중대사를 결정하는 시기의 학생들에게 대학은 학생들의 관심과 적성에 맞는 적절한 진로상담이나 전공에 따른 진로방향, 직업선택에 관한 진로교육이 필수적이다. 그렇지만 대학에서의 진로교육은 제대로 이루어지지 않고 있는 실정이어서 많은 학생들이 자신의 삶을 어떤 방향으로 이끌어 나가야할지 몰라 시간을 낭비하게 되거나 실패를 경험하는 등 자신의 진로결정에 상당한 어려움을 겪고 있다. 이러한 진로결정에 대한 어려움은 모든 체육계열 학생들이 안고 있는 공통적인 문제이다.

 좋은 직업이란 개인에 따라 또는 시대에 따라 달라질 수 있다. 그러나 일반적으로 우리가 직업을 선택할 때는 직업의 내용, 안정성, 보수 및 복리후생, 장래성 등을 고려해야 한다. 직업은 불확실한 미래를 설계하는 일인만큼 여러가지 사항을 고려해야 한다. 자신이 원하는 직업의 현재 위치도 파악해야 하고, 앞으로의 변화, 즉 장래성에도 관심을 기울여야 한다. 그 직업이 성장직업인지 쇠퇴직업인지를 판별해 보기도 하고, 취업률 추이 등을 감안하여 합리적인 의사결정을 하도록 노력해야 한다. 과거에 성장을 주도했던 업종이 사양산업이 되기도 하고, 새롭게 출현할 산업이 경제성장을 주도하는 업종이 되기도 하기 때문이다.

직업선택 시 고려해야 할 사항을 예시하면 〈표 9-1〉과 같다.

표 9-1. 직업선택 시 고려사항

일의 내용	관리직, 생산직, 사무직, 연구직 등
안정성	정년임기, 인사이동의 주기 등
보수	월급, 수당, 일당 등
후생복리	각종 보험, 교통, 복지시설, 학자금 등
근무지역	육상(도시, 농촌, 어촌, 광산 등), 해상, 공중 외
발전 가능성	교육 및 훈련의 기회, 전직 가능성, 승진가능성 등
사회의 지명도	역사, 공헌도, 사회봉사활동 등
직장의 규모	대기업, 중소기업 등

2 자격증 취득

내가 잘하는 것들에 대해서 확실히 어필하고 인정받으려면 증거가 필요하다. 그것을 가장 객관적으로 말해주는 것이 자격증이다. 국내외적으로 공인받고 희소성이 있는 자격증이라면 당연히 인정받을 수 있지만 해당 실무와 연계되지 않는 자격증은 효용성이 없다. 자격증을 준비하려면 이런 사항들을 미리 감안하여, 실무에 얼마나 적용되며 인정받을 수 있는지 파악한 후 시간과 노력을 투자해야 한다.

자격증을 취득하기 위해서는 먼저 자신의 취미와 적성을 파악해야 한다. 즉 자신이 즐겁게 할 수 있는 것을 찾고 그것을 객관적으로 증명해 줄 수 있는 자격증을 취득하는 것이 바람직하다. 특히 취업과 관련해서는 자신이 일하고 싶은 기업이 어디인지, 어떤 업종에서 일하고 싶은지를 먼저 결정한 다음 그 분야에 도움이 되는 자격증을 취득한다면 여러 면에서 도움이 될 수 있지만 그렇지 않을 경우에

chapter 09 체육분야 진로설계

는 아무리 많은 자격증을 가지고 있더라도 실제 활용 가능한 것은 별로 없다.

자격증이 남과 다른 나만의 장점으로 작용하기 위해서는 '자격증을 가지고 있는 것'이 중요한 것이 아니라 '어떤 무엇을 갖고 있느냐'가 중요한 관건이다. 따라서 자격증은 본인의 여건과 목표에 따라 전략적으로 취득해야 한다. 백화점식으로 여러 가지 자격증을 가진 사람은 이력서만 화려해 보일 뿐이다. 자격증을 왜 땄는지, 어떤 목표와 비전이 있어서 땄는지에 대해 당당하게 대답할 수 있어야 한다.

자격증을 취득할 때는 다음과 같은 점을 염두에 두어야 한다.

- 나는 왜 자격증이 필요한가?

자격증의 종류는 국가공인자격증에서부터 민간자격증까지 매우 다양하다. '자격증을 취득하고자 하는 생각을 하고 있다면 먼저 내가 왜 자격증이 필요한가를 확실히 해야 한다. 그것이 취업을 위해 필요한 것인지, 창업을 위해서인지, 아니면 전문 직종을 위해 필요한 것인지 먼저 파악해야 한다.

- 자신의 적성과 취미를 고려해야 한다.

유망한 자격증이라고 해서 자신을 고려하지 않고 무턱대고 시작하는 것은 시간과 노력을 더욱 낭비하게 한다. 아무리 유망한 자격증이라고 하더라도 자신이 잘 할 수 있고 관심이 있는 것이어야만 시간과 노력을 단축시킬 수 있다. 자신의 적성과 취미에 잘 맞지 않는다면 아무리 노력해도 '하늘의 별따기'가 될 수 있다.

- 취업할 업종과 직종을 먼저 정한다.

자격증을 우대하는 사항은 업종과 직종에 따라 상이하다. 따라서 여러 가지 자격증을 가지고 있다고 해서 그것이 취업에 도움이 되는 것은 아니다. 자신의 역량을 집중시켜야 한다. 자신이 취업하고자 하는 업계를 정하고 그 업계에서 선호하는 자격증이 어떤 것인지를 파악한 후 그 자격증에 관한 정보를 수집해야 한다.

- 시간과 비용, 노력을 생각해야 한다.

취업을 위해 자격증 취득은 어디까지나 부수적인 문제이다. 취업을 위해서는 어학실력, 경력을 쌓는 것이 우선이다. 따라서 자격증 취득은 좀 더 장기적인 차원에서 고려해야 하는 문제로서 시간과 비용을 고려하여 시간이 부족하다면 어학실력과 경력을 먼저 쌓도록 한다.

- 전망이 좋은 것을 선택한다.

  자격증 시장이 커지자 자격증의 종류는 물론 관련 교육기관들도 많이 생겨나기도 하며 사라지기도 한다. 따라서 철저한 사전준비가 필요하다. 특히 민간자격증의 경우 광고 정도로 현혹되어서는 안된다. 그 자격증의 향후 전망은 어떤지, 주위의 평은 어떤지 등을 충분히 고려하여 선택한다.

- 활용기회를 잡아라.

  대부분의 사람들이 자격증을 취득하고 나면 그것으로 끝나기 마련이다. 아무리 좋은 것도 활용하지 않으면 그 가치를 잃는 법이다. 따라서 가지고 있는 자격증을 활용하여 경험을 쌓는 것이 중요하다. 같은 자격증을 가진 사람들이 모인 단체나 협회, 모임 등에 가입하여 활용방법을 찾는다면 어떤 자격증이라도 자신에게 큰 장점이 될 수 있을 것이다.

표 9-2. 자격증 정보 얻는 곳

기관	홈페이지
한국산업인력공단	www.hrdkorea.co.kr
대한상공회의소 검정사업단	http://licensekorcham.net
행정안전부	www.mopas.go.kr
YBM시사영어사	http://exam.ybmsisa.com
서울대학교 TEPS관리위원회	www.teps.or.kr
KBS어학어진흥회	www.klt.or.kr

3 체육관련 자격증

체육관련 자격증은 국가에서 공인하는 자격증과 민간단체에서 부여하는 자격증으로 구분된다. 국가공인 자격증에는 문화체육관광부에서 발급하는 체육지도자 자격증과 스포츠경영관리사 자격증이 있다. 또한 최근에는 민간자격증도 많이 생겼는데 잘못된 선택으로 인해 비싼 취득비용만 들인 후 그 실효성을 발휘하지 못하는 경우도 많으므로 취득하기 전에 신중하게 선택해야 한다.

1) 체육지도자 자격증

체육지도자 자격증은 국가공인 자격증으로서 여기에는 경기지도자 자격증과 생활체육지도자 자격증이 있다. 먼저 경기지도자는 해당 종목 전문체육분야의 코치에 해당되는 것으로서 1급과 2급으로 구분되고, 생활체육지도자는 해당 종목 생활체육분야의 코치로서 1급, 2급, 3급으로 구분된다.

표 9-3. 국가공인 자격증의 종류 및 자격 요건(경기지도자)

자격구분		자격 요건
1급 경기지도자		- 2급경기지도자 자격을 가진 자로서 1년 이상의 경기지도경력이 있는자 - 체육분야에 관한 석사학위 이상인 자로서 경기경력 또는 1년 이상의 지도경력이 있는 자 - 제1호 및 제2호에 규정된 자와 동등이상의 자격이 있다고 문화체육관광부장관이 인정하는 자
2급 경기지도자	일반 과정	- 대학졸업자 또는 이와 동등이상의 학력이 있는 자로서 4년 이상의 경기경력이 있는 자 - 체육분야에 관한 학사학위를 취득한 자 - 전문대학졸업자 또는 이와 동등이상의 학력이 있는 자로서 5년 이상의 경기경력이 있는 자 - 고등학교졸업자 또는 이와 동등이상의 학력이 있는 자로서 6년 이상의 경기경력이 있는 자 - 고등학교이상의학교 졸업자 또는 이와 동등이상의 학력이 있는 자로서 국가대표선수의 경력이 있는 자 - 제1호 내지 제5호에 규정된 자와 동등이상의 자격이 있다고 문화관광부장관이 인정하는 자
	자격 부여	- 2005년까지 입학한 대학의 경기지도 관련학과 졸업(예정)자로서 대학의 교과성적이 70/100 이상인 자 - 2급 경기지도자 필기시험 과목을 이수한 대학졸업(예정)자로서 대학의 교과성적이 80/100 이상인 자 - 학교체육교사로서 해당 자격증목의 지도경력 3년 이상인 자 - 경기지도분야 종사자로서 해당 자격종목의 경기지도 경력이 3년 이상인 자
	추가 취득	- 2급 경기지도자 자격 소지자

자료: 문화체육관광부(2007).

표 9-4. 국가공인 자격증의 종류 및 자격 요건(생활체육지도자)

자격 구분		자 격 요 건
1급 생활체육 지도자 (운동처방)	특별과정	- 운동처방전공의 박사학위를 취득하고, 운동처방 분야의 종사기간 또는 연구교육경력이 3년 이상인 자 (특별과정 이수 후 전공과목 자격검정 실시) - 운동처방전공의 석사학위를 취득한 자(일반과정 이수 후 자격검정 실시)
	일반과정	- 2급 생활체육지도자 자격을 가진 자로서 선수 또는 체육에 관한 행정·연구·지도 분야의 경력이 3년 이상인 자 - 체육 분야에 관한 박사 또는 석사학위를 취득한 자 - 제1호 및 제2호에 규정된 자와 동등이상의 자격이 있다고 문광부장관이 인정하는 자
2급 생활체육 지도자 (운동지도)	특별과정	- 1급경기지도자 자격 소지자 - 학교체육교사로서 해당 자격종목의 지도경력이 5년 이상인 자
	일반과정	- 3급 생활체육지도자 자격을 가진 자로서 선수 또는 체육에 관한 행정·연구·지도 분야의 경력이 3년 이상인자 - 체육분야에 관한 학사학위를 취득한 자 - 대학 또는 전문대학 체육관련학과를 졸업하고 선수 또는 체육에 관한 행정·연구·지도 분야의 경력이 2년 이상인 자 - 제1호 내지 제3호에 규정된 자와 동등이상의 자격이 있다고 문화체육관광부장관이 인정하는 자
	자격부여	- 2005년까지 입학한 대학교의 사회(생활)체육 관련학과 졸업(예정)자로서 대학의 교과성적이 평균 70/100 이상인 자 - 2급 생활체육지도자 필기시험 과목을 이수한 대학졸업(예정)자로서 대학의 교과성적이 80/100 이상인자
	추가취득	- 2급 생활체육지도자 자격 소지자

3급 생활체육 지도자 (운동지도)	특별과정	- 2급 경기지도자 자격 소지자 - 자원봉사지도자로서 해당 자격종목의 자원봉사 지도 경력이 5년 이상인 자 - 체육에 관한 연구지도분야 종사자로서 해당 자격종목의 종사기간이 10년 이상인 자
	일반과정	- 만 18세 이상인 자
	자격부여	- 2005년까지 입학한 대학교의 체육관련학과 및 전문대학의 사회(생활)체육 관련학과 졸업(예정)자로서 대학의 교과성적이 평균 70/100 이상인 자 - 3급 생활체육지도자 필기시험 과목을 이수한 대학졸업(예정)자로서 대학의 교과성적이 80/100 이상인 자
	추가취득	- 2급 생활체육지도자 자격 소지자

체육지도자 양성기관은 경기지도자 연수원과 생활체육지도자 연수원으로 구분된다. 경기지도자 1급과 생활체육지도자 1급 및 2급과정은 체육과학연구원 체육지도자연수원에서 접수·연수·검정 등을 담당하며, 경기지도자 2급과 생활체육지도자 3급은 체육과학연구원의 지도·감독 하에 전국 각지의 지정연수원에서 실시하고 있다.

경기지도자 양성종목은 주로 대한체육회에 가맹된 경기단체의 종목으로서 50개 종목을 대상으로, 생활체육지도자는 1급 1종목, 2·3급 42종목을 대상으로 지도자를 양성하고 있다.

표 9-5. 경기지도자 및 생활체육지도자 자격 종목

분 야		자 격 종 목
경기 지도자 (50종목)		검도, 골프, 궁도, 근대 5종, 농구, 당구, 럭비, 레슬링, 루지 봅슬레이, 바이애슬론, 배구, 배드민턴, 보디빌딩, 복싱, 볼링, 빙상, 사격, 사이클, 산악, 세팍타크로, 소프트볼, 수상스키, 수영, 수중, 스쿼시, 스키, 승마, 씨름, 아이스하키, 야구, 양궁, 역도, 요트, 우슈, 유도, 육상, 인라인롤러, 정구, 조정, 체조, 축구, 카누, 컬링, 탁구, 태권도, 테니스, 트라이애슬론, 펜싱, 하키, 핸드볼
생활 체육 지도 자	1급	국민체육진흥법 시행령 제24조 제1항의 규정에 의한 1급 생활체육지도자의 운동처방분야 업무
	2·3급 (42종목)	검도, 게이트볼, 골프, 권투, 농구, 당구, 라켓볼, 럭비, 레슬링, 레크리에이션, 리듬체조, 배구, 배드민턴, 보디빌딩, 볼링, 빙상, 사이클, 산악, 세팍타크로, 수상스키, 수영, 수중, 스쿼시, 스키, 승마, 씨름, 야구, 에어로빅, 오리엔티어링, 요트, 우슈, 윈드서핑, 유도, 인라인롤러, 정구, 조정, 축구, 카누, 탁구, 태권도, 테니스, 행글라이딩 기타 문화체육관광부 장관이 인정하는 종목

자료: 문화체육관광부(2007).

2) 스포츠경영관리사 자격증

스포츠경영관리사는 한국산업인력공단에서 주관하며, 자격증은 문화체육관광부에서 발급한다. 자격증을 취득하기 위한 기본적인 내용은 아래와 같다.

- 응시자격
- 대학졸업자 또는 졸업예정자
- 전문대학 졸업자 등으로서 졸업 후 응시하고자 하는 종목이 속하는 동일직무분야에서 2년 이상 실무에 종사한 자
- 산업기사 수준의 기술훈련과정을 이수한 자로서 이수 후 응시하고자 하는 종목이 속하는 동일직무분야에서 2년 이상 실무에 종사한 자
- 응시하고자 하는 종목이 속하는 동일 직무분야에서 4년 이상 실무에 종사한 자
- 외국에서 동일한 등급 및 종목에 해당하는 자격을 취득한 자

표 9-6. 시험과목 및 검정방법

구분	시험과목	검정방법	문제수	시험시간
	1. 스포츠산업론 2. 스포츠경영론 3. 스포츠마케팅론 4. 스포츠시설론	객관식 4지 택일형	과목당 25문항	2시간 30분
	스포츠마케팅 및 스포츠시설경영실무	주관식 서술형		2시간 30분~3시간

자료: 한국산업인력관리공단(2010).

- 검정기준
  - 스포츠조직의 효율적 운영과 관리에 필요한 조직, 인사, 마케팅, 재정 등에 관한 전문지식 습득여부
  - 스포츠시설에 알맞은 운영기법과 각종 법령의 적용성을 높이고 회원을 효율적으로 관리할 수 있는 지식과 능력의 유무

- 직무분야 : 전문사무
  - 스포츠이벤트의 기획 및 운영
  - 스포츠스폰서 및 광고주 유치
  - 프로 및 아마스포츠 구단 스포츠 마케팅 기획 및 운영
  - 스포츠콘텐츠 확보 및 상품화
  - 스포츠선수대리인 사업의 시행
  - 스포츠시설 회원모집·관리 등 회원서비스
  - 스포츠시설 설치 및 경영 컨설팅
  - 공공 및 민간체육시설 관리 운영 등의 업무 수행

3) 민간단체 자격증

체육관련 민간단체에서 발급하는 자격증에는 대한운동사협회에서 발급하는 운동사 자격증을 포함하여 다양한 자격증이 있다.

표 9-7. 체육관련 민간단체 자격증

종 류	발급기관	비 고
운동사 자격증	대한운동사협회	
레크리에이션지도자 자격증	한국여가레크리에이션협회	이벤트업체나 레저전문업체 취업시 필수
응급처치강사 자격증	대한적십자사	응급처치 강사자격을 취득하면 응급처치 요원을 교육하여 자격증을 부여할 수 있음
수영 인명구조원 및 강사 자격증	대한적십자사	수영장 취업시 필수
스킨스쿠버 자격증	한국잠수협회, 한국수중협회 등	스킨스쿠버 취업시 필수
국제구명구급강사 자격증	국제구명구급협회	수상관련 단체 취업시 필수
야영 지도자 자격증, 훈육지도자 자격증	한국보이스카우트연맹	청소년 수련원 취업시 필수
운동처방사 자격증	한국운동처방협회, 한국사회체육센터	건강검진 센터 취업시 필수
에어로빅 강사 자격증	한국에어로빅협회	에어로빅관련 단체 취업시 필수
점프에어로빅(음악줄넘기) 지도자 자격증	한국음악줄넘기운동연구회	에어로빅 관련 단체 취업시 필수
오리엔티어링 자격증	한국오리엔티어링협회	산악회 및 수련원 취업시 필수
패러글라이딩 자격증	한국항공협회	항공레저관련 단체 취업시 필수
스포츠댄스 자격증	대한스포츠댄싱연맹, 한국무도강사협회	무도학원, 문화센터 취업시 필수

경호자격증(경호경비사)	대한경호협회	경호관련 단체 취업시 필수
심판자격증	각 종목별 협회	
스포츠 마사지 자격증	한국스포츠산업개발원, 한국스포츠마사지연합회	
카이로프락틱 자격증	국제카이로프락틱연맹, 한국 카이로프락틱협회	
스카이다이빙 자격증	한국낙하산협회, 스카이다이빙연맹	
초경량항공기 조종 자격증, 비행교관 자격증	한국초경량항공기협회	
열기구 조종사 자격증	한국기구협회, 한국해양소년단 항공연맹	
유도, 검도, 택견, 합기도, 우슈 등 각종 무술 자격증	대한유도회, 대한검도회, 한국택견협회, 대한합기도협회, 한국우슈협회	
여가문화지도사 자격증	한국여가문화운동연합회	
선수전문체력관리요원 자격증(AT)	한국선수트레이너협회	
치료레크리에이션 전문가 자격증	한국치료레크리에이션협회	장애자 기관 및 사회복지 기관 취업시 필수

4) 컴퓨터 관련 자격증

정보화 사회에서 자신이 원하는 체육관련 분야에서 일하기 위해서는 한글, 워드, 엑셀, 파워포인트와 같은 기본적인 컴퓨터 능력을 배양해야 한다. 또한 자신의 컴퓨터 능력을 객관적으로 나타낼 수 있는 워드프로세서, 컴퓨터 활용능력, 정보처리기사, 사무자동화산업기사 등과 같은 컴퓨터 관련 자격증을 취득해야 한다.

chapter 09 체육분야 진로설계

- 워드프로세서

기업에서 다량의 문서처리가 이루어지면서 빠르고 정확한 문서작성이 요구되고 있다. '워드프로세서' 검정은 컴퓨터의 기초 사용법과 효율적인 문서작성을 위한 워드프로세싱 프로그램 운영 및 편집능력을 평가하는 국가기술자격 시험으로서 노동부에서 주관한다.

표 9-8. 워드프로세서 자격증 시험과목

등급	시험방법	시험과목	출제 형태	시험 시간
1급	필기시험	워드프로세싱 용어 및 기능, PC운영체제, PC기본상식	객관식 60문항	60분
	실기시험	문서편집 기능	컴퓨터 작업형	30분
2급	필기시험	워드프로세싱 용어 및 기능, PC운영체제, PC기본상식	객관식 60문항	60분
	실기시험	문서편집 기능	컴퓨터 작업형	30분
3급	필기시험	워드프로세싱 용어 및 기능, PC운영체제	객관식 40문항	40분
	실기시험	문서편집 기능	컴퓨터 작업형	30분

자료: 대한상공회의소 자격검정단(2010).

- 컴퓨터 활용능력

산업계의 정보화가 진전되면서 영업, 재무, 생산 등의 분야에 대한 경영분석은 물론 데이터 관리가 필수적이다. '컴퓨터 활용능력' 검정은 사무자동화의 필수 프로그램인 스프레드시트(SpreadSheet), 데이터베이스(Database) 활용능력을 평가하는 국가기술자격 시험으로서 노동부에서 주관한다. 등급은 1급, 2급, 3급으로 구분되어 있으며, 시험방법은 필기시험과 실기시험으로 구분되어 있다.

표 9-9. 컴퓨터 활용능력 자격증 시험과목

등급	시험방법	시험과목	출제 형태	시험시간
1급	필기시험	컴퓨터 일반, 스프레드시트 일반, 데이터베이스 일반	객관식 60문항	60분
	실기시험	스프레드시트 실무, 데이터베이스 실무	컴퓨터 작업형	30분
2급	필기시험	컴퓨터 일반, 스프레드시트 일반,	객관식 60문항	60분
	실기시험	스프레드시트 실무	컴퓨터 작업형	30분
3급	필기시험	컴퓨터 일반, 스프레드시트 일반,	객관식 40문항	40분
	실기시험	스프레드시트 실무	컴퓨터 작업형	30분

자료: 대한상공회의소 자격검정단(2010).

- **정보처리기사 & 사무자동화산업기사**

컴퓨터를 효과적으로 활용하기 위해서 하드웨어뿐만 아니라 정교한 소프트웨어가 필요함에 따라 우수한 프로그램을 개발하여 업무의 효율성을 높이고, 궁극적으로 국가발전에 이바지하기 위해서 컴퓨터에 관한 전문적인 지식과 기술을 갖춘 사람을 양성할 목적으로 제정된 시험으로서 한국산업인력공단에서 주관한다.

- **MOS(Microsoft Office Specialist)**

기업에서 주로 사용하는 마이크로소프트 오피스를 원활하게 다룬다는 증명으로 컴퓨터의 실제 활용능력을 측정하는 것을 목적으로 하기 때문에 100% 실기시험으로 이루어진다. 컴퓨터 활용능력을 공정하고 신뢰성 있게 평가받을 수 있기 때문에 일부 학교에서 학점인정 및 졸업자격으로 사용될 뿐 아니라 좋은 취업 대비 방법 중 하나이다.

4 인턴십 참여

　대학생들은 저학년 때부터 자신의 진로결정을 위한 다양한 경험을 쌓고 경력을 개발해야 한다. 따라서 최근에는 단순한 놀이문화보다는 특정 기업 취업을 위한 동아리나 외국어, 인맥을 넓히기 위한 전문분야 동아리들이 인기를 끌고 있다. 특히 미리 사회를 경험해 볼 수 있다는 점에서 인턴십에 대한 관심이 높아지고 있다.

1) 인턴십이란?

　인턴십이란 학교와 현장의 연계를 통해 학생들에게 진로탐색의 기회를 제공하고 기업체에게는 현장업무 수행을 위한 지원 및 필요 인력을 조기 발굴할 수 있는 기회를 제공해 주는 것을 말한다. 인턴십 제도를 통해 학생들은 기업의 소중한 현장을 체험할 수 있을 뿐만 아니라 일정 금액의 수습수당을 받을 수도 있다.
　최근에는 대부분의 대학에서 인턴십에 대한 중요성을 강조하여 학점을 부여하고 있으며, 일부 기업에서는 인턴기간이 지난 후에 정식 직원으로 채용하는 곳도 늘어나는 추세이다 따라서 인턴십을 잘 이용하면 직장을 선택하는데 있어 좋은 기회가 될 수 있다.

2) 인턴십의 장점

- 사회생활에 대한 정보를 얻어 심리적인 변화에 대비
- 급변하는 21세기의 산업환경에 탄력적으로 대처할 수 있는 기회
- 사회의 흐름을 읽어 자신의 진로와 대비하여 준비할 수 있는 기회
- 직업의식과 인성을 갖추고 현장에서 필요한 지식을 획득할 수 있는 기회
- 해외실무경험과 문화체험 등을 통한 실업해소의 돌파구 마련

3) 인턴십 장소

표 9-10. 국내 인턴십 장소

대한장애인배드민턴협회	1	대한올림피언협회	1	대한장애인스키협회	1	강원도생활체육회	1
대한장애인럭비협회	1	대한봅슬레이스켈레톤경기연맹	1	케이비엘(KBL)	3	대한근대5종연맹	1
대한소프트볼협회	1	대한레슬링협회	1	(주)파인원	1	서울YMCA체육교육부	2
무카스	1	대전광역시체육회	2	사단법인 대한인라인롤러연맹	1	제주특별자치도체육회	1
대한장애인탁구협회	1	대한세팍타크로협회	1	서울특별시장애인체육회	1	(주)다트피쉬코리아	1
한국여성스포츠회	1	스포츠플러스	1	주식회사 케이피에이피에스	2	한국뉴스포츠협회	1
대한산악연맹	1	한국여자프로골프협회 (KLPGA)	2	주식회사 케이티	2	(주)스포닉스	1
대한우슈협회	1	대한트라이애슬론연맹	1	대한장애인양궁협회	1	뉴스포츠산업	1
한국프로축구연맹	4	대한스쿼시연맹	1	부산광역시체육회	1	한국실업축구연맹	2
대한역도연맹	1	경기도장애인체육회	1	전라북도체육회	1	대한공수도연맹	1
중앙경기단체사무국연맹	1	전라북도생활체육회	1	(주)컴앤애드	2	대한배구협회	1
eIPEG (국제선수평가그룹)	1	스포츠앤스토리	1	(사)대한카누연맹	1	대한요트협회	1
(주)솔로몬스포츠	2	(주)포항스틸러스	2	한국야구위원회(KBO)	2	전북현대모터스FC	1
충청북도체육회	1	대구광역시장애인체육회	1	(주)강원도민프로축구단	2	경상북도장애인체육회	1
대한사이클연맹	1	대구광역시체육회	1	(사)대한바이애슬론연맹	1	(사)한국외양요트협회	1
충청남도장애인체육회	1	대한수상스키·웨이크보드협회	1	(주)스피드토탈솔루션	1	대한사격연맹	1
제주특별자치도장애인체육회	1	2011대구세계육상선수권대회조직위	2	월드이십일에이치큐	1	가평군청	1
(사)대한테니스협회	1	(주)스포츠테크놀로지	2	태권도진흥재단	1	(사)대한야구협회	1
(주)포르투나	2	대한씨름협회	1	대한장애인컬링협회	1	(주)한화이글스	2
(주)조선일보사	2	(주)에프씨네트워크	1	(사)대한수영연맹	1	(주)요트앤컴퍼니	1
(사)대한수중협회	1	국민생활체육회	2	JS통상	2	이상이보드스쿨	1
(사단법인)대한스키협회	1	서울대 스포츠과학연구소	1	대한장애인체육회	3	대한장애인육상연맹	1
국민체력센터의원	2	(주)WP스포테인먼트	1	삼성전자축구단(주)	3	전라북도장애인체육회	1
(사)세계무술연맹	1	국민생활체육전국댄스스포츠연합회	1	전라남도체육회	1	(주)서울히어로즈	3
대한장애인댄스스포츠연맹	1	아디다스아이웨어코리아(주)	2	㈜스포츠앤헬스	1	SK와이번스 프로야구단	1

자료: 체육인재육성재단(2010).

4) 해외 인턴십

국내 취업난을 해소하고 21세기 개방화, 세계화 시대에 해외경험 축적을 통해 국제적인 전문 인력양성을 도모하는 해외 인턴십이 늘어나고 있다. 이제는 기본이 되어버린 어학실력 향상과 선진 기업의 전문지식을 습득할 수 있다는 점에서 더욱 각광받고 있으며, 취업까지도 연계하려는 움직임이다. 그러나 희망자에 비해 실제 취업률은 적으니 인턴에 참여했다고 해서 취업에 대해 안심할 수는 없다. 이력서 상의 좋은 경력과 사회생활을 위한 경험이라고 생각하고 참고하는 것이 바람직하다. 최근 들어 체육인재육성재단에서 운동선수 출신들을 대상으로 한 해외 인턴십 프로그램을 진행하고 있으며, 앞으로 더욱 확대될 것으로 예상된다.

표 9-11. 해외인턴십 프로그램 사례(NCAA)

구분	부서명	주요업무
1	행정서비스 (Administrative Service)	- 재무 및 NCAA 운영관련 업무 - 정보 서비스 및 인사관리 영역업무 관여가능
2	브랜딩 및 커뮤니케이션 (branding and communications)	- NCAA 브랜드 전략 및 대회 프로모션, 미디어 컨텐츠 개발 - 홍보 및 이벤트, 출판업무(NCAA 챔피언 잡지 등)
3	챔피언쉽 (championships)	- NCAA주관 챔피언십 운영(디비전Ⅰ풋볼, 야구, 농구제외) 23개 종목, 84개의 연간 챔피언십 경기운영
4	기업 및 방송제휴 (corporate and broadcast alliances)	- CBS, ESPN (주로 TV, 라디오, 인터넷)과의 계약관리 - 기타 방송사와 NCAA간 협력관계 형성
5	디비전Ⅰ남녀농구 (Division Ⅰ basketball)	- 농구 챔피언십 행정업무 ・출판/규칙위원회, 전미농구코치협회 등과 연계추진
6	다양성과 통합 (diversity and inclusion)	- 코칭, 행정, 심판 영역의 다양성과 통합증진 ・성・인종차별 최소화를 위한 인재양성 전략, 정책개발
7	교육지원 서비스 (education services)	- 유소년, 고등학교/대학교 선수, 대학스포츠행정가 등의 전문성 향상을 위한 리더십 제공 (지역연계, 교육, 재정) ・프로그램 개발, 현장 이벤트관리, 유소년 스포츠 참가 등
8	규정집행 서비스 (enforcement services)	- NCAA 규정위반 관련 신고접수, 평가 및 조사 ・위반사항 조사(선수대행, 아마추어리즘, 도박 등)
9	관리 (governance)	- 각 디비젼, 협회관련 행정기관에 행정지원 ・175개의 운영위원회, 1,100명의 대표자 포함
10	회원서비스/선수 신분복권 (membership services/ student-athlete reinstatement)	- 가맹대학과 선수들이 NCAA 규칙과 규정준수 지원 ・규칙해석, 면제, 학업성적 향상, 코치자격, 선수자격, 지역규정준수를 위한 세미나 포함 * 자격센타와 연계
11	NCAA 자격센타 (the NCAA Eligibility Center).	- 선수자격(최소학점 등) 강화 및 관리 ・학업증명, 고교 심사, 성적심사, 아마추어리즘 증명, 대학과 선수간 계약서 조사

자료: 체육인재육성재단(2010).

2. 학년별 준비사항

 취업의 좁은 문을 향한 대학생들의 경쟁이 날로 치열해지고 있다. 취업을 목전에 둔 졸업예정자뿐만 아니라 저학년까지도 자신의 취업에 대해서 고민하고 대책을 세워야 한다. 직업을 갖는다는 것은 인생을 행복하게 만들어가기 위한 핵심요소이다. 따라서 대학생활의 출발선상에 있는 1학년 때 부터 취업에 필요한 기본소양과 여러 가지 능력을 갖추기 위해 꾸준히 준비해야 한다. 취업은 단기전이 아니라 장기전이다. 전략적으로 준비해야 자신이 원하는 직업분야에서 활동할 수 있다. 진로에 대한 준비는 빠를수록 좋다. 또한 무조건적으로 준비하기 보다는 각 학년에 맞게 체계적으로 준비해야 한다.

1 1학년

- 목표 : 자신의 진로에 대한 기본 디자인을 구상하라.

 대학 1학년은 꿈이 많은 시절이다. 그러나 요즘은 대학입학과 더불어 직업설계 작성이 시작된다. 아직은 정보나 경험이 부족하고 대학생활 자체에 대해서 흐름을 파악하지 못하기 때문에 정확한 설계를 한다는 것은 무리일 수 있다. 그래도 자신의 미래를 위해 열심히 구상을 해야 한다. 특히 자신의 적성을 고려해서 진로계획을 세우고 이를 적극적으로 실천해 나가는 습관을 길러야 한다. 그 기초를 닦는 방법으로 아르바이트, 동아리활동, 다양한 인맥쌓기 등을 들 수 있다.

- 아르바이트

 요즘 아르바이트는 돈보다는 향후를 대비하여 경력을 쌓는 훈련과정으로 활용되고 있다. 따라서 식당에서 서빙을 하거나 주차관리를 하는 것보다는 체육학을 전공하는 학생으로서 전공과 관련된 곳에서 아르바이트를 하는 것이 바람직하다. 예컨대 체육단체, 체육시설, 스포츠이벤트, 체육관, 레저스포츠 관련 단체, 복지체육시설, 체육대회 등이 있다.

• 동아리활동

　대학생활 중에서 동아리활동은 교내에서 이루어지는 매우 중요한 사회성 훈련과정중의 하나이다. 따라서 자신의 적성과 진로를 고려해서 신중하게 선택할 필요가 있다. 학기 초에 선배들의 압력에 의해 자신의 의지와 관계없이 동아리를 선택한다거나 혹은 너무 많은 동아리에 가입을 하게 되면 학과수업을 포함하여 다른 분야에 접할 수 있는 기회를 상실하게 되므로 무리하게 여러 동아리에 가입하지 않도록 주의해야 한다.

• 어학

　대학졸업 후 취업을 할 때 두고두고 발목을 잡는 것이 어학이다. 특히 영어는 어떤 분야에 취업을 하든지 항상 요구되는 취업조건 1순위이기 때문에 게을리 해서는 안된다. 아무리 학점이 좋아도 영어실력이 떨어지면 제대로 대접을 받지 못하는 것이 현실이다. 어학은 하루아침에 실력이 향상되지 않는다. 따라서 자신의 실력을 파악한 뒤 적어도 4학년이 시작되기 전까지 마스터한다는 장기계획을 세우고 꾸준히 공부해야 한다. 최근 실시되고 있는 영어능력시험은 연초에 연간 일정이 공지되는 만큼 시험일정을 잘 확인할 필요가 있다. 1학년 때부터 시험을 보는 습관을 갖는다면 4학년 때는 큰 어려움 없이 원하는 성적을 얻을 수 있게 된다.

　국제화 시대를 대비하여 영어와 함께 준비해야 할 것이 제2외국어이다. 영어는 이미 선택이 아닌 필수조건이므로 중국어나 일본어 등과 같은 제2외국어를 구사할 수 있는 능력을 갖춘다면 졸업시 취업전형에서 유리한 위치를 점하게 된다.

• 전공공부

　대학에서는 모든 것이 본인 책임이다. 고등학교까지는 선생님이나 부모님의 도움으로 학업을 진행했지만 대학에서는 아무도 내가 해야 할 일을 알려 주지 않는다. 많은 학생들이 고등학교 때의 입시부담에서 벗어난 자유를 만끽하기 위해 대학에 입학한 순간부터 학업을 등한시하는 경우가 많다. 이로 인해 매우 저조한 학점을 취득하게 되고, 1학년때 등한시한 학점에 대한 결과는 졸업할 때까지 발목을 잡고, 심지어는 취업에 까지 심각한 영향을 미치게 된다. 따라서 1학년때부터 학점관리에 만전을 기해야 한다.

표 9-12. 대학교와 고등학교의 학습비교

구 분	대학교	고등학교
수강과목 선정 및 수업참여 태도	- 자율적 선택 - 능동적, 적극적으로 수업에 참여 - 학습성과 배가	- 타율적이고 강제적인 선택 - 수동적, 비능률적 수업방식으로 적극적인 참여 저조
학습의 특징	- 분석적, 비판적 사고를 통한 깊이 있는 공부가 가능	- 많은 양의 지식을 짧은 시간에 흡수해야 하므로 단편적이고 암기 위주로 공부
수업방식	- 과목별로 특성에 맞게 교수의 강의스타일에 따라서 강의식, 세미나식, 실습, 실험 등 다양한 방법으로 진행	- 교사의 설명·학생필기·교사가 학생에게 교과내용 질문
성적평가 방법	- 중간고사, 학기말고사, 리포트 제출, 토론 태도, 출석 등 다양한 방법으로 평가	- 출석, 중간고사, 학기말고사, 사회봉사점수 등 주로 시험을 통해서만 평가
학습정보를 얻는 방법	- 도서관, 컴퓨터를 통한 인터넷 검색 - 깊이 있는 공부를 하려면 교수에 직접 문의 - 그룹 스터디 참가	- 학교나 학원, 과외수업 등(교과서나 참고서를 통해서만 가능)
학업성취 여부	- 시간과 노력을 얼마나 효율적으로 투입했느냐에 따라 졸업 후 진로 결정에 영향	- 대학에 합격했는지 여부가 모든 것을 평가

2 2학년

- 목표 : 진로를 위한 구체적인 행동에 나서라.

대학 2학년은 전공 중에서 자신의 적성에 맞는 세부분야를 검토해야 하는 시기이다. 이제부터는 취업이나 진학을 위한 구체적인 행동에 나서서 학점관리나 자신의 능력을 인정받을 수 있는 대내외 활동에 적극적으로 참여해서 경력을 쌓는 것이 필요하다.

- 전공

  2학년 대상의 전공과목은 아직까지 자신의 전공을 이해할 수 있는 기초단계이므로 적극 대처하고 학점 관리에 소홀함이 없도록 해야 한다. 최근 학점 인플레 현상이 심각해서 예전에는 3.5이상이면 무난한 점수라고 하였으나, 최근에는 입사시 서류전형은 통과할 수 있어도 좋은 인상을 남기기는 힘든 학점이다.

  남학생의 경우 군대문제가 심각한 시기이기도 하다. 군도 분야가 다양하므로 자신의 전공을 살릴 수 있는 방법을 적극 모색해야 한다. 장교로 군대생활을 보내고자 하는 경우에는 ROTC나 군장학생 모집에 관심을 두어야 한다. 짧은 기간 내에 군대문제를 해결하고자 할 경우에는 각 군마다 실시되고 있는 지원병제도를 활용하는 것도 바람직하다.

- 동아리활동

  학점관리도 중요하지만 자신이 선택한 동아리에서 적극적으로 활동해야 할 시기이다. 동아리 활동은 인적 네트워크를 형성하는데 있어 매우 중요한 통로이다.

3 3학년

- 목표 : 진로준비에 집중하라.

  1~2학년 때가 대학생활에 적응하고 기초를 확립하는 단계라면 대학 3학년은 자신이 원하는 직업을 선택하고 그 직업에 필요한 능력을 배가시키는 시기라고 할 수 있다.

- 어학

  어학은 진로에 있어 가장 기본이 되는 사항이므로 현재 부족하다면 최우선으로 보완해야 한다. 연수나 배낭여행, 학원수강 등을 통해 외국인과의 대화가 낯설지 않도록 연마해야 한다.

  컴퓨터의 경우도 능력을 인정받을 수 있는 자격증에 도전해 취득해 놓도록 한다. 자신의 진로와 관련된 자격증 취득도 빼놓을수 없는 조건이다. 직무와 관련

chapter 09 체육분야 진로설계

된 자격증에는 가산점이 부여되기 때문이다. 또한 자신이 가고자하는 분야에 대한 업종과 업계를 연구해야 하며, 봄가을에 빈번하게 열리는 취업특강에도 빠짐없이 참석해서 취업동향을 미리 살펴두어 적응력을 길러두는 것도 필요하다.

　방학동안에는 아르바이트나 인턴활동을 통해 경험을 쌓아야 한다. 최근 기업의 채용패턴이 경력자를 선호하고 있으므로 관련분야의 인턴경험을 쌓아 둔다면 좋은 평가를 받을 수 있다. 특히 예비직장인으로서의 능력을 검증해 보고 자신의 위치를 다시 한번 점검해 본다.

　학점도 재점검해야 한다. 저학년 때의 학점을 계산해보고 받은 평점이 향후 진로에 부담되지 않는지 파악해야 한다. 대학시절의 평점은 성실성 평가와도 연결된다는 점을 인식해야 한다.

4 4학년

- 목표 : 진로를 확정하라.

　3학년까지 착실하게 학창시절을 보냈다면 4학년은 실질적으로 진로를 확정하는 시기이다. 전년도의 채용결과와 동향, 금년도의 경기전망과 채용전망, 취업정보 등을 수집 분석하고 입사기업을 선택해서 광범위하게 조사하는 등 보다 적극적으로 발품을 팔아야 하는 시기이다.

　4학년이 돼서 지난 시간을 후회해도 아무런 소용이 없다. 2학기 종강전에 하나 둘 취업전선에 나가는 친구들을 부러워하며 보기만 할 것인가. 아니면 대여섯 남아 제대로 이루어지지도 않는 강의를 듣고만 있을 것인가.

　모든 일에 전략이 필요하듯이 진로준비에도 전략이 필요하다. '일찍 일어난 새가 먹이를 먹는다' 는 말처럼 저학년 때부터 체계적으로 준비한 사람만이 기회를 잡을 수 있다. 졸업시즌에 닥쳐서 조급해하지 말고 저학년 때부터 목표를 설정하고 계획적으로 실천해 자신의 상품가치를 높인다면 4년후 진로의 문은 활짝 열려 있을 것이다.

　취업 준비를 위해 가장 먼저 해야 할 일은 확실한 진로 결정이다. 그리고 두 번째는 해당 직업에 대한 정보와 취업 정보의 탐색이다. 최근에는 인터넷을 통해 얼마든지 얻을 수 있다. 이때 막연한 환상이나 편견, 화려해 보이는 겉모습에 현혹되지 않도록 유의한다.

체육관련 취업정보가 자주 게재되는 기관의 홈페이지를 수시로 방문하여 자신에게 적합한 기관을 선택해야 한다.

표 9-13. 체육관련 취업정보가 자주 게재되는 기관

분 야	주 요 기 관
정부기관 및 체육단체	문화체육관광부, 국민체육진흥공단, 체육과학연구원, 스포츠코리아, 한국체육산업개발(주), 국민체력센터, 체육정보망, 체육인재육성재단, 대한체육회, 대한장애인체육회, 국민생활체육회
대한체육회 가맹단체	57개 가맹경기단체
시도체육회	16개 시도체육회
대회 조직 및 유치위원회	2011대구세계육상대회조직위원회, 2014인천아시안게임조직위원회, 평창동계올림픽유치위원회, 월드컵유치위원회
프로경기연맹	한국야구위원회, 한국프로축구연맹, 한국농구연맹, 한국배구연맹, 한국프로골프협회, 한국여자프로골프협회, 한국프로볼링협회, 한국권투위원회, 한국씨름연맹
국민생활체육회	16개 시도생활체육회
구,군청	지방자치단체별 구, 군청
시설공단	지방자치단체 구, 군별 시설공단
기타 취업정보 사이트	잡코리아, 리쿠르트, 스카우트, 인쿠르트, 구인구직잡링크, 커리어, 사람인, 구인뱅크, 아웃소싱21닷컴, 잡이스, KoreaJOB, 매경헬로우잡, 골프장취업, 노동부, 한국고용정보원

한편 체육계열 학과에서는 학과차원에서 학생들이 취업과 관련된 전문적인 자료를 구축할 수 있도록 관련분야의 전문가나 인사담당자를 초청하여 취업과 관련된 프로그램을 마련해야 한다.

- 예비 취업생을 위한 일반 취업 특강실시
- 취업정보리서치, 이력서 작성, 면접대비 등 일반적인 취업준비를 위한 특강
- 인성 및 적성검사, 면접 방법, 영어면접, 파워포인트 발표 전문 지도

- 전문가 초빙을 통한 전문분야 특강실시
- 국내 체육관련 국책연구소 연구원 및 본교출신 대학교수 초청 취업특강
- 시도 실업팀 및 프로팀 지도자 및 심판 초청 취업특강
- 병원 및 보건소 운동처방사 초청 취업특강
- 호텔 및 연예인 퍼스널 트레이너 초청 취업특강
- 스포츠마케터, 스포츠에이전트, 홍보/커뮤니케이션 관리자, 이벤트관리자 초청 취업특강

- 인사담당자 초빙을 통한 전문분야 특강 실시
- 체육 유관기관 단체, 조직 및 공사기업 인사담당자 초청 취업특강
- 대한체육회 및 57개 가맹경기단체 등
- 지역 체육단체 및 조직
- 체육관련 공기업 : 국민체육진흥공단, 체육인재육성재단

 **복습문제**

1. 직업 선택 시 고려해야 할 사항에 대해 알아보자.

2. 자격증을 취득하기 전에 고려해야 할 사항에 대해 알아보자.

3. 체육관련 인턴십에 대해 알아보자.

4. 체육교사가 되기 위해 준비해야 할 사항에 대해 알아보자.

5. 운동처방사가 되기 위해 준비해야 할 사항에 대해 알아보자.

6. 스포츠에이전트가 되기 위해 준비해야 할 사항에 대해 알아보자.

7. 해양스포츠분야의 전문가가 되기 위해 준비해야 할 사항에 대해 알아보자.

 **참고문헌**

대한상공회의소 검정사업단(2010). http://licensekorcham.net
대한축구협회(2010). http://www.kfa.or.kr
문화체육관광부(2010). http://www.mcst.go.kr
인천광역시 교육청(2010). http://www.ice.go.kr
장승규(2009). 국가자격시험 스포츠경영관리사 길라잡이 2010. 서울: 지식닷컴.
체육인재육성재단(2010). http://www.nest.or.kr
한국교육개발원(2009). http://www.kedi.re.kr
한국산업인력관리공단(2010). www.hrdkorea.co.kr
한국야구위원회(2010). http://www.koreabaseball.com
한국농구연맹(2010). http://www.kbl.or.kr
한국스포츠과학교육협회(2010). http://kssea.org/main/main.htm